"五大改造"教育读本丛书

文化改造

分册

北京市监狱管理局 ◎ 编著

WENHUA GAIZAO

中国政法大学出版社
2019·北京

《"五大改造"教育读本丛书》
编委会

顾　　　问：秦　宣　章恩友　史殿国　林　乾　翟中东
编委会主任：刘亚东
副　主　任：戴建海
编　　　委：林仲书　何中栋　戴志强　李朝旺
　　　　　　栾淼淼　张洪建　孙本良　董世珍
　　　　　　赵永生　王金亮　徐万富
总　策　划：林仲书　何中栋
执行策划：周　勤　杨东义
策　　　划：李春乙　马　锐　秦　涛
丛书统筹：练启雄

《文化改造分册》

分册主编：林仲书　何中栋
执行主编：邢　玫　周　勤　杨东义
执行副主编：林　刚（特邀）　杨梅青
分册统筹：申艳秋
编　　　辑：马莉芳　张景洁　秦晶晶　李晨慧
　　　　　　宋　伟　刘雨琛　练启雄

总 序

党的十八大以来，党中央、国务院高度重视监狱工作，习近平总书记多次作出重要指示，为监狱工作提供了根本遵循，指明了前进方向。司法部党组准确研判新时代监狱工作的形势任务和职能定位，提出"坚守安全底线、践行改造宗旨"的工作思路，坚持以政治改造为统领，统筹推进监管改造、教育改造、文化改造、劳动改造的"五大改造"工作要求。

首都监狱系统提高政治站位、强化责任担当，以统筹推进"五大改造"工作要求为首要目标，积极推动"一四五四"北京行动纲领和"三新"工作意见落实，组织力量编写了一套立足监狱实际、贴近服刑生活、反映时代特征、体现北京特色、匹配犯群素质的《"五大改造"教育读本丛书》。主要目的是通过丛书的编写和使用，带动首都监狱建立起科学的改造体系，引导服刑人员认同党的领导、认同伟大祖国、认同中华民族、认同中华文化、认同中国特色社会主义道路，树立正确的历史观、民族观、国家观、文化观和宗教观。

《"五大改造"教育读本丛书》包含五大读本，分别为《政治改造分册》《监管改造分册》《教育改造分册》《文化改造分册》和《劳动改造分册》，共100余万字。丛书反映了社会发展和时代进步的最新成果，将中央和司法部对监狱工作的新思路、新要求融入其中，坚持以政治改造为统领，牢固树立监管改造的基础地位，充分发挥教育改造的治本作用，积极拓展文化改造的教化功能，切实推进劳动改造的功能回归。丛书将"一四五四"北京行动纲领和"三新"工作意见融入其中，充分体现北京市监狱管理局党组和全局上下的使命担当和积极作为，充分反

映首都监狱改造工作取得的成绩和经验，积极展示首都监狱工作的特色和水平。丛书立足监狱工作实际，贴近服刑人员服刑生活，紧扣服刑、改造、生活、回归等环节，重点围绕政治、监管、教育、文化、劳动五大方面，摆事实、讲道理、明规矩、正言行，既可供服刑人员阅读，也可供民警讲授，力求对服刑人员有所启发、有所感悟，帮助服刑人员解决思想和实际问题。丛书引用大量故事和事例，以案析理、图文并茂，文字表述通俗易懂、简单明了，使服刑人员愿意读、有兴趣、能读懂、易接受。

自2018年9月至2019年11月，《"五大改造"教育读本丛书》编写出版历时一年多，得到了各级领导的大力支持和悉心指导，监狱民警、社会专家及出版单位中国政法大学出版社认真履职、通力合作，开展了内容调研、提纲拟定、样章起草、正文撰写、插图设计、统稿审议、修改完善和出版印刷等大量艰辛繁忙的工作。丛书还荣幸地邀请到秦宣、章恩友、史殿国、林乾、翟中东等知名教授担任顾问，给予指导，撰写序言，有利于丛书提升规格，打造精品。

希望广大服刑人员以此套丛书为契机抓手，加强学习、认真领悟、认罪悔过、自觉改造，早日成为有益于社会的守法公民。

就此机会，谨向付出艰辛劳动的全体编写人员致以崇高敬意，向支持帮助丛书编写出版的同志们及社会各界人士表示衷心的感谢！由于时间和水平有限，难免存在疏漏和不足之处，欢迎批评指正。

《"五大改造"教育读本丛书》编委会
二〇一九年十一月

分 序

文化如同人的血脉，对人性情的陶冶、品德的教养，至关重要。西汉刘向在他所著的《说苑》一书中提出："圣人之治天下也，先文德而后武力。凡武之兴，为不服也。文化不改，然后加诛。"他把文化作为改造自我的最后一道防线。司马迁在《报任安书》中历数古代圣贤，皆多经磨难而后发奋有所作为。文化的力量于此可见。

北京市监狱管理局编著的《"五大改造"教育读本丛书》，包含五个分册，《文化改造分册》是其中之一，本册图书从优秀传统文化、革命文化、社会主义先进文化等纵向层面展开，重点阐述了文化改造对于个人、家庭、国家之不可或缺。全书贯穿"在文化中汲取力量，在改造中重塑新生"的主旨。第一章优秀传统文化部分，通过对《孝经》《了凡四训》《三字经》《弟子规》等传统经典的阐述，解读生活中的夫妻关系、父母与子女关系、兄弟姐妹关系、同事关系及自我情绪管理等，让服刑人员在"温情"中悔过自新。第二、三章，通过对革命战争年代和社会主义建设时期涌现出来的英雄人物、道德模范和先进分子及其事迹的呈现，特别是他们身上体现的爱国、为民、敬业和奉献精神，生动诠释了社会主义核心价值观的内涵，令服刑人员接受教育，受到感染。第四章通过对法治文化的阐释、法律知识的解读，强调法治信仰的牢固树立，对于服刑人员，尤为切近、实用。

北京是有八百多年建都史的"首善之区"，其独特而充满活力的文化，是取之不尽的宝贵财产。"北京精神""北京榜样"两节写得尤为生动、感人，让受教育者在感受北京的繁荣发展、日新月异之变化的同时，油然而生强烈的回归感。

监狱文化有其特殊性。历代王朝极为重视监狱管理，明清时期进而称其为"狱政"。一百多年前的光绪十一年（1885年），管理狱政的律学家赵舒翘在其名著《提牢备考》中，就提出了如何建设监狱文化的问题。因"热情而冷静地阐明了当代向人类良知提出的种种问题"而获得1957年诺贝尔文学奖的法国著名作家阿尔贝·加缪（Albert Camus, 1913-1960）提出："我们往往为历史的施加者着墨甚多，而忽略或不重视历史的承受者。"《文化改造分册》，专为服刑人员编写，希冀通过文化改造潜移默化地、持久地浸润服刑人员，实现以文化人、以文塑人、以文育人。期望借助本丛书的出版，能让他们早日回归社会，回归家庭，走向新的人生。

是为序。

中国政法大学教授

2019年11月10日

目 录

总　序　　　　　　　　　　　　　　　　　　　　　　　／ 001
分　序 　　　　　　　　　　　　　　　　　　　　　　　／ 003

第一章　用中华优秀传统文化重塑自我　　　　　　　　　／ 001
　　第一节　优秀传统文化与个人　　　　　　　　　　　　／ 003
　　第二节　优秀传统文化与家庭　　　　　　　　　　　　／ 024
　　第三节　优秀传统文化与社会　　　　　　　　　　　　／ 034

第二章　从革命文化中汲取积极向上的力量　　　　　　　／ 053
　　第一节　革命文化溯源　　　　　　　　　　　　　　　／ 055
　　第二节　革命文化的主要贡献者是中国共产党　　　　　／ 067
　　第三节　革命文化是宝贵的精神财富　　　　　　　　　／ 091

第三章　在中国特色社会主义先进文化中树立自信　　　　／ 111
　　第一节　社会主义先进文化的形成与发展　　　　　　　／ 113
　　第二节　社会主义先进文化的繁荣成果　　　　　　　　／ 124
　　第三节　高扬先进文化旗帜，提升民族文化自信　　　　／ 145

第四章　在建设社会主义法治文化中不断增强法治信仰　　／ 167
　　第一节　法治文化的源起　　　　　　　　　　　　　　／ 169
　　第二节　中国正在从法制走向法治　　　　　　　　　　／ 192
　　第三节　在心中树立法治信仰　　　　　　　　　　　　／ 214

第五章　北京文化　　　　　　　　　　/ 231
　　第一节　首善之都　　　　　　　　　/ 233
　　第二节　北京精神　　　　　　　　　/ 262
　　第三节　北京榜样　　　　　　　　　/ 277

第六章　在监狱文化的熏陶中走向新生　　/ 285
　　第一节　监狱文化的历史发展　　　　/ 287
　　第二节　监狱文化建设的作用　　　　/ 306
　　第三节　特色监狱文化构建　　　　　/ 321

结束语　　　　　　　　　　　　　　　/ 339
参考文献　　　　　　　　　　　　　　/ 340

文化改造分册

第一章
用中华优秀传统文化重塑自我

民族文化是一个民族区别于其他民族的独特标识。要加强对中华优秀传统文化的挖掘和阐发，努力实现中华传统美德的创造性转化、创新性发展，把跨越时空、超越国度、富有永恒魅力、具有当代价值的文化精神弘扬起来，把继承优秀传统文化又弘扬时代精神、立足本国又面向世界的当代中国文化创新成果传播出去。

——习近平总书记2014年2月17日在省部级主要领导干部学习贯彻十八届三中全会精神全面深化改革专题研讨班开班式上的讲话

中华优秀传统文化是中华传统文化的精华,是其中积极肯定的部分。作为中华民族的"根"和"魂",中华优秀传统文化自身蕴含丰富的内容,能够为当代人的发展提供依据。罪犯学习中华优秀传统文化的重要之处在于正视自我、改变自我、重塑自我,以踏实、积极的改造作为自己奔向新生的基石,将未来掌握在自己手中。

第一节　优秀传统文化与个人

什么是中华优秀传统文化?中山大学李宗桂教授认为:"所谓中华优秀传统文化,是指中华传统文化的精华所在、精神所在、气魄所在,是体现民族精神的价值内涵。它在中华民族的历史发展过程中,曾起过积极的作用,迄今仍有合理的价值,能够对中华文化的传承和创新发展起到积极作用,能够促进社会进步和民族发展。"中华优秀传统文化在中华民族的历史发展进程中经历了艰难曲折的过程,经不断发展而流传至今,已经内化为中华民族的心理,融入中国人民生活的各个方面。

一、格物与致知

格物致知是中国古代儒家思想中的一个重要概念,《礼记·大学》中指出儒者求学八阶段分别是格物、致知、诚意、正心、修身、齐家、治国、平天下。由此可见,格物致知乃是修身必经的途径。

(一)格物致知的含义

《现代汉语词典》2005年发行的第五版将"格物致知"解释为"推究事物的原理法则而总结为理性知识"。在《礼记·大学》中,首先提出"格物致知"的说法,原文为:"古人欲明明德于天下者,先治其国;欲治其国者,先齐其家;欲齐其家者,先修其身;欲修其身者,先正其心;欲正其心者,先诚其意;欲诚其意者,先致其知。致知在格物。格物而后知至,知至而后意诚,意诚而后心正,心正而后身修,身修而后家齐,家齐而后国治,国治而后天下平"。充分体现出儒家"修身、齐家、治国、平天下"的政治思想,在儒家学说中具有极其重要的地位。

（二）格物致知的哲学理论发展

"格""物"在古代用法均很广泛，郑玄对《大学》进行注解时为"格物致知"作出的解释是："事物之来发生，随人所知习性喜好。格，来也。物，犹事也。其知于善深，则来善物。其知于恶深，则来恶物。言事缘人所好来也。此致或为至。"也就是说，事物的真实反映是随着人本身知识的储备、习性的喜好以及思想的善恶而变化的，这个被动的"致知"原意应该是主动地到达真理所在的"至知"。"格物致知"也就是"使事物的真实影像映射到你的大脑中，从而使正确的知识来到你心里"。

南宋朱熹认为："穷究事物道理，致使知性通达至极。格，至也。物，犹事也。穷推至事物之理，欲其极处无不到也。""所谓致知在格物者，言欲致吾之知，在即物而穷其理也。盖人心之灵，莫不有知，而天下之物，莫不有理。惟于理有未穷，故其知有未尽也。是以《大学》始教，必使学者即凡天下之物，莫不因其已知之理而益穷之，以求至乎其极。至于用力之久，一旦豁然贯通，则众物之表里精粗无不到，吾心之全体大用无不明矣。此谓物格，此谓知之至也。故致知之道，在乎即事观理，以格夫物。"意寓着"格物"就是穷究事物的道理，"致知"就是致使知性通达至极。所以穷究事物的道理是学习的开始，而最后应该"止于至善"，到达事理当然的极点。

明代王阳明在格物致知的基础上阐发出知行合一的哲学理论，他的思想包括两层意思。一是知中有行，行中有知。认为知行是一回事，不能分为"两截"。"知行原是两个字，说一个工夫"，如果不去行动，不能算是真知。良知，无不行，而自觉的行，也就是知，这无疑是有其深刻之处的。二是以知为行，知决定行。"知是行的主意，行是知的工夫；

"知行合一""格物致知"，其中智慧，你知道吗？一是知中有行，行中有知。二是以知为行，知决定行。

知是行之始，行是知之成"。这段话的意思是，人的行为是用道德来指导的，只有按照道德的要求去行动，才能达到"良知"的功夫。行为的开端是在道德的指导下产生的意念活动，符合道德规范要求的行为才是"良知"的完成。

（三）格物致知的科学研究延伸

在自然科学界的研究领域，有很多有识之士对格物致知学说所具有的研究客观事物以获取知识的含义加以利用，阐发自己的思想并赋予其新的内涵。例如，王夫之曾说："密翁（方以智）与其公子为质测之学，诚学思兼致之实功。盖格物者，即物以穷理，唯质测为得之。若邵康节、蔡西山，则立一理以穷物，非格物也"，王夫之为格物致知学说赋予了崭新的含义，认为只有质测才是真正的格物致知，这标志着这一术语已经进入自然科学范围。"质测之学"为方以智所创举，意为要求以实证方法研究自然现象。

明末清初，随着科学技术的传入，中国人研究自然现象的热情逐渐高涨，人们大都认为，从研究自然中获取知识即为格物致知，这使古老的格物致知学说成为人们从事科学研究的理论依据。有些西方科技书籍在清末的翻译中，直接以"格致"来命名，用来统称声光化电等自然科学。鲁迅先生也在《呐喊》中提到格致，指的就是自然科学。他写道："在这学堂里，我才知道在这世上，还有所谓格致、算学、地理、历史、绘图和体操"（《呐喊自序》）。丁肇中在《应有格物致知精神》中曾指出："真正的格物致知，是不管研究科学，研究人文学，或者在个人行动上，我们都要保留一个怀疑求真的态度，要靠实践来发现事物的真相。我们不能盲目地接受过去认为的真理，也不能等待'学术权威'的指示。我们要自己有判断力，使其真正地变成中国文化的一部分。"格物致知学说加速了中国传统科学与西方科学技术的合流，在中国科学技术史上取得了永久立足之地。

（四）格物致知的作用

实际上，我们探讨"格物"与"致知"的含义，可以这样理解，"格物"是个人思想道德实践，就是用自己学得的知识来分析和判断周围的人物和事物，建立完善的三观；"致知"是个人的思想道德认识，就是懂得分辨是非真假，并且在认识事物的同时更进一步地了解自己，更好地找到自己的

定位。而后才能"意诚",做到实实在在不欺骗自己。其次才能"心正",使内心坚定,不存虚妄和幻想。最后才能"身修",做一个真正有道德的人。

二、修齐治平的君子人格

君子,在我们的观念中,是对一个人品德的最高褒扬。修身、齐家、治国、平天下是君子在不同人生阶段和情境中应有的作为。

文化讲堂

天行健,君子以自强不息。
——《周易》

"君子"一词,最早出现在先秦典籍中,曾在《易经》《诗经》《尚书》里被广泛使用。先秦早期"君子"一语主要是从政治角度立论的,君子的主要意思是"君"。"君",从尹,从口。"尹",表示治事;"口",表示发布命令。合起来的意思是发号施令,治理国家。如《尚书·虞书·大禹谟》中讲:"君子在野,小人在位。"这里的君子和小人并不带褒贬,而是不同的社会阶层、不同的社会使命的反映,君子与小人的差别在于地位而非道德品质。

其后,君子一词开始具有道德品质的属性,对"君子"一词的具体说明,始于孔子。《论语·宪问》中对君子之道做出的解释是:"君子之道者三,我无能焉。仁者不忧、知者不惑、勇者不惧。"这个描述是"君子"一词在道德上最具体的意义。"君子"是孔子的理想化的人格,是"仁"的主要实施者。君子以行仁、行义为己任。君子也尚勇,但勇的前提必须是仁义,是事业的正当性。君子处事要恰到好处,要做到中庸。"天行健,君子以自强不息;地势坤,君子以厚德载物。"这是君子为人处世的人生方法。(这句话出自易经,意思是:君子处世,应像天一样,自我力求进步,刚毅坚卓,发奋图强,永不停息;应该像大地一样,气势厚实和顺,增厚美德,容载万物。)

(一)"修齐治平"的具体内涵

1. 儒家学说的精髓——修齐治平

如何才能成为君子?在儒家的经典《礼记·大学》里,"修身齐家治国平天下"是对"大学之道"的概括,认为"修身齐家治国平天下"不仅能够成就一个人的崇高人格,更是成为经国济世的人才的最佳途径。它作为儒家学说的精髓，深深扎根在历代仁人志士的心中，如北宋儒学家张载"为天地立心，为生民立命，为往圣继绝学，为万世开太平"，表达了他们心系苍生，胸怀天下的崇高的信念与理想。

2. "修齐治平"的开端——"修身"

修身、齐家、治国、平天下的关系是互相促进的，说明了修身与社会和谐之间的关系，主要包含两层含义：一是所有社会成员都不是孤立存在的，无论是基层的社会民众、抑或贵族士大夫，上至国君、天子都应自觉修身、讲求公共意识和公共道德，共同承担社会责任。二是"修齐治平"之道是尧舜以来的古圣先贤智慧

的凝结，每个人要理解家齐、国治、天下平的内在逻辑联系，自觉修身，才能取得社会的大同与和顺，进而实现全社会"至善"的目的。

3. 如何做到修齐治平

在儒家看来，没有人生下来就是完人，只有真正知道自己该做什么、不该做什么，才能成为真正意义上的人。这就是所谓的成人。孔子自述其人生道路，《论语·为政》："吾十有五而志于学，三十而立，四十而不惑，五十而知天命，六十而耳顺，七十而从心所欲，不逾矩。"君子不是天生而成的，要成为君子，当然需要提升人格修养。《论语·里仁》曰："见贤思齐焉，见不贤而内自省也。"自省就是通过自我意识来省察自己言行的过程。看到有人在某一方面有出色的表现，就力求向他看齐；看到有人在某一方面有不好的表现，就反省自己是否也有类似的思想或行为，从而告诫自己不应当再发生类似的事，这是一种基本的修养方法。所以孔子又讲："三人行，必有我师焉。择其善者而从之，其不善者而改之。"就是在说，每个人都有其独特的长处，要学会从别人的身上学习他们的长处。

回归到现代社会的语言环境里，我们需要做的是从治国平天下的理想回归到家庭，从家庭回归到调整自己的言行，从调整好自己言行回归到端

正内心的情绪状态,从调整好内心情绪状态回归到认认真真地观察身边的事物,从大自然到社会事物,其中都蕴含着启发我们的深刻道理,从学习中获得智慧,才能稳定自己的身心,稳定了身心才可能把家庭搞好,随后才可能为国家和百姓做点有意义的事情。

(二)做人重在修身,修身重在修德

1. 修身——德是根本

修身是进行道德修养完善自我人格的重要途径和方法,德是修身的根本。中国传统文化认为,德能让人从内心深处产生宁静平和的良好心境,从而产生"善""仁""慈""爱"的浩然力量。

家庭和睦、社会和谐都提倡"重德"。工作中的职业道德,生活中的社会公德,为人处世中的诚信品德都是"重德"的重要组成部分。"重德"可以让人保持良好的心态、培养优秀的品德,让人生之路在正确的方向上行进。

国无德不兴,人无德不立。德是一个人的立身之本,"修身立德"体现在人的一言一行之中。如果内心充满过多的不良情绪,就会使人情绪低落、烦恼焦虑,导致内心混乱,无法保持专注、清醒的状态去思考和工作。只有建立宁静平和的心境和高尚的道德品质,通过辛勤劳动磨砺品格,才能消除不良和过激情绪,保持身心愉悦、身体健康,人的内在力量才会更加充实和完善,工作更加顺利,家庭更加和谐,事业更易成功。

守义
许衡方渴时,不食道旁梨,
一梨食细微,不义宁勿为

人的品行犹如木之根、水之源,通过不断修身立德,才能成为参天大树,实现海纳百川。

因此说,德是浩然之气,德是立身之本。

2. 修德——从小事做起

修身先修德,要从小事做起,从一点一滴做起,从身边做起。元朝时有个许衡,德行很令人称赞,后人曾用一首《守义》诗赞扬他的德行:"许衡方渴时,不食道旁梨，一梨食细微，不义宁勿为。"作为公民，我们应该坚持修身养性，以高标准严格要求自己，提高自己的人格品性和综合素养，从而自觉地坚持道德自律、守住道德底线。保持自我心境的平和宁静，树立高尚的道德品质，这就要求我们遇事互助，真诚和睦，在家孝敬父母、珍惜夫妻感情、善于教导子女，对外尊敬师长，尊老爱幼，热爱工作和生活，身体力行多做有益于社会之事。国家和社会发展的根本是"人"，随着我国国际化趋势的日益明显，我们每一位中国公民代表的不只是自己的形象，更代表着我们整个中国、代表着中华民族的形象，因此我们更要坚持"修身"，坚持自律，坚持自我完善，从而最终实现我们个人的全面发展。如果我们都能自觉去重德，多做公德公益之事，树立高尚的道德品质，就会形成整个社会的和谐氛围。这也是我们当代社会快速发展进步和国家长治久安的根本保证。

修身进一步深化和提升便是齐家。家庭是社会的最小单位，它是生命个体孕育和成长的起点，家庭美德关系到社会美德，家庭和谐稳定关系到社会稳定发展，因而国人非常重视家庭的建设。古人把齐家看做和治国一样重要，"治家之宽猛，亦犹国焉。"意思是说管理家庭要视具体情况采取宽松或严厉的方式，这与治理一个国家是一样的道理。

三、"仁义礼智信" 以 "仁" 为核心

"仁义礼智信"是中国儒家伦理的核心范畴，兼备了个人心性品德与人伦关系规范的双重特点。孟子最初提出了"仁、义、礼、智"四个基本德目，到西汉董仲舒把它扩充为"仁、义、礼、智、信"，被后人称为"五常"。常者，恒也，也就是恒常不变的意思。"五常"贯穿于中华伦理的发展中，成为中国价值体系中的最核心因素。

（一）何为儒家"五常"

1. "仁"是为人的根本

"仁"指人所具有的一种好品德。先秦儒家都以"仁"为人生追求的最高道德境界，认为"仁"才是为人的根本，"仁"的道德就是要弘扬"以人为本"的理念，提倡人与人在生命价值上的平等。

这是因为，中国古人重视"天人合一"，强调"与天地合其德"（《易

经·文言》）。而天地之大德，是生养万物，所谓"上天有好生之德"，这正是"仁"，所以"仁"被置为"五常"之首。在先秦儒家的思想体系中，"仁"是一个含义极其丰富的概念，分为广义和狭义两种，在广义上，"仁"囊括所有的德目；在狭义上，"仁"作为五常之一，是指以人与人之间相亲相爱的道德情感为主要内涵的道德规范。就这一层含义而言，它是人们处理人际关系使之符合道德要求的情感基础。

孔子将"爱人"定义为"仁"的基本含义，意为人对生命所具有的关怀、同情，缺少同情和关怀的人，会被认为"麻木不仁"。正所谓"己所不欲，勿施于人""己欲立而立人，己欲达而达人"，人与人之间应当怀有"忠恕"态度，与人为善、友好相待、互相帮助。

● 延伸阅读

君子抱仁义，大爱至慈[1]

曾任河南省郑州市豫剧团团长的王宽和妻子以微薄的退休工资，先后收养5个孤儿。为了让孩子们更好地生活和学习，他以病弱之躯，放下"名角"身份，到茶楼"献唱"7年，努力挣钱把孩子们抚养成人。

几十年艺术生涯中，王宽和妻子王淑荣捧回100多个奖项，被誉为"中原老戏骨"。1999年1月，夫妻俩回淮阳老家时遇到8岁的袁钱粮。袁钱粮父亲早逝、母亲远嫁，和爷爷奶奶靠救济度日。从此，夫妻俩就开始资助这个苦孩子。后来他们又相继资助了4个孩子。

刚开始，王宽夫妇都是按时给孩子们寄去生活费，经常买生活用品去看望

---

〔1〕 参见360百科。

他们,每逢假期则把他们接到郑州居住。2002年,由于孩子们相依为命的亲人相继去世,夫妇俩决定把孩子们接到郑州一起生活。那时他们虽然身边还有患病的外孙需要照顾,但还是义无反顾地把5个孩子先后接到家里,组成一个特殊的大家庭。

三居室的房子住8口人,空间狭窄。6个孩子都在长身体,开销猛增,夫妇俩每月不到3000元的退休金显得捉襟见肘。为让孩子们更好地生活和学习,王宽决定放下艺术家的身段,到茶楼去"献唱"挣钱。一开始,老伴坚决反对:"你是河南豫剧界的名人,怎能出去卖唱!再说,你患有冠心病和关节炎,你的身体也吃不消呀!"后来家里开销的"窟窿"越来越大,王淑荣无奈答应丈夫,甚至陪同王宽一同去茶楼唱戏。为了孩子们,老艺术家王宽愿意"舍名",也愿意"舍命",甘愿到茶楼献唱,随叫随到,有时甚至熬通宵,六七个茶楼来回跑。如今,几个孩子先后学成参加工作。孩子们说:"爷爷好事做了一辈子,我们要像爷爷一样,把助人为乐的精神传承下去。"

除了抚养几个孩子,王宽夫妇还在家乡开办艺校,教留守儿童一技之长。为灾区募捐、各类义演、爱心助学等活动中,也总有他们的身影。十几年来,他们累计为慈善事业投入150余万元。2016年,王宽当选《感动中国》2015年度人物,他的这种无私的仁爱精神,书写了感动世间的篇章。

2. "义"是做事的原则立场

"义"在"五常"中排在第二位。"义"这个字的本来含义是适宜,在中国古代是一种含义极广的道德范畴。"义者,所以合宜也。"儒家认为,"义谓天下合宜之理,道谓天下通行之路"。"义"的精神,表现在做人无偏无私,做事光明磊落,堂堂正正,公公平平,有恩必报,即所谓"循理而行"。中国古代讲究"义气",这在许多古典名著中都有所体现。今天,我们通过将公平正义、公益等作为新的内容赋予"义",树立道德原则和道德立场,重新唤起人们对"义"的自觉和信念。

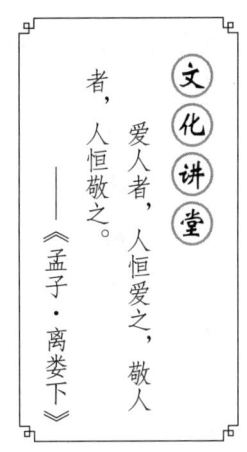

文化讲堂

爱人者,人恒爱之,敬人者,人恒敬之。
——《孟子·离娄下》

对个人而言，这个"义"是公正明理，而不是逞强要能；对交友而言，"义"是互相帮扶，而不是不分对错，讲哥们儿义气。培养公民对"义"的自觉和信念，确立社会的大义，是我国道德文明建设的重要任务之一。

君子喻于义，
小人喻于利。

我们常说到"义"与"利"的关系，其实两者并不冲突。儒家在重视"义利之辨"的同时，并不反对对利益的合理追求，孔子说："富与贵，是人之所欲也。"荀子说："好利恶害，是君子小人之所同也。"都是这个道理。任何人都有趋利避害、追求利益的欲望，但在追求利益、追求个人发展的同时，应该守住底线，不能采取不义的手段。

3."礼"是人际交往规范

中华民族自古以来就是一个礼仪之邦。"礼"是人际交往中的道德行为规范。古代的"礼"在广义上泛指典章制度，包含一切社会规范和相应的仪式节文。《礼记·曲礼上》讲"人有礼则安，无礼则危"，意思说的是，有了礼，人与人之间的关系才能平衡稳定，否则的话那就危险了。而礼的根本就在于克制自己而去尊重他人。

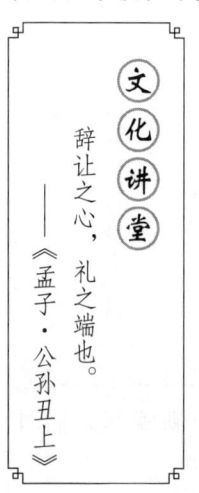

文化讲堂

辞让之心，礼之端也。
——《孟子·公孙丑上》

在儒家看来，道德仁义没有礼就不能成就，教育人民没有礼就不能完备，论辩争执没有礼就不能解决，人际关系没有礼就不能确定，游学拜师没有礼就不能融洽，治国理政没有礼就不能树立威严，祭祀仪式没有礼就不能体现虔诚和庄重。荀子在《劝学》中说，"礼者，法之大分，类之纲纪也"；二程提出，"礼者，人之规范"。由此可见，我国古代的"礼"涵盖了从国家到个人的全部社会活动。从狭义角度看，古人所说的"礼"指的是礼仪、节文等，有人也将"礼"视为四德、五常之一。孟子说，"辞让之心，礼之端也"，

《礼记》云："礼义之始，在于正容体，齐颜色，顺辞令。"意思就是礼是从端正容貌和服饰开始的，一个有良好修养的人，一定是体态端正、服饰整洁、表情庄敬、言辞得体。

"毋不敬"源自《礼记》的第一句话，充分解释了礼的根本。意思就是如果看到人的可敬之处，内心的敬仰之情就会表现在行为上；反之，如果内心缺少礼数，就算勉强客套也会很虚假。礼敬他人的人也会得到他人的礼敬，不但会有良好的人际关系，自我内心也会感到愉悦。如果对他人缺乏礼貌，必然会引起他人的反感，难以在社会上立足。

在我国古代，"礼"的内容不仅是国家典章制度，还包含了宗教仪式、社会习俗和礼仪规范等，是一系列非常庞杂的仪式化、程式化规则。在儒家看来，礼不仅只是外在形式，还具有社会道德功能和意义。一是"别嫌明微"，用以明确区别不同社会身份和社会角色的人，避免在场面上出现嫌疑和尴尬，维持社会秩序的稳定；二是"恭敬""辞让"，使人们用适当的形式表达恭敬、尊重和谦让；三是"礼之用，和为贵"，要求人们在宗教、社交、家庭等不同场合遵循相应的礼节和仪式，使不同身份的社会成员融洽和睦，促进社会秩序和谐安宁。

现代社会应讲求重礼节和讲礼貌，即所谓"礼仪"和"礼让"，"明礼"是我国公民道德的基本规范。人们在家庭生活中，同样要讲究"礼仪"和"礼让"。对年长者要孝敬，对同龄人要平等友善，对年幼者要慈爱，这些要求，都伴随着相应的"礼节"和"礼貌"。荀子曾说，所谓"礼"，就是"贵者敬焉，老者孝焉，长者弟焉，幼者慈焉，贱者惠焉"，这些话对今天处理好家庭关系中的"礼"的关系，也还是有一定借鉴意义的。家庭生活中的"礼仪""礼让"还包括处理许多其他方面的关系，例如，怎么接待客人，客人来时应持什么礼节，客人走时应持什么礼节，等等。中国自古以来，就是比较重视这些细节的，如《礼记·曲礼上》中记载："凡与客入者，每门让于客。"大意是说，与客人一起进门，在每一个门前都要请客人先进。

对社会而言，礼仪是一个国家社会文明程度、道德风尚和生活习俗的反映；对个人而言，礼仪是一个人的思想道德水平和文化修养的外在表现。我们要做的是针对不同场合，对自己的社会角色进行准确的定位，始终保持谦让恭敬之心，遵守各种礼节礼仪。这对于培养良好个人素质，协调人际关系，塑造文明的社会风气，推动社会主义精神文明建设，具有重要意义。

4."智"是心灵的自觉和生长

"智"通常又写作"知"，作为动词指的是认知，作为名词指的是知识、智慧。儒家把"智"列为"五常"之一，认为追求知识，增长聪明智慧，也是人生一个重要的价值取向，体现了中国传统文化中自古以来对于知识和智慧的尊重。从人类文化的本义理解，"智慧"是一种人格境界，是对人生价值的追求和对社会公道正义和是非、善恶、美丑的彻悟，绝不是争名夺利的本领和手段。

儒家认为，人最首要的、根本性的智慧是道德和"仁爱"精神，智慧是一种"善恶是非之知"和"德性之知"。孟子把智当做判别是非善恶的一种能力，提出"是非之心，智也"的命题。汉儒董仲舒强调"必仁且智"。智的道德内涵非常丰富，主要包括：知道遵道、利人利国、慎言慎行、见微达变、好学知过、居安思危等。孔子曰："知者不惑。""智者"，不但要拥有丰富的知识，还要聪明智慧、善于思考。"智"与"仁"是相辅相成的，求知好学可以促进"仁"的生长。子夏曾说："博学而笃志，切问而近思，仁在其中矣。"因此，一个君子要想具有完善的理想人格，不应仅仅是个"仁者"，还应是个"智者"。人的良知，指的是树立道德认知和正确的价值追求，这也是"智"的核心。"智慧明辨"的本义是"道德智慧"和"明辨是非善恶"，充分体现了中华民族传统核心价值观。

西方文化提出"爱智"就是"爱德"，认为正确辨别是非、善恶、美丑，区分正义与邪恶，如何生活、行动、处理问题是最重要的知识。提出智慧、勇敢、节制、正义是人生需要追求的四大美德，其中以"智慧"为首。由此可见，"智"是一个与世界文明交汇的价值理念和道德规范。

5. "信"是社会交往的基础

"信",也被称作"诚信"。其中,"信"被儒家称为"进德修业之本""立人之道"和"立政之本"。孔子不仅提出"人而无信,不知其可"的思想,而且把信提到"民无信不立",以至去兵、去食,宁死必信的高度。孟子在他的"五伦"学说中提出"朋友有信",并将信与诚相联,阐发了诚和信的内在关联和规范意义。荀子则进一步将"信"推行于选贤治国层面,使信不仅是朋友伦理、交际的规范,而且扩至君臣上下伦理关系皆应以诚信为本。儒家把"信"看做是做人的根本,是兴业之道、治世之道,尤其重视在经世致用上的诚信,强调做人做事要表里如一、言行一致。"信"的道德要求,内涵很丰富,包括尊重事实,反映真相;信守承诺,忠于职守;勇于承担责任,认真履行义务,等等。与"信"相反的便是表里不一,背信弃义,虚伪欺诈,不守信用,不负责任。如果一个社会缺失了诚信,人与人之间相互尔虞我诈,这个社会就将是个丑恶而可怕的社会。"诚"既是人们应该遵守的道德规范,也是人们道德修养的态度和方法。"诚"要求说真话,做真事,保持纯真。思想家朱熹曾说,"诚者,真实无妄之谓",即"诚"是真实不欺的品德。与"信"本质上是一致的。因此,中国古人往往常将"诚信"合称,诚是基础,更为根本,"诚故信";信生于诚,无诚则无信,"欲上下之信,唯至诚而已"[1]。

在当今社会,"诚信"首先是一种基础性的道德规范,是人与人、人与社会和谐共存的基本道德前提。即古人所谓"无信不立"。诚信主要表现在日常为人处世上的诚实可信,隶属于道德范畴,被称做公民的第二个"身份证"。诚信要求我们在日常生活中做到待人处事真诚、老实、讲信誉,言必信、行必果,一言九鼎,一诺千金。从几千年以前儒商的鼻祖范蠡,到当代的杰出的企业家无一不是从老祖宗的教诲里吸取知识

〔1〕 程颐:《周易程氏传》卷二。

和营养。在现代市场经济状态下，企业的管理者和被管理者需要彼此用"软实力"来感染和帮助对方，达成各自的价值以及理想。而这个"软实力"其中最重要的一条就是"诚信"。

◉ 延伸阅读

"还债局长" 为民担保求富农，替民还债为诚信[1]

胡丙申1992年起任山西省运城市夏县乡镇企业局局长，任职10年间，他为企业从银行、信用社正常借贷2750万元，自己充当担保人在信用社或民间借贷69.9万元，解决了企业的燃眉之急，促进了乡镇企业发展。后来，不少借款企业陆续破产、倒闭，还贷危机显现。2001年底他退休后，债权人纷纷找上门来。他骑着自行车，带上债权人分别去找债务人，拟订还款计划，经过近一个月的紧张奔波，债务人、债权人对接核实了近80%债务。但是，无法归还的债务仍有39万元。面对债主们激动的情绪，他郑重承诺："确认落空的债务由我来还！"

当时，好多知情人士都劝胡丙申，说他的行为是职务行为，其动机是发展乡镇企业，应该去找县委、县政府领导，让组织上出面解决。还有人出主意说，可以托关系找人，想办法把信用社的贷款划为呆账、坏账处理，可减少近一半的债务。胡丙申毫不动心地说："这钱虽然不是我欠的，但与我有关。再说信用社的钱也是国家的钱，必须想办法还上。"第二天一早就将工资本交到了信用社，让信用社每个月从他的工资本上扣款。还债期间，他总是舍不得吃，舍不得穿。即使在自己开饭店时，他也是悄悄拿着一个馍，撒些盐和辣椒面算是一顿饭。生病了，他也舍不得住院，开些药就走了。

2002年春天，胡丙申和老伴开起了饭店，胡丙申当掌柜，老伴既是采购员，又是饭店总管。夫妻俩天不亮赶早市，晚上下班先打扫卫生后核账，忙得不亦乐乎。胡丙申用架子车拉煤，老伴怕他体力不支，要雇小

---

[1] 参见"山西一退休局长打工10年替百姓还债39万"，载新华网2011年5月24日。

工，他说这比当年铺沙盖碱轻松多了。两年下来，债还了不少，整个人累得瘦了一圈，但却显得更有精气神。后来，他们又开商店，胡丙申当采购员，无论春夏秋冬，都是骑着摩托车往返百余里进货。他们的商店开门早，关门晚，每天营业时间都在14个小时以上，夫妻俩不辞辛苦，乐在其中。

2010年岁尾，经过艰苦创业，终于赶在年终最后一天还上了最后一笔"债务"，胡丙申感到了一种前所未有的轻松。一个退了休的老局长，以一种超常的坚韧和力量，历经10年，用责任、人格和汗水，铸就了一座诚实守信的丰碑。

（二）"五常"是社会和谐的基础

1. 儒家"五常"圆融互通

"仁、义、礼、智、信"五者之间是圆融互通的关系，"仁、义、礼、智、信"作为处理人际关系的基本准则，必须从"我"做起。我能够仁爱他人，他人也会回报于我，于是世界就充满了爱；我处处按道义做事，社会上就有了道义；我能够礼敬他人，他人也会还我以礼，于是就有了礼仪之邦；我有智慧，明白了做人的道理，于是就会力行"仁、义、礼、智、信"；我做到了信，不仅取信于人，为自己赢得发展的机会，社会也因此而和谐。

2. 儒家"五常"对当今社会的价值

儒家"五常"作为我国传承已久的优秀传统文化，是社会和谐的基础，对当代文明建设仍有着积极的推动作用。为促进我国社会和谐与发展，应努力做到以"仁"为社会和谐的价值理念，实现以人为本的社会主旨；以"义"为社会公平正义的主要尺度和精神支柱，增强社会的透明度和自身的纠错能力；以"礼"为社会秩序与稳定的重要保障，用制度规范整个社会和个人的行为；以"智"为社会尊重知识的基本共识和思维方式，保持认识与实践理性，推动经济发展、文化繁荣和科技进步；以"信"为维护社会信誉和诚实的准则，解除人们之间相互防范的心理和思想隔阂，使社会生活和人际关系更加纯洁和健康。

四、恪尽职守与廉洁守正

（一）恪尽职守是本分

1. 培育恪尽职守的精神

恪尽职守是指要谨慎认真地做好本职工作。千百年来，恪尽职守的精神品格，早已深深熔铸在中华传统文化的血脉里。

恪尽职守是一种在热爱基础上的对工作对事业全身心忘我投入的精神境界。要做到恪尽职守，就要正确处理职业中的"责、权、利"关系，树立主人翁责任感、事业心，追求崇高的职业理想；同时，要培养认真踏实、精益求精的工作态度，摆脱单纯追求个人和小集团利益的狭隘眼界，具有积极向上的劳动态度和艰苦奋斗精神，保持高昂的工作热情和务实苦干精神；塑造和培植文化引领，自觉抵制腐朽思想的侵蚀，以正确的人生观和价值观指导和调控职业行为。

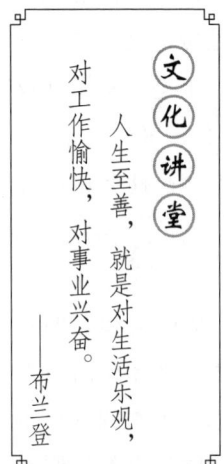

文化讲堂

人生至善，就是对生活乐观，对工作愉快，对事业兴奋。
——布兰登

恪尽职守精神也是爱岗敬业精神。爱岗敬业是社会对每个社会成员最基本的道德要求。敬业才能立业，认真对待自己的岗位，对自己的岗位负责，无论在任何时候，都要尊重自己的岗位职责，认真履行自己的岗位职责。

2. 敬业典范受人尊敬

漫长而悠久的中华历史中，各行各业都涌现出无数的敬业典范，神农氏遍尝百草，大禹三过家门而不入，鲁班被列为百工之祖，蔡伦改良了造纸术……在无数敬业者的智慧和辛勤汗水中，中华文明在不断延续中散发出璀璨的光芒。立足当今时代，每个人在求生存、谋发展的过程中，也实现了个人价值。

爱岗敬业，是社会主义核心价值观的内容之一。实现人生美丽梦想、践行核心价值观，既不是虚无缥缈的，也不是高不可攀的。任何平凡的岗位，只要我们爱岗敬业，兢兢业业，也能创造出非凡的成绩。

新中国成立初期，出生在贫苦农民家庭的时传祥，满怀着对党的感激，始终牢记掏粪是社会主义建设事业的一部分。他带领全班工人每人每

班背粪 80 桶，他自己则每班背 90 桶，最多每班掏粪背粪达 5 吨。管区内居民享受到了清洁优美的环境，而他背粪的右肩却被磨出了一层厚厚的老茧。他以身作则，以苦为乐，不分份内份外，任劳任怨，满腔热情，全心全意为人民服务，赢得了人们的普遍尊敬，也赢得了很多荣誉。1959 年，时传祥作为全国先进生产者参加了在北京召开的全国"群英会"，国家主席刘少奇握着他的手，亲切地说："你掏大粪是人民勤务员，我当主席也是人民勤务员，这只是革命分工不同。"时传祥高兴地表示："我要永远听党的话，当一辈子掏粪工。"自此以后，他更加努力，更加热爱本职工作。1975 年，时传祥去世之前还反复叮嘱，让儿子继承父志，也当一名称职的环卫工人。

主席跟俺说，俺和他一样，都是为人民服务的人民勤务员！

时代在发展，敬业爱岗的楷模永远受到人们的尊敬。电焊工李万君用一把焊枪呵护复兴号的筋骨，万次攻关为中国梦提速；电班副班长王进平步百米铁塔，横穿超、转高压，"刀锋"上起舞，守护着岁月通明、灯火万家；敦煌研究院原副所长李云鹤面壁一生，六十二载潜心修复，八十六岁耕耘不歇，让风化的中国文明绚烂重生。南仁东把一生都献给中国"天眼"（FAST），罹患肺癌后，仍未放下手里的工作，在生命的最后几个月，他依然密切关注着 FAST 的每一项进展。许多极地工作者的梦想就是让五星红旗稳稳地立在冰雪天地，为此甘愿离家万里，坚守冰雪世界；海岛海洋环境监测员的心愿则是"让每一个渔民出海平安"，一年 365 天、每天 24 小时，他们坚守孤岛进行海洋调查。正是这些勇于创新，甘于坚守的英雄，用智慧、勇气和汗水书写了一次又一次的伟大壮举。

纪录片《大国工匠》让"工匠精神"深入人心。敬业、责任就是工匠精神的精髓，工匠精神的本质特征在于对本职工作的执着、专注与精益求精的态度和付出，从中国制造到中国智造、中国创造，无数技术工人付出了辛劳的汗水。他们以其聪明才智，敬业勤勉，书写着一线劳动者的不平凡,是践行敬业精神的最好引路人。他们为我们的时代,为我们的社会做出突出的贡献,让我们为之震惊,为之叹服,为之激动,为之点赞。

(二) 廉洁守正是底线

1. 廉政的初心是一颗公心

在中国,清廉为政思想渊源久远。《尚书·舜典》记载"夙夜惟寅,直哉惟清"。帝舜要求官员首先要做到的是谨慎和清正。《周礼》就曾经提出,对官员的考核有六廉,即:廉善、廉能、廉敬、廉政、廉法、廉辨,意思是说一个官员必须具备六个方面的基本品格,即善良、能干、敬业、公正、守法、明辨,而在这六方面中,则以"廉"为冠。老子在前人基础上有新发展,他将清静概括为治国修身的普遍原则与方法,为为政者人格修炼树立了圣人化的目标,对中国传统文化产生了深远影响。"生而不有,为而不恃,长而不宰"的圣人境界,与共产党人"全心全意为人民服务"的宗旨有内在的相通之处。周恩来曾经说这是道家最精彩的话。

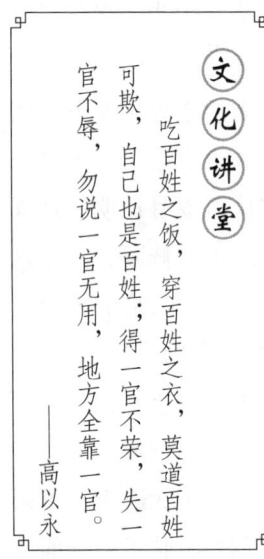

文化讲堂

吃百姓之饭,穿百姓之衣,莫道百姓可欺,自己也是百姓;得一官不荣,失一官不辱,勿说一官无用,地方全靠一官。
——高以永

公生明、廉生威。欧阳修的《廉耻论》指出,公正清廉,乃"士君子之大节",意思是说清廉是官员必备的政治品德。明朝的郭允礼在《官箴》里系统而明确地提出,"吏不畏吾严而畏吾廉,民不服吾能而服吾公,公则吏不敢慢,廉则民不敢欺",也说明秉持一颗公心自能够廉洁守正。

中国历史上不乏清廉守正、爱民如子的清官廉吏。北宋时期,著名书法家米芾曾主政涟水。离任临行时,他特将笔端残墨于池水洗净,以示"来清去白",后人还将他洗笔墨的水池整修一新,命名为"廉池",引来无数游客景仰。

据《后汉书·羊续传》载:羊续,今山东邹城市石墙镇羊续村人,为官清廉奉法,在河南南阳太守任上,廉洁自守,赴任后数年未回家乡探亲。一次,他的夫人领着儿子从老家千里迢迢到南阳郡看望丈夫,不料被羊续拒之门外。原来,羊续身边只有几件布衾和短衣以及数斛麦,根本无法招待妻儿,遂不得不劝说夫人和儿子返回故里,自食其力。

羊续虽然历任庐江、南阳两郡太守多年，但从不请托受贿、以权谋私。他到南阳郡上任不久，他属下的一位府丞给羊续送来一条当地有名的特产——白河鲤鱼。羊续拒收，推让再三，这位府丞执意要太守收下。当这位府丞走后，羊续将这条大鲤鱼挂在屋外的柱子上，风吹日晒，成为鱼干。后来，这位府丞又送来一条更大的白河鲤鱼。羊续把他带到屋外的柱子前，指着柱上悬挂的鱼干说："你上次送的鱼还挂着，已成了鱼干，请你一起都拿回去吧。"这位府丞甚感羞愧，悄悄地把鱼取走了。

此事传开后，南阳郡百姓无不称赞，敬称其为"悬鱼太守"，也再无人敢给羊续送礼了。明朝于谦有感此事曾赋诗曰："剩喜门前无贺客，绝胜厨内有悬鱼。清风一枕南窗下，闲阅床头几卷书。"后来，以"悬鱼""羊续悬枯""挂府丞鱼"等典故被广为传诵。

2. 新中国廉政文化建设的精神实质

今天我们讲的廉政毕竟不同于古代的"清官"，需要赋予其新的内涵和时代特征。廉政文化建设的精神实质，是引导全党牢固树立中国特色的社会主义理想，牢记全心全意为人民服务的宗旨，树立正确的世界观、人生观、价值观，增强执政为民的自觉意识；保持为民务实清廉的政治本色，正确处理公私、义利、是非、情法、亲清、俭奢、苦乐、得失的关系，自觉同特权思想和特权现象作斗争，坚决预防和反对腐败，清清白白为官、干干净净做事、老老实实做人。

廉政文化建设是建设社会主义先进文化的重要内容，加强廉政文化建设是建设社会主义核心价值体系的重要组成部分。廉政文化建设的根基打牢了，才能更好地用马克思主义中国化最新成果武装全党、教育人民，用中国特色社会主义共同理想凝聚力量，用以爱国主义为核心的民族精神和以改革创新为核心的时代精神鼓舞斗志，用社会主义荣辱观引领风尚。廉政文化一旦形成和固化，其所表现出来的道德约束力，往往比正式制度更

有力度,更具有持久性、稳定性和连续性。

3. 领导干部党风廉政建设要求

为民、务实、清廉,是中国共产党对领导干部党风廉政建设的要求。

为民,即坚持立党为公、执政为民,把实现好、维护好、发展好人民群众的根本利益作为自己思考问题和开展工作的根本出发点和落脚点;务实,即求真务实,出于对党和人民的事业高度负责,脚踏实地,埋头苦干,坚持重实际、鼓实劲、求实效,不图虚名,不务虚功,扎扎实实地把党和国家的各项决策和工作落到实处;清廉,即严于律己,廉洁奉公,时刻把党和人民的利益放在首位,严格遵守党纪国法,坚持高尚的精神追求,永葆共产党人的浩然正气,切实做到拒腐蚀、永不沾。

不收礼、不吃请,这是陈云为自己立下的一条规矩。他不仅身体力行,还要求身边的工作人员不违反,凡是有人送礼,必须向他报告,不得擅自收下。他一针见血地指出:"送礼是有求于我,收下后,决定事情必有偏差。"某年秋天,一个大军区的两位同志来到陈云的住所,向他汇报军事演习的情况,并带来当地产的两盒葡萄。他们汇报完工作起身告辞时,陈云让他们把葡萄拎走,还说:"我是中央纪委书记,不能收。"两位军人解释说:"这值不了几个钱,不是送礼,只是让您尝尝。"陈云接受了他们的心意,说:"我吃10颗,叫'十全十美',剩下的你们带回去。"陈云向亲属子女提出了极为严格的"三不准",其中一条就是不准搭乘他工作使用的小汽车。新中国成立后,陈云担任中央财经委主任,他的夫人于若木也在中央财经委工作,上下班和他走的是同一路线,尽管顺路,但她一直坚持骑自行车上下班,从没有搭乘过陈云的小汽车。

陈云一贯严以修身、严以用权、严以律己,束身自重,从不把手中的权力用在为自己或家人谋好处上。他常说,权力是人民给的,必须要用于人民,要为人民谋福利。他常告诫家人和身边工作人员:"无论你到哪里工作,都要记住一条,就是公家的钱一分都不能动。国家今天不查,明天不查,早晚都要查的。记住这一条,你就不会犯错误。"

历史经验反复证明,治政主体的清净之守,是一项系统工程,需要内外兼修。现代法治作为社会治理的工具,具有制约权力、保障权利的关键作用,是维护社会正常秩序的基础和保障。陈毅元帅诗云:"手莫伸,伸手必被捉。党与人民在监督，万目睽睽难逃脱。"

● 延伸阅读

中国梦实践者——共产党员李进祯，大写的"人"字丰碑（节选）[1]

"我这一住院，快则七八天，慢了要半个月，麻烦你们代我向组织请个假，别把工作耽误了。"这是李进祯生前留下的最后一句话。2017年10月25日，宁夏回族自治区同心县兴隆乡民生保障服务中心主任兼财政所所长李进祯，因劳累过度突发心梗，倒在了脱贫攻坚一线岗位上。当天下午5时30分左右，因抢救无效，李进祯不幸离世。

在李进祯工作的近30年里，一个"公"字是他默默用行动写下的为人准则。从1988年参加工作起，李进祯一直从事乡财政工作。从各类惠农补贴和征地拆迁补贴到乡干部的工资发放，从养老保险收缴到后勤保障支出，李进祯是乡里干部和老百姓的"管家"。特别是这两年自治区打响脱贫攻坚战后，涉及脱贫攻坚的项目资金陡然增加，扶贫资金的核拨兑付笔笔都要经李进祯之手办理。他的桌子上永远堆着一摞摞票据账单，每天的工作不是伏案核算票据，就是在银行、财政、扶贫等部门间来回跑。

"人家有的乡会计，把票据算完就让各村自己拿去银行兑付，但李进祯从来都是亲力亲为，对每项工作都负责到底，他这种干法，十里八乡都不多见。"大学生村干部王有刚说。这些年，李进祯把自己上班的时间往前调了1小时。"早点去处理完手头上的事，到上班时间就能准时去其他单位办事了。"李进祯总这样说。

李进祯随身总带着一个小本子，上面详细列着每天的各项工作，干完一项，划掉一项，有时还会列着老百姓提的问题。在兴隆乡，李进祯的电话很多老百姓都知道。问扶贫款的、问拆迁补贴的、甚至问乡上其他工作

---

[1] 许凌、拓北兵："'中国梦实践者'共产党员李进祯，大写的'人'字丰碑"，载《经济日报》2018年1月15日。

的，不管是不是李进祯负责，他总是认真回答。对不知道的情况还要记下来，了解后再回复。

走进李进祯的办公室，那张破沙发尤其引人注目。5年前，这张沙发搬到他办公室时，就下陷得厉害，皮子多数开裂，李进祯就拿一厚沓旧报纸垫着。后来坐的人多了，沙发陷出一个大坑，他又放上垫子继续凑合着坐。罗正俊好几次开玩笑说李进祯："李所长，你管着那么多钱，给自己换个新沙发坐嘛。""屁股下的东西么，不用那么享受，能凑合着用就行，给公家省两个钱。"在李进祯眼里，只有私人的东西当公家的用，但公家的东西绝对不能随便浪费。

李进祯入党27年，作为一名基层党员干部，从事普通而繁琐的工作，没干过什么惊天动地的大事，他始终将入党誓言作为人生信条，用行动践行着忠诚、为民、担当、干净的政治本色，始终没有忘记一名共产党员的"初心"。经手的公款有上千万元，他没动过一分钱。直到去世时，自家还背着16万元贷款。他常说："党和国家的好政策让我们有了今天的好日子，要知道感恩。干再多的工作，也是我的分内事。"

第二节　优秀传统文化与家庭

家庭，是每个人最熟悉的生活单位。家庭关系是指基于婚姻、血缘或法律拟制而形成的一定范围的亲属之间的权利和义务关系。家庭关系以主体为标准可以分为夫妻关系、亲子关系和其他家庭成员之间的关系。对中国人而言，家庭是最重要的精神支柱，具有特殊的意义和价值。

一、孝老敬亲　父严母慈

（一）孝文化是中华民族传统美德

1. 孝是立家之本

孝文化是中华民族传统美德。"孝"作为一个伦理观念正式提出是在西周。在西周，孝的含义有两层：一是尊祖敬宗。尽孝的方式主要是祭祀，在宗庙通过奉献供品祭祀祖先，尽孝的对象是死去的人，这具有一定的宗教形式。二是传宗接代。到后来，"孝"的本意发展成尽心尽意供养、

侍奉父母。"幼吾幼以及人之幼,老吾人以及人之老。"能养是孝的最低层次,弗辱是第二层次,尊亲是最高层次。只有所有的事都做得很好,才能让双亲受尊敬,这才是大孝。

《孝经》云:"孝子之事亲也,居则致其敬,养则致其乐,病则致其忧,丧则致其哀,祭则致其严,五者备矣,然后能事亲。事亲者,居上不骄,为下不乱,在丑不争,居上而骄,则亡。为下而乱,则刑。在丑而争,则兵。三者不除,虽日用三牲之养,尤为不孝也。"意思是,孝子对父母亲的侍奉,在日常家居的时候,要竭尽对父母的恭敬,在饮食生活的奉养时,要保持和悦愉快的心情去服侍;父母生了病,要带着忧虑的心情去照料;父母去世了,要竭尽悲哀之情料理后事;对先人的祭祀,要严肃对待,礼法不乱。这五个方面做到了,方可称为对父母尽到了子女的责任。侍奉父母双亲,要身居高位而不骄傲蛮横,身居下层而不为非作乱,在民众中间和顺相处、不与人争斗。身居高位而骄傲自大者势必要遭致灭亡,在下层而为非作乱者免不了遭受刑罚,在民众中争斗则会引起相互残杀。这骄、乱、争三项恶事不戒除,即便对父母天天用牛羊猪三牲肉食尽心奉养,也还是不孝之人啊。由此可见,在中华传统文化中,孝是做人的一个重要准则,重视人伦道德、讲究家庭和睦是中华传统文化的精华,也是中华民族强大凝聚力、亲和力的具体体现。

中华家风家训是中华民族优秀道德品质在家庭中的传承,是中华孝慈文化的重要表现形式。有了家训,就有了遵循,长辈以此为教育内容,晚辈以此为行为约束,一个好的家风就会得到不断传承。南北朝时的《颜世家训》中说:"千经万典,孝悌为先。"明末清初的《朱子家训》中有"重资财,薄父母,不成人子"之训;清末《曾国藩家训》中更是对孝倍加推崇，认为"孝友二字可使家经久不衰"……诚然，由于地域差别、行业不同、历史渊源不一，每个家庭的家风家训可能有所差别，但是，纵观古今，上达皇亲国戚，下至平民百姓，无一不把"孝"作为家风家训的重要内容，教育子女的理念核心。

2. 孝是爱国之源

在我国，中华慈孝文化不仅仅是一种家庭文化，更是忠于祖国、报效国家、奉献社会的"大爱"文化。爱国是中华慈孝文化的重要内容，个人注重道德修养是弘扬慈孝文化的基础。

航天英雄杨利伟，就是有名的大孝子。自1983年当兵离开父母，杨利伟就一直保持着按时和家里联系的习惯。特别是1998年成为航天员以后，无论学习训练如何紧张，自己在什么地方，他都会在每周的固定时间给父母打电话，既问他们平安，也报自己的平安。

秋天，是北京最美的季节。杨利伟总要让妻子回老家把双方父母接到北京住一段时间。每到双休日，他就带着父母到各公园和各大景点游玩，然后到市场上买回父母爱吃的东西，亲手为父母炒上几个可口的好菜，并为好饮的父亲亲自斟上一杯好酒，陪他们说说话。

而当逢年过节因工作训练忙回不了家不能同亲人团聚时，他就提前为双方父母寄些钱和补养品，以表孝心。当知道爱钓鱼的父亲因为没有一只好鱼竿而烦恼时，杨利伟马上托人从秦皇岛购了一套渔具寄给父亲。当自己过生日时，总要唱一支歌给母亲。他说，自己出生那天，是母亲最辛苦的日子。

"百善有源孝为本"，孝是一个人的立身安命之本，是一个人良心的源头，是一个人道德的底端，是一切美德的始基。大义不会从天降，大义之根始于孝。首先要孝顺父母长辈，长大成人才能对他人和社会有所贡献，实现自己应有的人生价值。所以，孝老爱亲，永远在路上。

3. 孝是社会稳定之基

按照联合国老龄化评判标准，我国已成为人口老龄化国家。生活中、电视报道中，"弃老""虐老""不敬老"等丧失良知的行为时有发生，不孝敬父母已是屡屡有闻。目前，我国的社会保障制度还不完善，不可能完全依靠社会保障解决养老问题，因此子女必须担负起赡养父母的责任。我国《宪法》第49条规定："父母有抚养教育未成年子女的义务，成年子女有赡养扶助父母的义务。"四川省组织部、宣传部、人事厅2004年发布《关于共产党员和国家干部带头敬老养老助老的意见》，指出官员不孝敬父母不能升职。2013年7月1日起施行的《中华人民共和国老年人权益保障法》规定不回家看望老人违法。

敬老养老助老是中华民族传统美德，更是国家对老年人的保护。人总是要老的，现在的青年人，过了四五十年后，也要步入老年，也需要别人的帮助。因此，从这个意义上说，尊老敬老，本质上是尊重社会发展的规律，也是尊重自己。

（二）孝的传承

我们在扮演好父母的子女这个角色的同时，在和伴侣组建的新家庭中，也将充当起父母的角色，悉心教导孩子从襁褓中的小婴儿成长为具有自主生活能力的成年人。

1."严父慈母"的社会分工

父母是孩子的第一任老师。"至乐莫如读书，至要莫如教子"，随着年龄的增长，可以发现孩子越来越像自己的父母。美国人泰曼·约翰逊认为，"成功的家庭造就成功的孩子，失败的家庭造就失败的孩子"，从这个意义上来讲，家庭教育是其他一切教育的基础，父母对孩子的成长起着决定性的作用，对于一个人的人生观、价值观、世界观，以及性格和人际交往能力具有重要的影响。做好"父母"的社会分工，是一件至关重要的事。

中国有句古语叫做"严父慈母"。"严父"和"慈母"反映了父亲和母亲在家庭教育活动中的不同作用。《晋书·夏侯湛传》载，"受学于先载，纳诲于严父慈母"。《韩非子·牟老》载，"慈母之于弱子，务致其福"。后来，在唐代又有了"慈母手中线，游子身上衣"的名句。"严父"指对子女严格管束的父亲，"慈母"是对子女慈爱和善的母亲，都是子女对父母的敬称，古人也常用"严""慈"作为"父""母"的代称。

父母在家庭教育中要发挥各自的教育优势。一般男性都拥有阳刚之气，有较强的逻辑判断能力。所以，作为父亲可以培养孩子乐观的性格并帮助其形成正确的价值观。父亲对孩子的关心和鼓励，也会使孩子感受到父亲的刚强与温情、理性与情感的统一，有利于形成完善的个性品质。母亲情感会比较细腻，做事比较认真、细心，借助这种特质可以使孩子形成仔细观察事物、讲文明讲礼貌的好习惯。同时要注意的是，母亲在教育孩子时要增强理性，注意不断培养孩子生活的独立性，避免对孩子的溺爱。父母性格的互补本身就是对孩子实行均衡教育的宝贵资源，父母要充分发挥各自的优势和特点，增强家庭教育的效果。

颜之推在《颜氏家训》中说："父母威严而有慈，则子女畏惧而生孝矣。"无论是父亲还是母亲，都要严与慈兼备，但由于文化、心理和家庭分工上的差别，各有侧重。父亲"严"字当头，严中有慈、刚柔并济；母亲以"慈"为先，慈中有严，柔中有刚，就像硬币的两面，彼此互相依存，不可分割。

2. 孝老敬老的言传身教

孝并不是与生俱来的。羊羔跪乳、乌鸦反哺只是动物的本能活动，人除了依靠本能的力量来实现"孝"以外，更重要的就是要有目的地去培养子女"孝"的能力。

所谓"养不教，父之过"，想要孩子建立正确的孝顺观，就必须让孩子从小接受"爱"的教育和"孝"的熏陶，在日常生活点滴中培养。要坚持细节训练，比如让孩子帮父母倒杯水，偶尔让孩子下厨做饭刷碗等。依据孩子的年龄和能力提出具体要求，让孩子在家长的引导下养成良好的道德品质和生活习惯，在生活细节中，慢慢形成孝顺父母的习惯和思维。

列夫·托尔斯泰曾写过一个《爷爷与孙儿》的故事：米沙的爷爷衰老了，行动不便，吃饭时口水鼻涕一起流出来。儿子媳妇嫌他脏，不让他同桌吃饭，把他赶到灶边独自吃。有一次，爷爷不小心把吃饭的瓷碗打碎了，

儿媳破口大骂:"老不死的,以后给你一只木盆吃饭算啦!"过了几天,夫妻俩发现儿子米沙拿着斧头砍木头,像在做什么东西。爸爸就问:"米沙,我的宝贝,你在做什么?"米沙一本正经地回答说:"亲爱的爸爸,我在做木

盆,等到您和妈妈老了用它吃饭,免得打碎碗。"夫妻俩听后面面相觑,感到十分羞愧,接回老人同桌吃饭并照顾老人。

米沙的妈妈骂爷爷是"老不死的",对儿子产生了不良影响,他们从儿子做木盆的行动中看到了自己的未来,于是幡然悔悟。列夫·托尔斯泰写这个故事,没有进行任何道德的说教,但寓意却很深刻。孩子就像父母的一面"镜子",因此,父母一定要以身作则,传承孝老敬亲的传统美德。

如今,孝心教育已经作为监狱教育改造工作的重要内容在罪犯中广泛开展,在弘扬传统文化的同时,激发罪犯对家人不弃、对国家挽救的感恩之情,强化罪犯的认罪悔罪意识,激励罪犯不断努力新生。

二、 执子之手 琴瑟相谐

(一) 爱情是婚姻的基础

爱情是人类永恒的话题,《诗经》中的"死生契阔,与子成说。执子之手,与子偕老",柳永的"执手相看泪眼,竟无语凝噎",苏轼的"但愿人长久,千里共婵娟"等,都是我国自古就流传下来的绝美爱情佳句。

莎士比亚曾说:"爱情不是树荫下的甜言,不是桃花源中的蜜语,不是轻绵的眼泪,更不是死硬的强迫,而是建立在共同基

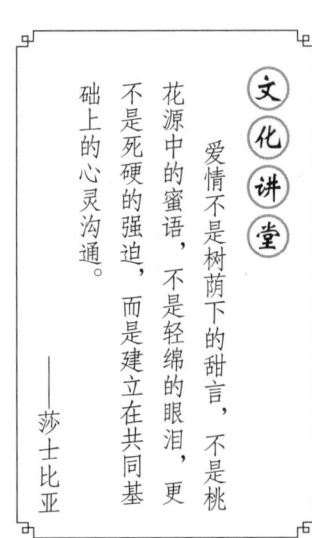

文化讲堂

爱情不是树荫下的甜言,不是桃花源中的蜜语,不是轻绵的眼泪,更不是死硬的强迫,而是建立在共同基础上的心灵沟通。

——莎士比亚

础上的心灵沟通。因此，在恋人的选择上最重要的条件应该是志同道合，思想品德、事业理想和生活情趣等大体一致。"要具备正确的爱情观，将美好的品德、高尚的情操、心理上互相融合作为择偶标准，把共同的信仰追求和一致的思想放在首位。美好的爱情也必须遵守一定的道德规范和法律规范，符合伦理道德观念、婚姻制度的要求，并借此调节恋爱中的行为和各种关系。有爱情的婚姻才是符合道德的婚姻。那些出于对金钱、门第、权势的追求或是父母包办的强制婚姻，都是错误的。马克思和燕妮的崇高爱情正是因为建立在志同道合的基础上，才能经受住艰难困苦的考验，世代传为佳话。

我们党早期卓越的领导人向警予，早年在家乡溆浦县城任校长时，被湘西镇守副使兼第五区司令周则范看中，并派人到她家提亲。向警予的继母想借此高攀，满口应承下来。但向警予性情刚烈、鄙视权贵，坚决不同意。1919年秋，向警予与蔡和森同船赴法国勤工俭学，在漫长旅途中，二人经常在一起讨论学术和政治问题，憧憬美好的未来，因道合而志同，产生了真挚的爱情。后来两人以不落俗套的形式在法国结婚，没有繁琐的婚礼仪式，就是拍张照片，两人并肩而坐，手捧一本打开的《资本论》，说明他们共同生活的思想基础，是对马克思主义的坚定信仰。向警予在20世纪20年代就用自己的言行诠释了爱情的真谛。

（二）婚姻是家庭的基石

家庭是以婚姻关系为基础的，婚姻关系是家庭中主要的、决定性的关系，有了婚姻关系才能派生出其他的血缘关系。夫妻关系如何，决定着整个家庭关系的好坏，其情感关系往往决定着一个家庭的圆满与残缺。夫妻两人关系和睦，家庭关系便能长久维持下去，子女也能在良好的家庭环境中成长，利于孩子健全人格的形成。与此同时，老人也能够得到较好的赡养，得以颐养天年。中国的传统婚姻观，一般都讲百年好合，白头偕老。人们注重从一而终，所以都相当谨慎，往往会想得更远，考虑得更周到。

周恩来总理一生除了拥有众多美誉外，他与妻子邓颖超的传世爱情也一直被世人传颂。作为爱情的楷模，他们在抗战期间总结出了夫妻生活之间的相处原则，现在逐渐成为我国各族人民爱情婚姻之道德新风尚。

一是互敬。夫妻之间无论是否门当户对，无论来自城市还是农村，无论文化、才能、职位的高低，都要互相尊重。

二是互信。夫妻之间应坦诚相待，相互信任，避免隐瞒和猜忌。

三是互爱。恩格斯提出："双方的相互爱慕应当高于其他一切而成为婚姻基础。"夫妻之间应以和为贵，相濡以沫，关心对方的工作、学习，体贴对方生活，不随意批评指责。

四是互勉。夫妻之间要相互鼓励支持，争取共同进步。

五是互帮。夫妻之间应在工作、学习上互相促进、帮助，家务上共同分担，不应相互推诿。

六是互谅互让。夫妻双方应多看对方的优点，多找自己的缺点，多为对方着想。发生矛盾时，多做自我批评，做到互谅互让。

七是互慰。当夫妻中的一方在工作和生活上不顺心或生病时，另一方要及时劝慰、开导、体贴、关怀，为对方分忧解愁。

在茫茫人海中找到一个情投意合的人不容易，能够彼此扶持相伴一生更不是件易事。钱学森和妻子蒋英的相爱相携也是令人羡慕和感动的。1947年，"导弹之父"钱学森和妻子蒋英结婚后便来到美国。钱学森去美国各地讲学或参观，每次他都忘不了买各种新的音乐唱片给妻子。在1950年至1955年归国前，钱学森在美国受到软禁。美国联邦调查局时不时闯入家门搜查、威胁、恫吓，他们的信件受到严密的检查，连电话也受到了窃听。钱学森的身心受到了严重伤害。这时，蒋英像一名忠诚的卫士护卫着钱学森：一切家庭事务，包括照料孩子、买菜烧饭，蒋英都亲自动手，并且不停地用言语安慰丈夫。蒋英的生死相依，使钱学森倍感温暖。他很快安下心来埋头著述，写出了《工程控制论》和《物理力学讲义》等著作。

回国后，蒋英的音乐特长得以继续发挥。每次登台表演或指挥学生毕业演出时，蒋英总会请钱学森去观看，钱学森也会尽量邀请其他科技人员一起来欣赏。遇到钱学森工作忙的时候，蒋英就将演出录制下来，带回去放给钱学森听。蒋英还总是拉着钱学森去听交响乐，和这位科学家一起徜徉在艺术的海洋里。

1991年10月16日，国务院、中央军委在人民大会堂召开表彰大会，授予钱学森"国家杰出贡献科学家"荣誉称号和"一级英雄模范奖章"，

钱老一往情深地谈及他的夫人："我们结婚44年的生活是很幸福的。她与我的专业相差很远，但正是由于她为我介绍了音乐艺术，使我丰富了对世界的深刻认识，学会了广阔的思维方法……"这番话道出了他们婚姻幸福的秘诀，得到了大家的热烈掌声。

爱情需要经营，婚姻更是如此，两个人用心经营的婚姻才能长久走下去。爱情可能是乍见之欢，可能是风花雪月的潇洒，可能是海誓山盟的浪漫，而婚姻更多的是柴米油盐酱醋茶的生活。在婚姻中，需要两个人的不断磨合，需要彼此包容与彼此扶持，久而久之，两个人就会变得如亲人一般密不可分。

三、兄友弟恭　姊妹情深

（一）兄弟姐妹相扶持

在家庭中除了我们的父母、爱人、子女，对我们尤为重要的还有兄弟姊妹，他们也在我们的生活中占着重要的比重。作为重要的家庭成员，我们与兄弟姊妹之间的沟通与交流是我们成长中必不可少的一部分，在童年青年时期的生活中，我们也离不开兄长的照顾与关怀，作为兄长也会感受到弟弟的恭敬。所谓的兄友弟恭正是指兄长对弟弟友爱，弟弟对兄长恭敬，而姊妹之间亦是如此。所以说处理好在家庭中兄弟姊妹之间的关系对家庭和睦尤为重要，和谐的兄弟姊妹关系也对老人的赡养、子女的教育有重要意义。

文化讲堂

兄道友，弟道恭，兄弟睦，孝在中。
——《弟子规》

想要拥有和谐和睦的家庭生活，兄弟姊妹之间的关怀尤为关键，而兄友弟恭想表达的正是这个意思，在中国上下五千年的文化历史中，对于兄弟姊妹之间的相处也看的极为重要，在《弟子规》中就曾写到"兄道友，弟道恭，兄弟睦，孝在中"，兄长要友爱弟妹，弟妹要恭敬兄长；兄弟姐妹能和睦相处，父母自然欢喜，孝道就在其中了。这体现了兄弟姊妹的和睦对于家庭的重要，一个家庭最重要的无非就是和睦，兄弟姊妹的和睦多么重要显而易见。

在家庭中无法忘记的不光是父母的养育之恩，也不能忘记的是哥哥姐

姐的帮带与培养之恩，同根同源的兄弟情、姐妹情是人世间最重要最美好的感情，这样的感情就更要去维护，去共同珍惜。如何经营好这一份份的手足情谊呢？

追宗思祖，珍惜缘分。人世间三种缘分最重要：亲子缘分，夫妻缘分，兄弟姐妹缘分。父母把兄弟姐妹生下来，从小在一起生活，一起成长，这种手足之情是无法割舍的。所以，每时每刻都要想着家人对你的好，都要去关心家庭里的其他成员。

互相照应，感恩父母。作为兄长的要关心爱护弟妹，要传帮带，协助父母，引导弟妹健康成长，要怀着感恩的心带头孝敬父母。作为弟妹要尊重哥哥姐姐。帮助父母亲做力所能及的事。每个家庭成员都要扮演好自己的角色。

有能力的多为家庭做贡献。兄弟姐妹，无论成家与否，都要对自己的弟妹承担培养义务。有时候就是靠兄长的无私奉献，弟弟妹妹才能更好地生活。这才像一家人的样子。

共同赡养父母。父母把兄弟姐妹从小拉扯大很不容易，成家立业后理应好好孝敬父母，赡养老人。兄弟姐妹间不要计较谁出多出少，要互相体谅，有能力的多奉献一点，有困难的少拿一点。

(二) 处理好亲情财产关系

妯娌好，兄弟亲。兄弟关系好不好，妯娌起很大作用。平时兄弟姐妹之间要全家往来，加深另一半的感情，只有妯娌相处好了，很多矛盾才可以迎刃而解。其实从广义上讲，同辈份的亲人都应当相互视为手足，这样才能使大家小家都和睦。

不为家产伤感情。亲兄弟，明算账。父母生活费用和看病支出，要算清楚，大家心中有个数，不至于产生误解。当父母百岁以后，有的兄弟姐妹为了分家产，闹得不可开交，这实在是得不偿失。为了钱财伤害手足情很不应该。千金难买血缘关系，对吧？既然能够同甘共苦过来，为何不继续维护亲情？

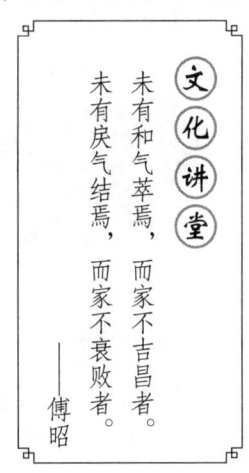

文化讲堂

未有和气萃焉，而家不吉昌者。未有戾气结焉，而家不衰败者。

——傅昭

互帮互助显亲情。兄弟姐妹之间，谁有困难，大家帮一点。常言道，一方有难，八方支援。何况是自己的亲兄弟、姐妹。

团结友爱一条心。一家人不要互相猜疑，互相议论。有事当面说清，不要在背后议论。有不同看法的，要多沟通，相互理解，不要互相指责。一家人团结起来，力量很大，有事情大家一起扛，没有什么困难是不能解决的。

和睦相处一家亲。父母健在时，父母亲会召集全家老小团圆相聚。父母不在时，做兄长的就要起带头作用，平时要经常走动，不然时间久了感情就会疏远。永远都不要疏远你的亲人，永远都不要怀疑你的亲人。

一份血脉的感情，是人一辈子无法割舍的，血浓于水，无论你是贫穷还是富有，这一份亲情都不应该忘记。兄弟姊妹之间更应该团结友爱、互相支持。

第三节　优秀传统文化与社会

中华传统文化中的优秀文化精髓和文化底蕴，是社会道德文明建设的渊源，使我们的精神文明始终保持着积极向上的姿态。特别是传统文化中的爱国守法、忠诚守信、义利相合、责任意识，不仅有利于规范人的行为和协调社会关系，同时也有利于实现社会和经济的和谐发展。我们要坚定和发挥信仰信念的巨大力量，传承、发扬优秀传统文化，弘扬以爱国主义为核心的社会主义核心价值观和以改革创新为核心的时代精神，促进社会发展。

一、爱国守法　涵养正气

爱国，就是热爱祖国，报效人民，维护国家统一，捍卫民族尊严。爱国就是不做有损祖国利益的事，不损害国家的荣誉，不从事危害国家安全的犯罪活动，不参与危害社会秩序的犯罪活动。守法就是遵纪守法，积极做法律鼓励做的，必须做法律要求做的，坚决不做法律禁止做的。强调公民应培养高尚的爱国主义精神，自觉地学法懂法用法守法和护法。

（一）爱我祖国，爱我中华

1. 爱国是中华民族的优良传统

早在很久远的年代，"爱国"一词就已经在我国出现了。《战国策·西周》中就有"国君岂能无爱国哉"的说法，《汉纪》中提到"亲民如子、爱国如家"，《礼记·儒行》中说，"苟利国家，不求富贵"。由此可见，早在奴隶社会末期，爱国情感作为中华民族的凝聚力和精神支撑就已在中华大地广为传扬。

孟母刺字

爱国是一个公民起码的道德，更是中华民族的优秀传统。爱国是一种崇高的感情，具有巨大的向心力和凝聚力，是一个民族最珍贵的精神财富。儒家传统文化强调的"舍生取义"，就是指为了国家利益，捍卫国家主权，不惜牺牲个人生命。从贾谊的"国而忘家，公而忘私"，到范仲淹的"先天下之忧而忧，后天下之乐而乐"；从顾炎武的"天下兴亡，匹夫有责"，到林则徐的"苟利国家生死以，岂因祸福避趋之"；从孙中山第一个喊出"振兴中华"，到习近平总书记提出的"为实现伟大复兴中国梦而努力奋斗"，爱国主义为中华民族的生生不息提供了源源不竭的精神动力。千百年来，中华民族之所以能历尽沧桑而始终屹立，根本原因就是有坚如磐石的爱国主义情感和爱国主义信念作为思想基础。爱国主义作为中华民族的优良传统和崇高美德，能够引发巨大的向心力。

2. 爱国主义具有鲜明的时代特点

爱国主义具有鲜明的时代特点。自古以来，中华民族就把对国家和民族的忠贞与爱视为做人的根本与大节，以救国图存、治国兴邦为人生最高的奋斗境界。革命战争年代的爱国，是为获得民族解放而英勇奋斗；当代的爱国，是振兴中华，建设富强民主文明和谐的社会主义现代化国家。爱国的思想是对祖国无限忠诚，对祖国的前途和命运无限关心；爱国的行为

是为争取祖国的独立和富强而英勇奋斗的行为。爱国主义作为公民道德建设的基本要求，排在公民基本道德规范的第一位，早已成为新形势下提高公民道德水平和民族素质的重要的价值载体和精神动力。

3. 爱国与爱党、爱社会主义相统一

在我国的社会主义制度下，实行人民民主专政，国家属于人民，人民是国家的主人。因为中国共产党领导人民建立了新的政权，始终坚持立党为公，执政为民，权为民所用，利为民所谋，不断发展人民群众的经济、政治、文化权益，绘就了中华民族伟大复兴的宏伟蓝图，可以说，没有共产党就没有新中国，就不可能充分发挥中国特色社会主义制度的优越性。因此，爱国与爱党紧密联系在一起，就是捍卫人民的根本利益。

4. 爱国应体现在具体行动上

爱国不是空洞的，要从尽职尽责、尽义务、守法规等方方面面做起，把对祖国的无限热爱落实到具体行动中，赋予爱国丰富的内涵。和平时期，我们应为祖国的繁荣昌盛贡献自己的聪明才智，尽到自己应尽的义务；当祖国危难时、当祖国需要时、当祖国召唤时，我们也应义无反顾地奉献自己的青春和生命。像"雷锋精神""铁人精神""抗洪精神""抗震精神""奥运精神"等就是爱国主义的具体体现。

爱国是最纯粹、最热烈的感情，在国家的荣誉和利益受到损害时，哪个中国人不义愤填膺？但是，民众在表达爱国热情的同时，也要意识到理性爱国、文明爱国、守法爱国的重要性。爱国，不需要民粹和暴力，不需要以牺牲国内正常社会秩序为代价；爱国，要向"打砸抢"说不。如今的爱国，是要在民族国家的基础上建设一个法治、文明、民主的现代国家。

● 延伸阅读

"云丝之母" 酆云鹤的"中国心"[1]

被誉为"云丝之母"的酆云鹤（1899-1988），是中国第一位工业化学

---

[1] 张江义："'云丝之母'酆云鹤的'中国心'"，载中国档案资讯网2015年6月12日。

女博士,是世界上第一个用草类纤维制造出人造丝的发明人。1941年,酆云鹤提出的适用于大工业生产的麻纤维化学脱胶法,攻克了欧洲费时近百年都没有突破的技术难关,纺织出了足堪媲美棉纤维的洁白美丽的麻纤维——"云丝"。抗战时期,用"云丝"技术生产出来的物美价廉的云丝布、云丝毛巾、云丝絮等代棉产品,在相当程度上解决了大后方普通民众缺衣少穿的生活难题。酆云鹤之所以能够取得如此骄人的成绩,一方面固然与她勤奋刻苦学习和孜孜不倦的探索钻研密不可分,另一方面也与她长期情系祖国、立志科学救国的拳拳"中国心"息息相关。

酆云鹤

1927年,为了实现"科学救国"的梦想,深受五四运动洗礼的酆云鹤考取了美国俄亥俄州大学的官费留学生,主修化学工程。祖国的贫穷落后和人民的深重苦难,时时刻刻都在鞭策着酆云鹤。她忘不了日本提出的旨在灭亡中国的"二十一条",她忘不了巴黎和会上中国外交的失败,她忘不了落后就要挨打的残酷现实。于是,她废寝忘食地学习,精益求精地钻研。别的同学一个学期至多选修两门实验课,而酆云鹤却选修了化工、有机定性分析和定量分析这三门实验操作很重的课程。

一分耕耘,一分收获。酆云鹤于1928年获得了硕士学位,1931年获得了博士学位,成为俄亥俄州大学有史以来第一位获得工业化学博士的女性。这一消息在俄亥俄州新闻界轰动一时。然而,那时的中国国际地位低下,谁要是在国外承认自己是中国人,往往会遭到别人的不屑和鄙夷。获得博士学位的酆云鹤常常被记者恭维到:"酆博士,你是日本人吧?"听到这句话时,酆云鹤立刻毫不含糊地更正道:"不,我不是日本人,我是中国人!"

结束大学学习的酆云鹤,收到了许多美国公司和学校的重金聘请。一些美国朋友也劝她留在美国工作,甚至惋惜地对她说:"回到你的祖国,你的才华会被埋没的。"酆云鹤不为所动,因为她魂牵梦绕的是自己的祖国。她婉拒了美国公司和学校的重金聘请,满怀深情地对她的美国朋友说:"你们喜欢唱你们的民歌《甜蜜的家》,我很爱听,因为我也有一个甜蜜的家,那就是我的祖国。"酆云鹤毫不犹豫地选择了回国,在北平燕京大学教授化学。

用草类纤维制造出的人造丝

新中国成立后,酆云鹤选择留在了自己的祖国。1964年,酆云鹤又成功地研制出苎麻纤维化学变性的方法,第一次使苎麻纤维能够与各种纤维在现有的机器上纺纱织布,使得麻纤维第一次进入了高档商品行列。在酆云鹤的晚年,每当有不知内情的人问及她子女的情况时,她总是乐呵呵地伸出五个手指说:"我有一个儿子,四个孙子。"问的人也以为这是真的。其实,酆云鹤并没有子女,在她心里,苎麻才是她真正的"儿子",黄麻、白麻、大麻和胡麻才是她真正的"孙子"。"云丝"就是从她的"儿子"苎麻中提炼出来的,几十年来,此项技术为中国的麻纺织事业作出了突出贡献。因此,酆云鹤是当之无愧的"云丝之母"。无论她是身处欧美、洋装在身,抑或是国难当头、民族危急,在酆云鹤的心中祖国重千斤,而无论何时、无论何地,她始终有着一颗永不改变的"中国心"。

(二)遵纪守法,公民义务

1. 法律是什么?

"法"即法律,具有"公平""正直""准绳""规矩""尺度"等含义。何谓"法律"?"法"是体现统治阶级的意志、国家制定和颁布的、公民必须遵守的行为规则,"律"是具体的规则、条文。"法律"是一种社会政治规范,是由国家制定或认可并由国家强制力保证实施的行为规范总和。

法律在这个社会中是一种权威,人们需要参照它来生活;法律是一扇屏障,是那些弱小的人温暖的家,他们的利益在这里得到了保障,他们的权利在这里得到了维护;法律更是一条粗大的铁链,它紧紧地绑住犯罪分

子，让他们无法在这个社会中胡作非为。

2. 守法、守德是一致的

遵纪守法是每个公民应尽的社会责任和道德义务。在当今法治社会，社会主义道德的重要内容和基

本要求是"以遵纪守法为荣，以违法乱纪为耻"，这就要求我们要正确认识合法和非法、守法和违法，正确理解公民的权利和义务，正确处理民主与法治、自由与纪律的关系，自觉按照法律和纪律的要求规范自己的行动，坚守法律底线、筑牢道德防线，提高奉公守法的自觉性，成为符合时代要求和国家需要的合格的公民。

守法是每个人必备的道德品质，也是对公民的起码要求。公民应当把守法当作基本的行为准则，学法、知法、用法，违法必究，切实维护宪法和法律的尊严。

守法，是尊重社会公众的利益和意志的表现。守法作为公民道德建设的一个重要内容，它要求公民要把法律意识转化为自觉依法行使权利和履行义务的行为，以法律手段维护自身合法权益，维护和履行公民的基本道德规范。

守法，是道德底线。只有守法，才有可能成为道德高尚的人；一个不守法的人，必定是不道德的人。所以说，守法是一个公民的立身之本，也是处世之本。

守法，推动着我们民族道德水平的提高；全民族道德水平的提高，又推动着法制建设的历史进程。这是依法治国和以德治国相结合的辩证法。

3. 爱国与守法是公民基本要求

我国的《宪法》规定了国家与公民之间的关系。国家必须保障保护公民的合法权利，同时，公民必须承担相应的义务。公民的基本义务，首先就是热爱自己的国家，热爱国家就要尊重和遵守国家法律。

我国的法律体现着全国各族人民的共同意志和根本利益，因此，公民

守法也就是尊重人民的利益和意志。公民要树立正确的权利义务观和责任观，增强爱国主义情感和主人翁意识，促进公民的道德建设。爱国与守法是相互促进、密不可分的，爱国必须守法，守法是爱国的必然要求和重要表现。爱国守法作为道德的底线，崇高而重要。每一个公民无论有何种不同的社会地位、政治立场和思想信仰，都应做到爱国和守法。

爱国守法作为思想道德建设的核心内容，是每个人必备的道德品质，对于罪犯来说也是同样的。每一名罪犯都要认真学习中国历史，培养民族自尊心、自信心和自豪感，激发爱党、爱国、爱人民、爱社会主义的情感，增强爱国主义的责任感与义务感，将爱国主义思想转化为爱国主义的实际行动，结合自身实际，适应时代需求，从我做起，从现在做起，从小事做起，清除思想污垢、矫治自身恶习、遵纪守法、刻苦学习、积极劳动、自立自强，努力学习掌握新的知识与技能，做一个既有爱国思想，更有爱国行动的合格爱国主义者，为实现伟大复兴中国梦贡献自己的智慧和力量。

二、明礼诚信　团结友善

（一）明礼诚信　内外兼修

中国是一个文明古国，在五千年光辉灿烂的文化中蕴涵着丰富的"明礼诚信"的思想精华。早在夏商时期，"礼"就很盛行，随着时代的发展变化，"明礼诚信"的内容和形式也在不断地发生变化。要准确把握"明礼诚信"思想的主旨，既要立足传统文化又要结合新时期的道德规范和实践，既要分别解释明礼与诚信，还要把二者结合起来。

1. 明礼体现良好修养

从广义上讲，"明礼"就是讲文明。"明礼"不是仅指一般的"礼仪""礼让"，专注于践行"礼"，而是注重公共文明和公共道德。在《公民道德建设实施纲要》中提出的"社会公德"，注重的是社会交往和公共生活中的道德，包括人与人、人与社会、人与自然的相互关系中的道德，是要求每一个公民都要自觉遵守的基本道德规范。具体规范为"文明礼貌、助人为乐、爱护公物、保护环境、遵纪守法"。其中包含的内容可以从"文明""明礼"的角度去加以理解，甚至维护公共秩序、遵守交通规则、不随地吐痰、不乱扔垃圾、不在公共场合大声喧哗等要求,都是"明礼"的内在含义。

"礼"自从孔子提出来之后,从古到今,已经传承了两千五百多年。中国因此而成为"礼仪之邦",礼仪文明作为中国传统文化的一个重要组成部分,对中国历史发展起到广泛深远的影响。礼是社会道德文明程度的直观表现,是人道德素质和教养程度的外在表现。知晓礼仪的原理和规则,能够改善人际关系,促进交流了解,彼此信任,消除隔阂,营造良好氛围,正所谓"礼兴人和",人与人之间就能和谐共处。

2. 诚信促进和谐发展

总体而言,"明礼"与"诚信"是有机融合的一体。"'明礼'是人的行为外在表现,'诚信'是人的内心状态。'明礼'只有表现了人内心'诚信'的本质,才不会流于虚伪的形式或繁文缛节;'诚信'只有通过'礼仪''礼让'的形式,才能够最恰当、最真实地表现出来。"《礼记·礼器》对"礼"有一个解释:"忠信,礼之本也;义理,礼之文也。无本不立,无文不行。"说明古人早就把"忠信"视为"礼"的本质。"诚"于内而"礼"于外,是对"明礼"与"诚信"相互关系的最好的解说。不"诚",则无"礼";无"礼",则不"诚",我们应从这样的辩证关系中来把握"明礼"与"诚信"的内在联系。

(二) 团结友善　以和为贵

团结是一定团体成员建立在信念和行动统一基础上,为实现共同的目标而互相支持、互相帮助。友善则意味着以宽广的胸怀关爱他人,有助于他人。团结友善是人类大家庭中的成员求得共同生存和共同发展必不可少的要求。团结为贵、友善待人是我们中华民族的传统美德之一。我们进行社会主义的道德建设,营造美好和谐的新型人际关系时,除了要立足于有中国特色的社会主义现实,也应该融入传统文化的精华,弘扬传统道德的优秀内容。

1. 团结凝聚力量

从词源上分析，现代汉语中的"团结"一词，在古汉语中是作单字使用的。"团"，《说文》解释为"圆也"，古文中也用"团"来描述"凝聚貌"。现在之"团"字表示"组织而成的集体""聚集、集合"的意思，就是由其基本意引申而来。"结"，本义为"缔"，"两绳相钩联也"，就是用线绳打结或编织，也指结成之物，譬如《老子》中就有"善结，无绳约而不可解"的说法。于是就有了"凝聚""互相结合"的意思。将"团"和"结"两个字联合组成一个词，现代汉语中有两个意思，一是为了集中力量实现共同理想或完成共同任务而联合或结合；二是和睦、友好。

作为一种道德规范，团结的社会功用在于使群体和社会具有凝聚力和向心力，从而让人们在意志、行动、情感上和谐统一。古人所说的"亲仁善邻""讲信修睦""冤家宜解不宜结"等，都表示了在处理人际关系问题上对于团结的推崇。孔子说"君子和而不同"，强调的是求同存异，因为团体之中，差异和分歧的存在是正常的，要达到团结和谐，不是取消不同意见，而是在不同意见之中发现共同的东西，发挥个体不同的长处，和谐相处，共同进步并使得集体事业发展。

团结的基本内涵是指为了实现共同的利益和目标，人们在思想和行动上相互一致、相互统一、相互关心的社会关系和道德规范。它与"分裂"相对立。团结有广泛的社会内涵，包括家庭团结、民族团结、集体团结、党内团结、军民团结、人民团结等。

对于团结的重要性的描绘，孟子说："天时不如地利，地利不如人和"，今天的人们则更为直截了当地概括为"团结就是力量"。人是具有群体性和社会性的，在日常的工作、学习和生活中，人们一刻也离不开对关系的理解和处理。对个人来讲，处理好了与同事之间、上下级之间、邻里之间、家庭成员之间的关系，就意味着做到了在日常生活中的团结，就能够营造美好和谐的社会氛围，就会在工作和生活中心情顺畅、精神振作，处处感受到情谊和温暖。小到家庭，大到整个社会，人们生活在一定的集体之中，如果在意志、行动和情感上产生分歧、冲突，无法做到心往一处想、劲往一处使，结果必然是因闹矛盾、搞内讧导致困难重重，集体分崩离析。在现代社会中，人与人之间的交往关系越来越频繁和复杂，人们身处一定的集体当中，面对具有不同个性、来自五湖四海的人，就应该为着共同的目标，努力营造同志之间互相关心、互相爱护、互相帮助的人际关系，通过团结合作达到共同进步，促进个人和集体事业的发展。

2. 真诚友善相互尊重

友善作为一种优秀的道德品质，自古以来就有丰富而深刻的内涵。中华传统文化的友善观主要立足于儒家思想文化，以儒家的仁爱思想观点为核心，并确立了仁爱在人际交往关系中的基础地位。孟子讲"仁者爱人"，其中的"仁"将人定格在"善"的程度，将"爱人"作为人存在于社会之中的道德准则，"爱人"本身就是"友善"的直接体现。对于"爱人""与人为善"的具体操作措施，儒家友爱论中给出了"忠恕""诚信""义利"等解释。在与人交往的过程中保持自我内心的真与诚，便是"忠"；体谅与理解别人的难处，包容别人的不足，便是"恕"，比如儒家讲到的"己所不欲，勿施于人"；在处理人际关系时保持人性中的本真，言行一致、表里如一，便是真诚，比如"欲正其心者，先诚其意"。

在现代，友善作为社会主义公民基本道德规范，这既是对传统道德文化的继承，也反映出人类社会发展的现实需求。社会主义友善价值观的内涵为基于建设有中国特色社会主义的理想信念，并在日常工作生活中表现出对他人尊重、宽容、礼让、协调、合作、关爱、互助等特征的价值理念和准则。其内在要求有如下几点：

第一，相互尊重。随着社会分工的不断深入与细化，人们之间的依赖性增强。尤其是在市场经济这种交换经济的背景下，要进行交换与交往，必须以彼此尊重作为前提条件。社会主义友善价值观视阈下的尊重是以社会的平等公正为基础，承认他人人格与自己的一样，有与自己一样重要的各种情感和价值诉求。

第二，相互宽容。社会主义友善价值观要求的宽容是指在人们相处的过程中要原谅别人的过错和不足，要做到"得饶人处且饶人"，这样便能真诚理解他人的困境和难处，以一种宽容的心态看待别人的失误，内心深处也能够接纳与自己生活方式不同的其他人。

第三，相互协作。随着社会主义市场经济的深入发展，竞争作为市场经济的重要特征，既促进了人与社会的发展，也可能引起人际关系紧张，人们之间的对抗和冲突。为了防止竞争的这种负面效应产生，社会主义友善价值观倡导人与人在理解信任的基础上和谐相处、相互协作，化解相互之间的矛盾和冲突，从而激发个人能动作用的发挥和推动社会的发展。

第四，关爱自然。党的十八大报告指出要大力推进生态文明建设，强调珍爱自然、尊重自然、保护生态环境。这一观点反映到社会主义友善价值观层面就要求我们将友善的对象从人类拓展到自然界全部的生命体，像一花一草、一树一木等。要求我们珍惜资源、珍爱自然，积极保护生态，以强有力的刚性制度推进生态文明建设，促进人与自然有序、友善、和谐发展。

3. 团结友善的时代特征

一是实现中华民族伟大复兴的中国梦是团结友善的思想基础。倡导团结友善的价值观，首先必须要有共同的理想、信念和奋斗目标，这是将所有人团结在一起的思想基础。当前，实现中华民族伟大复兴的中国梦就是一面具有强大凝聚力、感召力，承载了几代中国人夙愿的精神旗帜，是可以将中华民族全体成员团结在一起的精神力量。

二是团结友善是涉及中华民族全体成员的道德规范。新时代的团结友善没有任何阶级色彩，无论贫穷富有、无论社会阶层、无论政治地位，都应当以团结友善为道德规范。此外，团结友善是全覆盖的，无论对家人、对朋友、对同事、对陌生人，无论在家庭、在单位、在公共场所、在网络虚拟空间，都要讲团结友善。

三是团结友善并不排斥社会成员追求个人利益。我们所倡导的团结友善是为建立新型的人际关系，要摒弃"以邻为壑"的陋习，而代之以与人为善，以邻为伴，树立尊重维护他人利益是为了更好实现维护自身利益的理念，达到"共赢"，实现和谐的社会氛围。团结友善是每个社会成员在社会生活中获取合理的、正当的个人利益与实现人生价值的必要条件。同时，与人为善可以获得个人的心灵快乐和满足，善于团结他人可以使个人的目标更易于实现，个人利益更容易达成。

4. 新时代需要团结友善精神

当前，我国正处于经济社会转型的特殊时期。随着社会结构、利益格局的深刻变化，利益主体多样性和价值取向多样化日益凸显。市场经济的逐利本性，使追求利益最大化成为很多人的主要目标，以至于整个社会生活都弥漫着一股浮躁之气。究其原因就是在社会转型期，面临着不同文化、不同价值观念的强烈冲击，新的价值体系尚未生成。而中国传统上是以农耕文化为深刻背景的国家，群体意识有着深厚的文化基础，因此，要在社会转型期使公民价值观念顺利转型，提倡团结友善的精神非常必要。

团结友善有利于建立良好的人际关系。随着社会进步，人员流动频繁，社会分工高度化发展，建立在血缘组织和地缘组织的中国传统社会逐渐转型为陌生人社会，导致出现发展中的社会问题。疏离、冷漠、紧张、不信任的社会情绪成为各种社会问题频频爆发的根本。我们需要确立陌生人社会秩序的价值基础，并以此为支撑，建立起人与人之间的良好关系。团结友善的价值观有利于增进人与人之间的感情，形成良好的协作关系。

团结友善有利于消除矛盾，有利于建设和谐社会。当前，我国正处于实现全面建成小康社会的关键时期，需要安定团结的大局面，需要将各个阶层的力量凝聚起来，在中华民族伟大复兴中国梦的指引下众志成城、团结奋斗。团结友善能够作为化解社会矛盾、调整社会心态的价值观，在公共生活中树立权利边界意识，在维护自身权益的前提下尊重和保护他人的权益，以友善价值观为引导，从而将人们凝聚到中华民族伟大复兴这条道路上。

三、勤俭自强　敬业奉献

（一）勤俭自强是修身之本

1. 勤能补拙俭以养德

文化讲堂

一粥一饭，当思来之不易；半丝半缕，恒念物力维艰。

勤俭自强作为中华民族传统的美德，至少包括三个方面的基本内涵：在工作和学习方面强调勤勉，要求不畏艰辛、不辞劳苦、爱岗敬业、扎实肯干；在生活欲望方面强调节制，要求节省财物、珍惜资源、不穷奢极欲、不铺张浪费；在建功立业方面强调进取，要求励精图治、自强不息，力戒安于现状、甘于平庸。三者相互关联，相辅相成。古人云："勤而不俭，枉劳其身，俭而不勤，甘受其苦。"勤劳，自然深谙"一粥一饭，当思来之不易；半丝半缕，恒念物力维艰"，自会珍惜财物，节支省用。节俭，就不会贪图享乐，不会追求奢靡，懂得自食其力，懂得勤劳是福。"勤以养志，俭以养德"，勤俭能从物质和精神两方面奠定自强的基础，激发自强的活力。而自强又能滋益勤俭意识，进一步提高勤俭的自觉性。

文化讲堂

业精于勤荒于嬉，行成于思毁于随。
——韩愈

勤俭自强是传统的修身之本，修身养性，重在勤与俭。首先，勤能补拙。荀子在《劝学》中说："锲而舍之，朽木不折，锲而不舍，金石可镂。"韩愈曾说："业精于勤荒于嬉，行成于思毁于随。"人们也常说："天才出自勤奋。"从古至今的古训和名言，都告诫和勉励人们要明白一个道理，只有坚持不懈、持之以恒、勤奋努力，才能取得事业的成功。其次，俭能养德。俭可以帮助人克服非分的生活欲望，免受非己的物欲驱使，保持正直的节操，培养良好的品德。古人云："言有德者，皆由俭来也。"在生活上厉行俭朴的人，就不易被各种物质欲望所引诱，也不易被一些腐朽思想所侵蚀。现实中，通常在生活困难、经济条件比较差的情况下，一个人还容易做到俭朴、淡泊明志、廉洁奉公；而在生活富裕的情况下，却容易追求奢侈和豪华，在生活上铺张浪费，陷入享乐主义的泥潭，从而失去信念，没有目标，庸庸碌碌，以致最终走向毁灭。

勤俭自强是我们家庭的持家之道。自古道："传家二字苦与读，防家二字盗与奸，倾家二字淫与赌，守家二字勤与俭。"这是千百年来人们治家经验的总结，同时道出了持家方略的真谛：一靠勤劳，二靠节俭。勤劳可以不断增加家庭收入，创造物质财富，节俭则可以不断减少家庭支出，积累物质财富。因此，家庭只有保持勤劳节俭的本色，保持自强不息的斗志，才能确保物质的富足、生活的富裕。倘若享乐懒惰，万贯家财也会坐吃山空；奢侈浪费，再多的财富也会付诸东流。

2. 勤俭自强是幸福之本

"俭开福源，奢起贫兆。""天行健，君子当自强不息。"古往今来，中华儿女素以勤俭自强为立身之根基、持家之要诀、治国之法宝。靠着这种勤俭自强的伟大精神力量，我们的祖先率先高举起人类文明的火炬，创造了中华民族辉煌的历史和灿烂的文化。历览前贤国与家，成由勤俭破由奢，唐太宗李世民崇尚节俭，减免奢侈费用，出现了"贞观之治"。而唐玄宗开元初，尚能励精图治，力戒奢靡，并曾焚烧后宫珠玉锦绣以示天下，又形成了"开元之治"。杜甫有诗称赞："忆昔开元全盛日，小邑犹藏万家室。稻米流脂粟米白，公私仓廪俱丰实。"但玄宗后来奢侈纵欲，终致"安史之乱"。

奢靡怠惰的危害，正如北宋名臣司马光在《训俭示康》中所言："侈则多欲。君子多欲，则贪慕富贵，枉道速祸。小人多欲，则多求妄用，败家丧身。是以居官必贿，居乡必盗。故曰'侈，恶之大也。'"这句话的意思是如果奢侈就会多贪欲。有地位的人如果多贪欲，就会贪图富贵，不走正路，最后招致祸患；没有地位的人如果多贪欲，就会多方营求，随意

浪费，最后败家丧身。因此，做官的如果奢侈，就必然贪赃受贿，在乡间当老百姓的，如果奢侈就必然盗窃他人财物。所以说，奢侈是各种罪恶中的大罪。

勤俭自强在杰出的中国共产党人身上得到了充分体现。1936年，美国作家斯诺在延安了解毛泽东等中共中央领导人的工作、生活情况后，深感他们身上蕴藏着一股巨大的"东方魔力"，断言这股力量是兴国之兆、胜利之本。历史证实了斯诺先生的预言，同时再次向我们昭示"俭成奢败乃铁律"。

以勤俭自强修身，则能积善成德，日臻完美；以勤俭自强持家，则能安道兴旺，远罪避祸；以勤俭自强治国，则能国运昌盛，长治久安。"往者不可谏，来者犹可追"，这些经验教训历历在目、发人深省，在社会主义现代化建设中应引起每个人的重视。无论一个国家、一个政党、一个军队，还是一个单位、一个家庭、一个人，都不能丢掉勤俭自强这个传家固本之宝。

3. 新时代倡导勤俭自强精神

勤俭自强在不同时代有不同的意义和内涵。今天倡导勤俭自强，更有着鲜明的时代意义。随着经济全球化的进程和我国改革开放与现代化建设的进一步推进，社会主义市场经济的进一步发展，我们在迎来新的发展机遇的同时，也面临着新的挑战和考验。国际国内的竞争更为广泛而激烈，学习借鉴人类先进文明成果的任务更为紧迫而繁重，抵御拜金主义、享乐主义、极端个人主义和西方腐朽生活方式侵蚀与影响的斗争更为艰巨而复杂，尤其是知识经济的到来，将日渐使我们的实践活动由体力支出型向智力支出型转变，竞争制胜的科技和智力因素将愈显重要。这都会给勤俭自强提出新要求、赋予新内涵，从而也要求我们进一步弘扬勤俭自强的传统美德，奋发图强、勇于拼搏、吃苦耐劳、坚忍不拔。锻造自强意识、竞争意识、效率意识和开拓创新意识，不断在实践中培养和提高思考判断、探索创新、协调控制、承担风险以及学习新知识等各方面的能力。

今天，我们要大力弘扬勤俭自强，提倡勤俭节约、艰苦奋斗，并赋予其新的时代要求。

一是要勤俭节约，清正廉洁。这点我们在任何时候，任何情况下都要坚持。不仅在革命战争时期要坚持，在和平与发展的建设时期更要坚持。

二是知难而进，自强不息。在社会生活当中，困难无处不在，无时不有，遇到困难要勇往直前，这就要求我们：一要增强驾驭和战胜困难的意志与勇气；二要树立一种迎难而上，不战胜困难誓不罢休的决心与恒心；三要勇挑重担，敢于到艰苦的地方去磨炼。在困难中塑造品质，在困难中提升人格，在困难中锤炼成才。

三是万众一心，同心同德。不论是实现个人对美好生活的追求，还是实现伟大复兴的中国梦，我们都需要万众一心、同心同德、勤俭节约、艰苦奋斗、扎实工作、发奋图强，实现建设中国特色社会主义的伟大事业就会成功，也一定能成功。

(二) 敬业奉献　成就梦想

1. 敬业的追求是精益求精

"敬业"在我国古代的《礼记·学记》中就以"敬业乐群"的表述被明确提出。宋朝朱熹说，"敬业"就是"专心致志以事其业"。即用一种恭敬严肃的态度对待自己的工作，认真负责，一心一意，任劳任怨，精益求精。

敬业总是和"爱岗"联系在一起的。爱岗是敬业的前提，敬业是爱岗情感的进一步升华，是对职业责任、职业荣誉的进一步深刻理解和认识。一个不爱岗的人，很难做到敬业；一个不敬业的人，很难说是真正的爱岗。所以，要真正做到敬业：

首先，必须从爱岗做起。就是说，不论做什么工作，不论职务大小，都要立足本职工作，严肃认真，兢兢业业，脚踏实地，一丝不苟。

其次，必须树立为企业、为社会服务的思想。为企业服务不是抽象的一句空话，它体现在我们每天的具体工作之中。所以，我们只有树立了为企业服务的思想，才能在工作中积极主动，奋力进取，精诚协作，高度负责，什么困难都能克服。

再次，努力学习和掌握现代科学知识，业务上精益求精。随着时代的发展，技术含量日益增加，竞争也越来越激烈。对我们每个人来说，文化

知识、业务水平、技术素质要求越来越高。一个人如果只有敬业的良好愿望，却没有敬业的各种素质，敬业就没法落到实处。

最后，坚守岗位责任，干一行爱一行。履行职责是每个人的本分，岗位责任就是社会责任，是社会对每个工作人员的要求。所以，每个在职业岗位上的人都要有明确的、执着的责任意识。

2. 敬业与奉献紧密相连

敬业和奉献紧密相联。所谓奉献，就是一心为他人、为人民、为社会、为国家、为民族作贡献。奉献是在敬业等优良职业道德品质长期积累的基础上产生的。具有奉献精神的人，从事工作的目的不是个人的名利，也不是家庭的名利，而是有益于人民、国家和社会。像雷锋、孔繁森、李国安、范匡夫等同志，之所以受到社会尊敬，就是因为他们在各自的工作岗位上默默地为社会无私奉献。

真正在现实生活中做到敬业并不容易。一般说来，条件好、工作轻松、收入高的岗位，做到敬业很轻松。相反，条件较差、工作艰苦、收入不高的基础和平凡的岗位，做到敬业就相对不易。只有甘于寂寞、勇于奉献，才能在工作中做到爱岗敬业、诚实守信、办事公道、服务群众、奉献社会。

奉献是无私的付出。雷锋曾说："人的生命是有限的，可是，为人民服务是无限的，我要把有限的生命，投入到无限的为人民服务之中去……"孔繁森同志也曾说："把自己当作泥土吧，让众人把你踩成一条路。"他们是这样说的，也是这样做的。奉献是社会主义公民道德的最高境界。一个社会主义公民能够无私地奉献自己的辛勤劳动、聪明才智，甚至牺牲自己年轻宝贵的生命，这样的公民难道不是一个道德高尚、值得人们学习的榜样吗？

3. 培养敬业奉献精神

敬业的前提是对社会职业分工有一个正确的认识。各种不同的职业是社会分工的产物，是社会生产力发展的结果，也是社会进步的象征。现代社会分工越来越多、越来越细微，各有各的存在价值，都是社会所需要的，彼此不可替代。职业分工与职业协作紧密联系在一起。只有正确认识自己从事职业的重要性，才能敬重并热爱自己的职业，进而认真负责地做好本职工作。

敬业奉献精神可以从以下四个方面进行培养：

首先要热爱本职工作。一旦选择了某一个职业，无论其职务高低，岗位大小，都要严肃认真、兢兢业业、脚踏实地、一丝不苟。

其次要确立"精业"意识。要努力学习和掌握现代科学知识，业务上精益求精。对每个从事劳动的公民来说，文化知识、业务水平、技术素质要求越来越高。如果一个人只有敬业的良好愿望，而没有敬业的各种素质，敬业就无法落到实处。

同时还要树立为人民服务的思想。在社会生活中，任何人要生存和发展，总是要接受社会和其他人提供的大量服务；任何一位从业者也总是在自己本职的岗位上通过自己具体的工作和劳动，为他人和社会提供服务。每个人都既要服务于他人，又要接受他人的服务。要实现社会的发展和共同的幸福，需要社会全体从业者的相互服务。

最后我们应培养"乐业"精神。人不仅为生活而劳动，也是为劳动而生活。劳动、做事，就是生命的一部分，或者说是生命存在的一种方式。人们正是通过专心于职业这种途径，从而实现自己的人生价值，并为社会作出贡献。当人们把职业作为实现自身价值、贡献社会的一种中介和桥梁时，他就必然会热爱本职工作，并必然会对从事的职业产生一种高度责任感。

思考题

1. 你是如何理解中国传统文化中的"五常"的？
2. 你在自己的服刑改造中，如何培养自己的奉献精神？

文化改造分册

第二章
从革命文化中汲取积极向上的力量

无数革命先烈用鲜血和生命换来的江山,为我们创造美好生活奠定了坚实基础,他们留下的优良传统是永远激励我们前进的宝贵财富,任何时候都不能丢。

——习近平总书记2008年10月在江西调研考察时的讲话

革命文化是中国先进文化的代表，革命文化孕育的红色精神饱含着炽热的爱国主义和集体主义情怀。无数的革命先辈和仁人志士，为了国家和民族的独立，为了新中国的诞生，为了中华民族的伟大复兴而甘愿奉献出自己的青春热血甚至生命。在学习革命文化的过程中，罪犯要以红色精神为导引，努力培养自己的爱国主义精神和集体主义情操，重塑走好人生新路的信心和决心。

第一节　革命文化溯源

提起革命文化，首先映入我们脑海的是艰苦奋斗、坚忍不拔、勇往直前等形容词，眼前回放的是井冈山上毛泽东与朱德紧紧握在一起的双手，

是长征路途上那金色的鱼钩和七根火柴，耳边回响着的是潘冬子"长大了我也当红军"的誓言和李向阳"放下你的武器，中国的地面上绝不能让你们横行霸道"的宣言。那些英雄精神最终凝聚成一股红色的革命文化浪潮，席卷中国大地，激励着一代又一代人度过最艰苦的时期，在争取国家独立、民族振兴的道路上开拓进取、阔步前行。

一、革命与革命文化的提出

（一）"革命"一词的来源

"革命"一词，我们并不陌生，它最早起源于《周易·革卦·彖传》中的"天地革而四时成，汤武革命，顺乎天而应乎人"，意思就是"天地有阴阳寒暑的变动，从而形成四季，商汤（商朝的开国国君）和周武（周

朝的开国国君），他们革除前一个朝代的天命（推翻旧王朝的统治），是对上顺应天意，对下顺应民心的"。中国古代的"革命"一般指朝代更迭，"革"即"变革"，"命"即"天命"。孙中山在《革命运动概要》中论述到："中国历史，汤武之后，革命之事实，已数见不鲜矣。"由此可见，革命的历史由来已久。

我们熟悉的西汉史学家、文学家司马迁在《史记》中通过对秦末人物的描写，对秦王朝的覆灭进行了大篇幅的论述。《史记·项羽本纪》中这样写道："夫秦失其政，陈涉首难，豪杰蜂起，相与并争，不可胜数。然羽非有尺寸，乘势起陇亩之中，三年，遂将五诸侯灭秦，分裂天下，而封王侯。"往前追溯到战国，更有"（秦）追亡逐北，伏尸百万，流血漂橹。因利乘便，宰割天下，分裂河山。强国请服，弱国入朝"这样的战争描写。太史公写历史，从不是单纯地描绘历史事件，而是通过一个事件引出对封建王权的思考，我们从他记录朝代更迭的字里行间，能品评到当时的文人对于改朝换代的社会忧心。

唐朝，是我国古代诗文成就最高的朝代之一，经历了贞观之治和开元盛世的大唐，无法逃过盛极而衰的历史规律，出现了安史之乱。兵变之后，玄宗出逃长安，远走四川，天下陷入战乱中。这对于盛唐的诗人们来说更是一场灾难，他们曾经的平静被打破，人生轨迹出现偏离，许多人亲眷离散，只能以诗文诉说哀伤。"诗圣"杜甫在这一时期创作的组诗《三吏三别》中就深刻描写了战争期间的民间疾苦以及在乱世之中身世飘荡的孤独，揭示了战争给人民带来的巨大不幸和困苦。《垂老别》诗尾的几句："万国尽征戍，烽火被冈峦。积尸草木腥，流血川原丹。何乡为乐土？安敢尚盘桓？弃绝蓬室居，塌然摧肺肝。"讲述的就是战乱的场景，以及年迈投军的老翁与妻子因战乱分别的痛苦和对家国不宁的哀戚。

（二）革命文化的提出

革命文化是中国社会的一种特殊文化现象。"革命文化"一词的系统规范提出，源于党的十九大报告。党的十九大报告指出，"文化是一个国家、一个民族的灵魂""中国特色社会主义文化，源自于中华民族五千多年文明历史所孕育的中华优秀传统文化，熔铸于党领导人民在革命、建设、改革中创造的革命文化和社会主义先进文化，植根于中国特色社会主义伟大实践"。由此可见,"革命文化"是中国特色社会主义文化的一个发展阶段和重要组成部分。

"革命文化"的概念提出最早可以追溯到 21 世纪初的"红色文化"。

21 世纪初期,中国经历了 20 多年的改革开放,经济的快速发展增强了国力,但是在进入新世纪后,中国的发展面临诸多困境,人们的思想充满了困惑。在向外部寻求思想指引未果后,人们开始从历史与经验中寻求答案,追忆曾经引领党和人民走向胜利的信仰与精神力量。这种现象与当时学术界的文化记录非常契合。中国期刊全文数据库显示,在 2003~2004 年度的学术论文中,"红色文化"已成为主题词。同时,有学者注意到,在红色文化概念出现前,中国学术界已经出现了"红色经典""红色资源""红色旅游"等提法。

中国"革命文化"可溯源至中国共产党的初创,且与世界无产阶级政党的建立以及马克思主义学说紧密相关。其历史渊源可回溯到 20 世纪初期波澜壮阔的中国新民主主义革命实践。在近代中国屈辱、自强、抗争的历史过程中,中国革命文化逐渐孕育、产生和发展起来,最终形成了自己独特的风骨和性格。

二、 内忧外患的时代困境

1840 年以后,清政府被迫签订一系列不平等条约,从此中国陷入内忧外患的时代困境。

1842 年,签订《南京条约》,中国开始沦为半封建半殖民地国家;1860 年,分别签订《中英北京条约》《中俄北京条约》《中法北京条约》;1895 年,签订《马关条约》,洋务运动失败;1901 年,签订《辛丑条约》……

（一）内部的腐朽

清朝是中国封建国家发展的最高峰，同时也是中国思想禁锢严密僵化的最高峰，清朝的封建统治腐朽衰落，危机重重，已经走到末路而不自知。清朝，从很大程度上讲，是毁在三个"国"上面。

1. 天朝上国——统治者的盲目自大

"天朝上国"一词，始自中国汉朝。汉朝、唐朝因为国力强盛，建立了以中国为宗主国，周边国家为附属、藩属国的天朝体系。古代中华文化圈国家对中国正统皇朝的官方称呼为"天朝"。

工业革命后，西方国家的经济、科技、军事力量得到大幅提升，已经领先世界；清朝的统治者却还沉浸在"世界政治、经济、文化中心"的自我陶醉中，对西方的科学技术崛起麻木不仁。

2. 闭关锁国——治国策略的失误

"闭关锁国"，指闭关自守，不与外界接触的一种国家政策，是典型的孤立主义。清末闭关锁国的政策，从一定程度上打击和限制了猖獗的海上走私以及海盗行为，对西方殖民者的侵略活动，起过一定的自卫作用；但是，这一政策的长期推行，阻碍了中外联系，影响了中国吸收先进文化和科学技术，致使中国与世界隔绝，严重地阻碍了资本主义的萌芽发展。使得中国和世界脱轨，慢慢地落后于世界。

3. 太平天国——阶级矛盾激化

"落后就要挨打"，1840年鸦片战争后，中国开始沦为半殖民地半封建社会。清政府为了支付高达2800万元的战争赔款和赎城费，弥补由于鸦片大量输入而造成的财政亏空，加紧横征暴敛，增加税收一至三倍以上。兼之外国工业品大量倾销，使中国城乡手工业受到摧残，农民和手工业者纷纷破产。地主阶级乘机兼并土地，加重剥削。

民族矛盾的加剧促进了国内阶级矛盾的激化，广大农民饥寒交迫，纷纷揭竿而起，鸦片战争后十年间，各族人民自发的反清起义达100多次，其中最具代表性的就是道光三十年末爆发的洪秀全领导的太平天国农民起义。"太平天国"是中国历史上规模最大的一次农民起义，在短短几年内就席卷大江南北，定都"天京"，强烈撼动了大清王朝，几乎将其推翻。

(二) 外部的冲击

鸦片战争前，西方社会的工业革命已经将生产力发展至空前高度，西方国家将眼睛瞄向了富庶的东方世界。然而，清朝自给自足的自然经济对外国商品具有顽强的抵抗作用，因此，对于西方资本家来说，以打开中国的大门、占领中国市场、掠夺中国资源为目的的外交思想，和以坚船利炮为后盾的贸易政策，是解决这一矛盾最直接的选择。

1. 道光二十年的故事

道光二十年，也就是公元1840年，这是一个全世界都刻在年鉴表上的、至关重要的一年。

1839年6月，时任清政府钦差大臣的林则徐在广东虎门集中销毁鸦片，这一事件史称"虎门销烟"。英国政府以此为缘由，在1840年对中国发动了蓄谋已久的侵略战争。1842年8月，英国侵略者强迫清政府签订了中国近代第一个不平等条约——中英《南京条约》。次年，又强迫清政府签订了《南京条约》的附件。鸦片战争刚刚结束，美法两国又以武力威胁迫使清政府分别和他们签订了不平等的中美《望厦条约》和中法《黄埔条约》，扩大了侵略权益。

《南京条约》的签订，破坏了中国的领土完整与司法、关税等主权，开创了以条约形式掠夺和奴役中国合法化的先例。中国开始从封建社会沦为半殖民地半封建社会。

2. 得寸进尺

1856年，英法借口修约，发动了第二次鸦片战争。1858年，俄、美、英、法四国先后强迫清政府分别签订了《天津条约》。1860年10月，英法两国又强迫清政府签订了中英、中法《北京条约》，火烧圆明园就发生在这一年。经过第二次鸦片战争和不平等的《天津条约》《北京条约》的签订，资本主义各国通过其公使直接向清廷施加压力，操纵、控制中国的内政和外交。外国资本主义侵略更为深入，中国的主权丧失更多，进一步加深了中国半殖民地化的程度。

3. 虚幻强大的破灭

1894年，朝鲜王室发生内乱，日本借口趁机出兵，战火从平壤延烧至中国边境，甲午中日战争爆发。北洋水师与日海军激战，北洋水师全军覆没，大连、旅顺相继沦陷。清政府同日本在马关签订《马关条约》。《马关条约》的签订，使中国社会的半殖民地化大大加深。

4．国事衰微

1901年，清政府被迫同英、美、俄、日、法、德、意、奥、比、荷、西十一国签订了丧权辱国的《辛丑条约》，是中国近代史上赔款最多的条约。清政府完全成为帝国主义统治中国的工具，中国完全陷入半殖民地半封建社会的深渊。《辛丑条约》的签订使中国完全沦为半殖民地半封建社会。

三、几代民族精英的探索

秋瑾

万里乘云去复来，只身东海挟春雷。
忍看图画移颜色，肯使江山付劫灰。
浊酒不消忧国泪，救时应仗出群才。
拼将十万头颅血，须把乾坤力挽回。

——秋瑾

为了摆脱积贫积弱、被动挨打的境况，为在屈辱中抗争的中华民族求取生机，无数的仁人志士用鲜血和生命不断探索，从而促进了近代中国的历史进程，加速了社会的变革和对文化的探求。从1860年到五四，一代代中国人为救亡图存而艰辛努力。

整个中国上至王公贵族，下至贩夫走卒，都开始对这个国家进行反思，以不同的思想和方式进行"从物力到制度，再到文化"的国家救亡探索。

内忧外患，何去何从！

（一）统治阶级的自我救赎

1．坚船利炮的"铠甲"——洋务运动

帝国主义的舰队、大炮刺激了中华民族的神经，经过两次鸦片战争的失败，以及太平天国的打击，清朝的一部分官僚开始感受到西方坚船利炮的威力，认识到清朝统治的危机。19世纪60～90年代，以李鸿章、左宗棠为代表的地主阶级洋务派官员，为了维护封建统治，以"自强""求富"

为旗号进行了一场自救运动,史称洋务运动。

洋务运动的主要内容有四个方面:

第一,创办军事工业,主要有李鸿章创办的江南制造总局、崇厚创办的天津机器制造军、左宗棠的福州船政局、曾国藩的安庆内军械所;

第二,创办民用工业,主要有李鸿章创办的轮船招商局和开平煤矿,张之洞创办的湖北织布局和汉阳铁厂;

第三,筹划海防,创办了北洋、南洋和福建三支海军;

第四,培养近代人才,开办新式学堂和派出留学生,主要培养翻译、军事和科技人才。

然而,洋务运动虽然引进了西方国家的近代生产方式、军事装备、机器生产和科学技术,培养了一批技术人员,刺激了中国民族资本主义的产生和发展,也对外国经济势力的入侵起了一定的抵制作用,但由于洋务运动并没有从根本上变革封建制度,而且存在着各种消极因素,在很大程度上受洋人的控制,所以并没有使清王朝自强自富起来,最终以甲午中日战争的全面溃败而宣告失败。但是使中国出现了第一批近代企业,积累了生产经验、培养了技术力量,为中国民族资本主义的产生和发展起到了促进作用,为中国的近代化开辟了道路。因它而产生的中国民族资产阶级、无产阶级和受过近代西方教育的人才为接下来的中国革命奠定了基础。

2. 民主政治的火花——戊戌变法

甲午战争失败之后,中国被惊呆了,日本——小小的弹丸之地、曾经的藩属之国,如今"华丽转身",目瞪口呆的统治阶层赶忙对比海军战斗力的差距,发现所有装备都是"前亚洲第一",原来,唯一的区别在于日本"变法"了。

伴随着洋务运动"实业救国"进程,西方的思想文化渗透进文化学者的眼帘,他们开始研究和反思,全国的读书人都掀起"变法"的呼喊。以光绪帝和康有为、梁启超等人为代表,终于下定决心,进行了轰轰烈烈的变法。

戊戌变法从1898年(农历戊戌年)6月11日开始实施。以康有为为首的改良主义者通过光绪皇帝所进行的资产阶级政治改革,是中国清朝光绪年间(1898年)的一项政治改革运动。其主要内容有:改革政治、改革

文化改造 分册

戊戌变法浮雕

政府机构，取消多余的衙门和无用的官职，裁撤冗官，任用维新人士；改革教育制度，科举考试废除八股文，提倡科学文化，开办新式学堂吸引人才，翻译西方书籍，传播新思想；创办报刊，开放言论；发展农、工、商业，鼓励私人兴办工矿企业；训练新式陆军海军等。但因变法损害到以慈禧太后为首的守旧派的利益而遭到强烈抵制与反对。1898年9月21日慈禧太后等发动政变，光绪被囚，维新派康有为梁启超分别逃往法国和日本，谭嗣同等6人（戊戌六君子）被杀害。历时仅103天的变法失败，因此戊戌变法也被称作百日维新。

戊戌变法是一次具有爱国救亡意义的变法维新运动，在民族危机加剧的时刻维新派希望通过变法使中国走向强大，从而摆脱帝国主义列强的侵略，表现出强烈的爱国热情，激发人民爱国思想和民族意识，在中国近代史上具有重大意义。戊戌变法不但是一次资产阶级改良运动，也是一次思想启蒙运动。在进行资产阶级变革社会制度的初步尝试中，维新派试图在政治上建立资产阶级君主立宪制，在经济上发展民族资本主义，提倡新学、主张兴民权，对封建思想进行了猛烈的抨击，启蒙了思想，对促进中国近代社会的进步和中国人民觉醒起了重要推动作用。

（二）民主革命的兴起

在清王朝想尽一切方法摆脱困境的同时，留学海外深受资本主义思想影响的学子们开始尝试资本主义救国路线。

1905年，在孙中山的倡议下，兴中会与华兴会、光复会等革命团体的一些成员，在日本东京组成中国同盟会。1911年清政府出卖铁路修筑权，激起中国人民的反抗，四川等地爆发保路运动。1911年10月10日，武汉地区的革命团体文学社和共进会发动武昌起义，接着各省纷纷响应。在革命党人的领导下,革命军英勇奋斗,所向披靡,迅速占领武昌城。革命党人改国号为中华民国,推举孙中山为中华民国临时大总统。因为1911年为旧历辛亥年,故称"辛亥革命"。

1912年1月1日,注定是被载入中国史册的一天。代表资产阶级共和国性质的革命政权——"中华民国"临时政府在南京成立。

孙中山领导的辛亥革命,以反对君主专制制度、建立资产阶级共和国为目标,推翻了统治中国几千年的君主专制制度,传播了民主共和理念,极大推动了中华民族思想解放,以巨大的震撼力和影响力推动了中国社会变革,是一次比较完全意义上的资产阶级民主革命,在政治上、思想上给中国人民带来了不可低估的解放作用,是一次适应时代要求的伟大革命运动。

毛泽东指出:"中国反帝反封建的资产阶级民主革命,正规地说起来,是从孙中山先生开始的。"辛亥革命推翻了清王朝,结束了统治中国两千多年的封建君主专制制度,摆脱了数千年来的"封建君权",建立了资产阶级共和国,颁布了《临时约法》,给人们带来了思想的解放,民主共和的观念开始深入人心。辛亥革命以其巨大的历史功绩彪炳史册。

(三) 新文化开启新革命

1. 新文化运动

新文化运动是由陈独秀、李大钊、鲁迅、胡适、蔡元培、钱玄同等一些受过西方教育(当时称为新式教育)的人在20世纪早期的中国文化界中,发起的一次"反传统、反孔教、反文言"的思想文化革新、文学革命运动。

陈独秀

一方面,民族资产阶级力量进一步发展壮大,登上政治舞台,西方启蒙思想进一步传播,民主共和的思想深入人心,强烈要求实行民主政治;另一方面,经过辛亥革命,先进的知识分子认识到,革命失败的根源在于国民脑中缺乏民主共和意识,

必须从文化思想上冲击封建思想和封建意识,通过普及共和思想来实现真正的共和政体。

1917年俄国十月社会主义革命的胜利,在中国人民中产生了巨大的影响。中国的先进分子开始用无产阶级的宇宙观作为观察国家命运的工具。1919年5月4日前,陈独秀在其主编的《新青年》(原名《青年杂志》)刊载文章,提倡民主与科学,以陈独秀、李大钊、鲁迅为代表的激进民主主义者以《新青年》为阵地,发动了一次反封建的新文化运动,提倡白话文,反对文言文,提倡新文学,反对旧文学,大张旗鼓地宣传资产阶级民主思想并传播马克思主义思想,同封建尊孔复古思想展开了激烈的斗争。进步知识分子团结在《新青年》周围,高举民主和科学两面大旗,从政治观点、学术思想、伦理道德、文学艺术等方面向封建复古势力进行猛烈的冲击。他们还主张男女平等,个性解放。随着新文化运动的发展,《新青年》实际上成了新文化运动的思想领导中心。

新文化运动宣传了西方的进步文化,沉重打击了统治中国两千多年的传统礼教。德先生和赛先生的到来,启发了人们的民主觉悟,推动了现代科学在中国的发展,传播了社会主义思想,反映了新型的革命阶级要求,在政治上和思想上给了封建主义一次前所未有的沉重打击,在思想界形成了一次新的思想解放潮流,在社会上产生了巨大的反响。新文化运动的深入发展,吸引了许多年轻人,特别是青年学生集合在反帝反封建的旗帜下,不仅使社会主义思潮逐渐代替资产阶级思潮而成为运动的主流,而且为马克思主义在中国的传播和五四爱国运动的爆发奠定了坚实的思想基础。

2. 五四运动

从1918年11月的"公理战胜强权"庆典,到次年1月的巴黎会议,短短两个月时间,当时的中国充分诠释了"自古弱国无外交"的定律,所谓的"公理战胜强权"不过是一个美丽的童话。1919年1月18日,在巴黎召开的"和平会议"上中国外交的失败,引发了伟大的五四运动。

1919年5月4日,以北京大学学生为首的三千多名学生在天安门广场前举行示威游行,广大群众、市民、工商人士等阶层共同参与,随后天津、上海、广州、南京、杭州、武汉、济南的学生、工人也给予支持,通

过示威游行、请愿、罢工、暴力等多种形式对抗政府。

五四运动发生在俄国十月革命所开创的世界无产阶级革命的新时代，是一场以救亡和爱国为动因、以思想解放为前提、以民主和科学为灵魂、以新文化运动为先导、以先进青年知识分子为先锋、以唤醒和结合民众为途径的，彻底反帝反封建的伟大爱国革命运动，也是一场伟大的思想解放运动和政治运动。以"爱国、进步、民主、科学"为纲领的五四精神像从天降落的狂飙一样，既给人们带来从未有过的思想大解放，又使千百万人热血沸腾、殚精竭虑地为了中华民族的伟大复兴而奔走呼号。作为无产阶级世界革命的一部分，它的爆发标志着中国新民主主义革命的伟大开端，标志着一场新的伟大的反帝反封建斗争的开始，并由此引起一场广泛的深层次的马克思主义传播运动。

如果说，辛亥革命的根本弱点之一，是没有广泛地动员和组织群众，那么，五四运动本身就是一场群众性的革命运动。五四运动直接影响了中国共产党的诞生和发展，在这次运动里，中国无产阶级开始登上政治舞台，表现了伟大的力量；中国的先进知识分子起了重要作用。中国共产党党史一般将其定义为"反帝反封建的爱国运动"（这里的"封建"一词是泛化的封建观），并以此运动作为旧民主主义革命和新民主主义革命的分水岭，显示了中华民族的进一步觉醒。至此，中国社会主义革命文化汲取了中华优秀传统文化、西方先进文化、共产主义文化的养分，即将孕育而出，并在共产党人团结带领全国人民实现中华民族伟大复兴的历史征程中，不断接受实践检验，散发夺目光彩。

● 延伸阅读

五四运动[1]

第一次世界大战结束后，派出20万华工参战的中国成为战胜国之一。中国人希望能通过战胜国的身份改变自己在国际上备受欺凌的屈辱局面。

---

[1] 参见360百科。

五四运动浮雕

1919年1月开始,第一次世界大战的战胜国在法国巴黎召开和平会议,使世界范围的众多国家均对此次和会能切实实现"公理战胜强权"产生了热切希望。在讨论德属殖民地问题时,中国代表又提出战前德国在山东攫取的各项特殊权益应该直接归还中国;但日本代表却蛮横无理地提出,在大战期间由德国强占的胶州湾的租借地、胶济铁路以及德国在山东的其他特殊权益,应该无条件让与日本。最终,会议无条件地支持了日本的提议,弱国无外交,中国的争辩毫无结果。日本获得了战前德国在中国山东的特殊权益。

1919年5月4日下午,北京大学等13所大中专学校的学生3000余人,不顾北京政府教育部代表及警察的阻拦,齐集天安门,并大声疾呼"外争主权,内除国贼""废除二十一条""还我青岛"等爱国口号。就这样,轰轰烈烈的五四运动爆发了。学生们强烈要求中国代表团拒绝在合约上签字,并惩办三个亲日派官僚曹汝霖、章宗祥、陆宗舆。为此,他们前往日本驻华使馆抗议。由于中途被警察阻拦两个小时无法通过,激愤之下,学生们转奔位于赵家楼胡同的曹汝霖住宅,痛打卖国贼,并放火焚烧了曹宅。这就是著名的"火烧赵家楼"事件。

学生的爱国行动开始得到各界人士的同情和支持,社会影响也更加广泛。6月5日,为声援学生的反帝爱国行动,上海市的工人们举行了声势浩大的罢工。这意味着,中国工人开始以新的独立的姿态登上了中国的政治舞台,五四爱国运动开始逐渐突破学生、知识分子的狭小范围,一步步地发展成为有工人阶级、小资产阶级和资产阶级参加的全国范围的群众性反帝爱国革命运动。

第二节　革命文化的主要贡献者是中国共产党

文化是在历史进程中形成和发展的。20世纪前期的中国历史在革命斗争中演进，科学社会主义为中国革命指明了方向，历史和人民选择了中国共产党。中国共产党成立后面临的首要任务就是革命。

习近平总书记指出："在20世纪中国苦难而辉煌的历史进程中，涌现出一大批用特殊材料制成的优秀共产党人。"革命文化引领革命运动，为革命产生发展做出思想准备和精神动力。

一、历史和人民选择了中国共产党

（一）马克思主义在中国的广泛传播

爆发于1917年的俄国十月革命对中国产生的影响是直接而巨大的。农民和士兵的广泛发动并由此赢得胜利的事实给予中国的先进分子以新的革命方法的启示，推动他们去研究这个革命所遵循的主义。这种影响最为集中体现在——它迅速激起了中国的先进知识分子对马克思主义和社会主义的浓厚兴趣和热烈向往。此后，在俄国十月革命的影响下，马克思主义在中国开始迅速而广泛地传播。

在这一过程中，新文化运动旗手之一的李大钊发挥了主要作用。他以敏锐的眼光，深刻认识到这场革命将对20世纪世界历史进程产生的划时代的影响；他从中看到了中华民族争取独立和中国人民求得解放的希望。李大钊先后发表了《法俄革命之比较观》《庶民的胜利》《布尔什维主义的胜利》等文章，热情讴歌了十月革命，并强调无产阶级的社会主义革命是世界历史的潮流，并满怀信心地预言："人道的警钟响了！自由的曙光现了！试看将来的环球，

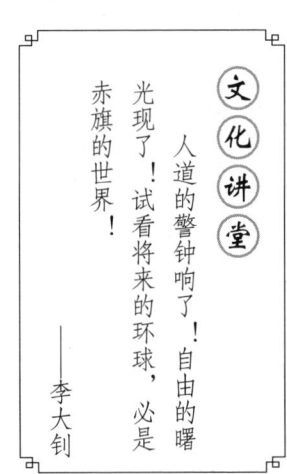

文化讲堂

人道的警钟响了！自由的曙光现了！试看将来的环球，必是赤旗的世界！

——李大钊

必是赤旗的世界！"

面对积贫积弱的国家，在苦苦探求民族振兴之路上的文艺作品也饱含着激荡家国情怀的呐喊和抗争，演奏出革命的最强声音，激发起全体中国人众志成城、保家卫国、艰苦奋斗的伟大力量。

鲁迅以笔伐戈、战斗一生，被誉为"民族魂"，毛泽东评价他是伟大的文学家、思想家和革命家，是中华文化革命的主将。然而，鲁迅永远忘不了青年时期留学日本的一段经历。青年时代的鲁迅东渡日本留学，他学习非常刻苦，进步神速。但随着时间的推移，他的思想却发生了变化。他了解到这样一件事：清末由于中国在对列强的战争中连续战败，中国人被列强称作"东亚病夫"。当年八国联军占领北京后，有一次德国军队遇到义和团伏击。德国人很奇怪，不是说中国人身体很差吗？怎么能够袭击他们？他们在北京的城门设置关卡，检查每一个从城门进出的中国男性的身体，结果令人非常吃惊，从这个城门进出的中国男性身体的平均状况都达到了德国军人的水平。

有一天在上课时，在教室放映的片子里，一个被说成是俄国探子的中国人，即将被日本士兵砍头示众，而许多站在周围观看的中国人，虽然身体强壮程度不逊于日本人，却个个无动于衷，脸上是麻木的神情。日本学生拍手欢呼万岁，声震屋瓦，更是深深刺痛了鲁迅的心，他愤然离开。

一个被五花大绑的中国人，一群麻木不仁的看客，这些画面在鲁迅的脑海中久久不能散去，他认识到，精神上的麻木比身体上的虚弱更加可怕。要改变中华民族的命运，首要的是改变所有中国人的精神和国民性，而能改变中国人精神的，首先是文学和艺术。

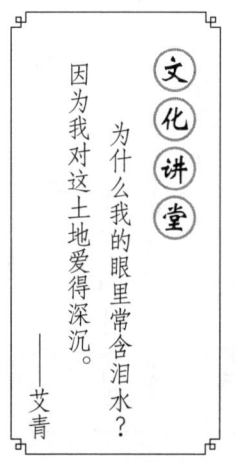

文化讲堂

为什么我的眼里常含泪水？
因为我对这土地爱得深沉。
——艾青

从此鲁迅弃医从文，把文学作为自己的目标，用手中的笔做武器，向黑暗的旧社会发起了挑战，唤醒了千千万万中华儿女进行英勇斗争，直到生命的最后一刻。

无论是郭沫若"我常常思念我的故乡/我为我心爱的人儿/燃到了这般模样！"的如泣如诉，还是艾青"为什么我的眼里常含泪水？/因为我对这土地爱得深沉"的真挚眷恋，以及戴望舒"我把全部的力量运在手掌/贴在上面，寄予爱和一切希望，/因为只有那里是太阳，是春，/将驱逐阴暗，带来苏生"的无限憧憬，无不反映了中华民族优秀分子对强国富民梦想的最深沉呼唤。

正是在这种社会思潮的背景下，经历了辛亥革命和无数风云变幻之后的董必武，开始认真地阅读有关十月革命的书籍和思考中国的问题，也开始谈论马克思主义。在此前后，湖南学生运动领袖毛泽东开始如饥似渴地搜寻并阅读中文本的共产主义书籍，并逐步建立起对马克思主义的信仰。他后来回忆说："我第二次到北京期间，读了许多关于俄国情况的书。""我一旦接受了马克思主义是对历史的正确解释以后，我对马克思主义的信仰就没有动摇过。"与此同时，正在法国翻译、学习马克思主义著作的蔡和森也向毛泽东表明了自己对信仰的最终选择。他说："我近对各种主义综合审谛，觉社会主义真为改造现世界对症之方，中国也不能外此。"

这些有着不同经历的中国先进知识分子经过反复比较、深入研究、深思熟虑后共同作出了历史性的选择，那就是：抛弃资本主义的建国方案，走马克思主义的科学社会主义道路。这是一个完全基于对国家、对民族负责任的选择。

自此，这些先进知识分子在中华大地广泛传播马克思主义理论、开展工人运动，努力让科学社会主义成为国家道路的指引。此时，建立一个新型的工人阶级政党的任务提上了日程，中国共产党应运而生。

◉ 延伸阅读

血肉的长城

郭沫若

爱国是国民人人所应有的责任，
人人都应该竭尽自己的精诚，
更何况国家临到了危急存亡时分。
我们的国家目前遇着了横暴的强寇，
接连地吞蚀了我们的冀北、热河、满洲，

我们不把全部的失地收回，誓不罢手。
有人嘲笑我们是以戎克和铁舰敌对，
然而我们的戎克是充满着士气鱼雷，
我们要把敌人的舰队全盘炸毁。
有人患了恐日病，以为日寇太强，
我们的军备无论如何是比它不上，
然而淞沪抗战的结果请看怎样？
我们并不怯懦，也并不想骄矜，
然而我们相信，我们终要战胜敌人，
我们要以血以肉新筑一座万里长城！

（二）伟大政党的诞生

伴随着马克思主义思想在中国大地的广泛传播，越来越多的有志青年开始认识到科学社会主义的先进性，在中国建立共产党的条件已经基本具备。

1920年8月，陈独秀在上海发起成立了中国共产党的第一个早期组织。1920年8月13日和9月16日，正在留法勤工俭学的蔡和森，经过对西欧各国共产党特别是俄国共产党的考察，给毛泽东写了两封信，信中详细研讨了共产党问题、提出了具体的建党步骤。他提出："先要组织党——共产党，因为它是革命运动的发动者、宣传者、先锋队、作战部。"其中包括"明目张胆正式成立一个中国共产党"。在此前后，陈独秀在上海，李大钊、张申府在北京也通过信函讨论了党的名称问题，最终决定采用"共产党"作为中国无产阶级政党的名称。

1921年7月23日，中国共产党第一次全国代表大会在上海召开。中国共产党的成立，是近代社会进步和革命发展的客观要求。就像一颗崭新的革命火种点燃在沉沉黑夜，为中国各地的马克思主义信仰者们指明了方向，他们开始奔赴这场浩瀚革命的征程。

中国共产党作为中国最先进的阶级——工人阶级的政党，不仅代表着工人阶级的利益，而且代表着整个中华民族的利益。正是这个党，给灾难深重的中国人民带来了光明和希望。虽然这时它的力量还很弱小，但它满怀信心地以改造中国为己任，为争取民族独立和人民解放，实现国家的繁荣富强和人民的共同富裕，开始了艰苦卓绝的斗争历程。自此，中国革命的面貌焕然一新。

(三) 艰苦卓绝的革命历程

1921年中国共产党的成立，为中国革命史掀开了新的一页。然而，当时的共产党面临的中国是一个外有列强侵略，内部军阀混战的千疮百孔的中国。共产党为了寻求救国救民的道路，引领人民走向新生活，开始了异常艰苦的奋斗历程。艰苦卓绝的革命历程造就了坚定不屈、不怕牺牲观念的革命精神。

1. 革命文化的初步形成

中国共产党成立后，开始集中力量从事工人运动。1921年8月在上海成立了领导全国工人运动的公开机构——中国劳动组合书记部，并在北京、武汉、长沙、广州、济南建立了分部。1922年1月至1923年2月，全国兴起了第一次工人运动高潮。1922年1月，香港海员为增加工资举行大罢工，前后持续时间约4个月，迫使港英当局屈服。它是中国工人阶级第一次直接与帝国主义势力进行有组织的较量，罢工的胜利增强了工人阶级斗争的勇气，推动了全国工人运动的发展。1922年9月，安源路矿17000余人，在刘少奇、李立三的直接领导下，为保障自身权利、改良生活待遇举行大罢工，迫使路矿当局承认了工人提出的大部分条件，最终取得了胜利。

之后陆续发生的开滦煤矿工人大罢工等工人运动，都充分显示出了工人阶级的力量。这个时期，中国共产党领导的工人运动在全国范围内如火如荼地开展，在持续十三个月的时间里，全国发生大小罢工100余次，参加人数在30万以上。中国共产党人在组织工人运动的过程中，总结出了中国革命的经验，即没有武装斗争，仅仅依靠罢工或其他合法斗争是不行的。

通过组织工人运动宣传马克思主义，通过组织工人运动实践社会主义，通过工人运动总结革命经验，中国的革命文化在斗争中初步形成和发

展起来。

2. 革命文化历经生死考验

1924~1927年中国人民在中国共产党和中国国民党合作领导下进行反帝反封建的革命斗争，北洋军阀势力迅速崩溃。就在革命形势一片大好的情况下，1927年4月和7月，蒋介石伙同汪精卫先后在上海和武汉发动反革命政变，大肆捕杀革命者。就在这一年，无数的共产党人经受了生死的考验。据不完全统计，从1927年3月到1928年上半年，被杀害的共产党员和革命群众达31万多人，全国一片黑暗。

血雨腥风代替了生气蓬勃的革命景象。但是，面对反动派穷凶极恶的屠杀政策，中国共产党和中国人民正如毛泽东所说的，"并没有被吓到，被征服，被杀绝。他们从地下爬起来，揩干净身上的血迹，掩埋好同伴的尸首，他们又继续战斗了"。

1927年8月1日，南昌起义打响了武装反抗国民党反动派的第一枪，它在全党和全国人民面前树立起一面革命武装斗争的旗帜，标志着中国共产党独立地领导革命战争、创建人民军队和武装夺取政权的开始。

南昌起义后的第六天，中共中央便在湖北汉口秘密召开了"八七会议"。会上，毛泽东明确提出了"须知政权是由枪杆子中取得的"著名论断，指明了今后革命斗争的正确方向，使原来处在思想混乱和组织涣散中的中国共产党看到了新的出路，精神迅速振奋起来，燃起了新的希望，为挽救党和革命作出了巨大贡献。在此之后，相继组织了秋收起义和广州起义，成立了井冈山根据地，取得了二万五千里长征的胜利，中国革命也由此开始了由大革命失败到土地革命战争的历史性转变和发展。

革命经受着生死考验，革命文化的火种却在国民党统治区内星火燎原。1927年大革命失败后至1936年抗战前夕，中国共产党领导了新兴的左翼文化运动，一批党的和党所影响的文化工作者陆续聚集到上海。他们冲破国民党反动统治的高压，在新开辟的革命的思想文化阵地上，展开了英勇的战斗。文化的斗争和呐喊从未停止过，革命文化不断发展和丰富。

● 延伸阅读

从容就义的瞿秋白[1]

瞿秋白，中国共产党早期主要领导人之一，伟大的马克思主义者，杰出的无产阶级革命家、理论家和宣传家，中国革命文学事业的重要奠基者之一。

1935年6月18日晨，瞿秋白写完"这世界对于我仍然是非常美丽的。一切新的、斗争的、勇敢的都在前进。但是，永别了，美丽的世界！"的绝笔，神态自若缓步走出囚室。一位临场记者这样报道瞿秋白就义时的情景：1935年6月18日，福建长汀。瞿秋白来到中山公园，"至中山公园，全园为之寂静，鸟雀停息呻吟。信步至亭前，已见小菜四碟，美酒一瓮。彼独坐其上，自斟自饮，谈笑自若，神色无异"。酒半乃言曰："人生有小休息，有大休息，今后我要大休息了。我们共产党人的哲学就是鞠躬尽瘁，死而后已。"瞿秋白说完此话，坦然正其衣履，到公园凉亭前拍了遗照——他背着两手，昂首直立，恬淡闲静之中流露出一股庄严肃穆的气概。

瞿秋白在刀兵环护下，慢步走向刑场。刑场在长汀西门外罗汉岭下蛇王宫养济院

1935年6月18日，瞿秋白高唱国际歌，在长汀西门罗汉岭英勇就义。该照片为瞿秋白就义前遗照。

右侧的一片草坪，距中山公园二华里多。瞿秋白手夹香烟，顾盼自如，缓缓而行。继而高唱国际歌，打破沉寂之空间。到了罗汉岭下，他自己找了块空地面北盘足坐下，回头看了看行刑者说："此地甚好"，接着饮弹洒血，从容就义。

---

[1] 参见360百科。

3. 左翼文化运动的发展壮大

1929年下半年，在中共中央宣传部之下成立中央文化工作委员会（简称文委），由潘汉年负责，统一领导这方面的工作。1930年3月2日，经过党的建议和筹划，由党内外作家参加的中国左翼作家联盟（简称左联）在上海正式成立。随后，中国社会科学家、戏剧家、美术家、教育家联盟（分别简称社联、剧联、美联、教联）以及电影、音乐小组等左翼文化团体也相继成立。10月，各左翼文化团体又共同组成中国左翼文化总同盟（简称文总）。这支左翼文化新军在党的领导下，积极从事马克思主义宣传和革命文艺创作等活动，兴起了一个很有声势和实力的左翼文化运动。

国民党当局对左翼文化运动进行了残酷的迫害和镇压。从1929年起，国民党政府相继颁布《宣传审查条例》《出版法》等法律、条例，对书籍刊物的编辑、出版和发行施加种种限制，直至严加查禁。仅据湖南长沙1931年9月的统计，被查禁书刊就达228种，其中以"共党宣传刊物""鼓吹阶级斗争"等理由查禁的有140多种。国民党当局还设立图书杂志审查委员会，通过蛮横无理的审查，对具有进步倾向的文化作品加以扼杀。一伙伙流氓特务按照其主子的旨意狂暴地袭击进步的文化团体和编辑、出版、排演机构，拘捕、刑讯并秘密杀害革命的作家和文化人。1930年至1933年间，先后牺牲的有李伟森、柔石、胡也频、殷夫、冯铿、洪灵菲、潘漠华、应修人、宗晖等。国民党当局还培植一批御用文人，竭力宣扬封建文化和法西斯文化，诋毁马克思主义和进步的思想文化。国民党当局以为，通过种种反革命的文化"围剿"，就可以彻底消灭左翼文化运动。

但是，出乎国民党当局的意料，左翼文化运动不但没有在"围剿"中被消灭，反而迎着迫害的狂风恶浪，在马克思主义和无产阶级革命文学的旗帜下，顽强地发展起来。左翼文化团体的人数不断增加，活动地区不断扩大，由上海发展到北平、天津、武汉、广州，并远及南洋和日本东京。经过艰辛的耕耘和战斗，在文学艺术、社会科学和新闻出版等方面，左翼文化运动都取得卓越的成绩，有力地配合了革命的政治斗争。

左联和其他左翼文化团体先后创办《萌芽月刊》《拓荒者》《文化月报》《北斗》《文学》等几十种刊物，创作和发表了大量为群众所欢迎的作品。这些作品反映了新军阀统治的祸害、帝国主义侵略的罪恶、城乡经济的衰败,以及劳动人民和小资产阶级的痛苦与要求,在题材与表现形式的多样化、反映生活的广度和深度等方面,都达到新的水平。如鲁迅的许多闪烁着马克思主义光芒的战

《萌芽月刊》

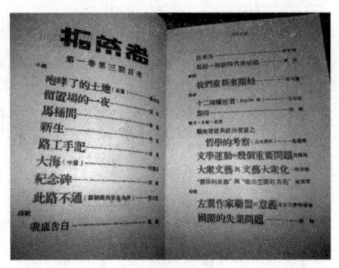
《拓荒者》

斗杂文和其他文学作品,茅盾的刻画20世纪30年代中国都市社会的现实主义力作《子夜》和其他短篇佳作,还有老舍、曹禺、巴金等许多作家的优秀作品,不仅在当时脍炙人口,而且艺术魅力经久不衰。特别是九一八事变以后,一大批号召人民奋起抗日救亡的各种形式的文艺作品,包括小说、散文、诗歌、戏剧、电影、音乐、美术、新闻通讯等等,充满高昂的爱国主义激情,对于推动群众性抗日救亡运动的高涨,发挥了战斗号角的作用。

左翼文化工作者还在文艺思想战线上多次开展对错误观点的批判。他们出版书刊,组织社团,举办讲座,创办学校和补习班,宣传马克思主义和各种社会科学知识,批判形形色色的反马克思主义思潮,并运用马克思主义原理研究一些社会科学学科的问题,取得显著的成绩。对于人们正确理解马克思主义并用来总结中国革命的经验,提供了有益的帮助。文艺思想战线上的这些斗争,推进了进步的文艺工作者同现实生活的联系,使他们逐步走上同人民群众相结合的创作道路。

1933年7月1日创刊的《文学》杂志(由郑振铎、傅东华编辑),一直坚持出版到抗战初期。邹韬奋主编的《生活周刊》虽屡遭当局封禁,但先后改为《新生》《大众生活》《永生》和《生活星期刊》继续出版,其中《大众生活》每期销量最多时达20万份。1934年创刊的《中国农村》《读书生活》和《世界知识》杂志,其中的一些文章不是空洞说教,而是注意联系实际和一般群众的思想状况,摆事实,讲道理,很受读者欢迎。左翼文化力量还逐步打入国民党当局办的各种报刊或中间性报刊中,打入电影公司、唱片公司和出版发行机构中,占领和扩大宣传阵地。左翼文化的这种发展势头,连国民党的舆论也惊呼为"似水银之泻地,无孔而不

入"。左翼文化宣传的扩大和加强，在城市各阶层人民尤其是知识青年中，发生了极为广泛深远的影响。

在国民党政府残酷的文化"围剿"下，一些左翼文化工作者，如瞿秋白、鲁迅、矛盾、郭沫若、田汉、巴金、丁玲等人通过文化战线上的斗争，不断扩大共产党的影响，传播马克思主义进步思想，创作出了大量社会科学著作和脍炙人口的文学艺术作品。其中，田汉作词、聂耳作曲的《义勇军进行曲》，是影片《风云儿女》（夏衍编剧）的主题歌。"中华民族到了最危险的时候，每个人被迫着发出最后的吼声。"这歌声，喊出了中华民族的满腔悲愤，迅速传遍祖国大地，对动员人民奋起救亡起了巨大的作用。

在左翼文化运动中，一大批党的和非党的文化工作者冲锋陷阵，勇往直前，鲁迅是他们中最为突出的代表。他不顾国民党政府的严重迫害，积极参加并指导革命文艺运动。他以犀利的笔锋揭露国民党的反动统治，批判各种反动思潮；他以满腔的热情讴歌共产党领导的革命，宣传进步思想。在革命文艺阵营内部，他注重团结同志，也对那些犯有"左"倾错误的同志提出诚恳的批评。他由此赢得进步文化人的爱戴，成为左翼文化运动的伟大旗手。瞿秋白、张闻天等也都为这一运动建立了重要的功绩。

20 世纪 30 年代前期的左翼文化运动，对中国近代思想义化发展进程所作出的历史功绩，特别是在国民党统治区人民中传播进步思想、促进抗日救亡运动所起的作用，是不可磨灭的。左翼文化运动不仅取得了辉煌的成就，而且锻炼出一支坚强的战斗队伍，许多人后来成为了党在思想理论界和文艺界的领导骨干。

● 延伸阅读

国歌背后的故事[1]

国歌，是代表一个国家民族精神的歌曲。中国出现国歌的时间较晚，

---

[1] 参见大律师网 2018 年 1 月 7 日。

第二章 从革命文化中汲取积极向上的力量

至今只有百年左右的历史,却经历了清朝末年、孙中山先生领导的南京临时政府、北洋军阀政府、国民党政府及中华人民共和国的演变,从最初的为封建统治者歌功颂德的歌曲,今天激励人民群众居安思危、为中华民族的伟大复兴而奋斗的时代之音。百年来中国国歌的演变,从某种意义上来说,是中国近现代历史的一个缩影。

"起来!不愿做奴隶的人们!把我们的血肉,筑成我们新的长城!中华民族到了最危险的时候,每个人被迫着发出最后的吼声。起来!起来!起来!我们万众一心,冒着敌人的炮火前进!冒着敌人的炮火前进!前进!前进!进!"

1949年10月1日下午3时,在北京天安门广场隆重举行开国大典,毛泽东主席用洪亮的声音向全世界庄严宣告:"中华人民共和国中央人民政府今天成立了!"伴随五星红旗冉冉上升,《义勇军进行曲》作为国歌第一次在天安门广场响起。

《义勇军进行曲》由田汉作词、聂耳作曲,诞生于1935年,是田汉所作三幕话剧《回春之曲》及电影故事《风云儿女》的主题歌。1937年,日本发动全面侵华战争,中华民族处于生死存亡的关头,《义勇军进行曲》凝聚着中华儿女"不做亡国奴"的怒吼,成为了抗日救国的战斗号角,鼓舞着中华儿女在反法西斯的持久战中取得了最后的胜利,也成为引导新中国各族人民团结奋斗走向幸福生活的凯歌。

2004年3月,十届全国人大二次会议通过宪法修正案,将国歌正式写入宪法,规定中华人民共和国国歌是《义勇军进行曲》。

田汉,国歌词作者、现代戏剧奠基人之一。田汉原名寿昌,出生成长于长沙县果园镇(原长沙东乡田家塅茅坪),不但是话剧作家、戏曲作家、电影剧本作家、小说家、诗人、歌词作家、文艺批评家、社会活动家、文艺工作领导者、杰出的无产阶级文化战士,更是优秀的中国共产党党员。民主革命时期,他以文艺作品为武器,团结和领导文艺界人士与反动派斗争。新中国成立后，他以饱满的热情投入到戏剧改革之中，为繁荣新中国的文艺事业付出了毕生的精力。

4. 延安时期的革命文化

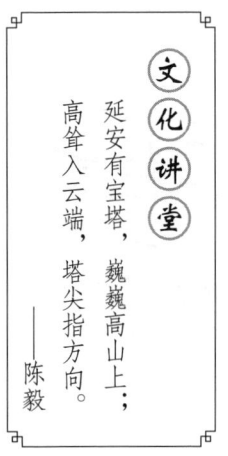

文化讲堂

延安有宝塔，巍巍高山上；高耸入云端，塔尖指方向。
——陈毅

1936年，中央红军到达延安后，延安便以其特有的魅力引起海内外爱国者的关注和向往。陈毅元帅有诗："延安有宝塔，巍巍高山上；高耸入云端，塔尖指方向。"

"七七事变"之后，在国家危亡之际，成千上万的热血青年，冲破重重阻拦，从祖国四面八方奔向延安。

著名女作家丁玲，拿着宋庆龄赠送的350元，冲出国民党的牢笼，于1936年11月率先进入陕北，毛主席、周副主席设宴款待。毛主席问："你打算做什么？"丁玲毫不犹豫地答道："当红军！"于是她换上戎装、跃马扬鞭到了陇东前线，写下了歌颂彭德怀、左权将军的佳作。毛主席挥毫赠词："洞中开宴会，招待出牢人""昨天文小姐，今日武将军"。

巍巍宝塔山

诗人艾青、严辰，小说家罗烽、逮斐，画家张仃结伴化装来到延安。一个月的路程冲破47道关卡。艾青激动地讲："我这个'流浪儿子'，终于回到了'娘'的怀抱！"张仃高兴得在地上打滚，亲着、吻着陕北的黄土地。

冼星海这个广东渔民的苦孩子来了。他认定"延安就是新中国的发祥地"，"那里有着无限的希望和光明"，延安窑洞暖、小米香，是最理想的施展才能的地方。

文坛名将茅盾携妻带小也来到了延安。毛主席多次会见了这位阔别十多年的老朋友。诗人田间几次往返延安，放歌吐心曲："党呵，母亲，你的儿女回来了。""世界上哪有这样美的城市？我在这里喝一口水，都是甜滋滋的；我在这里抓一把土，都是香喷喷的"。

"割掉我肉还有筋，打断骨头还有心；只要我还有口气，爬也爬到延安城。"著名科学家、作家高士其来得比别人更为艰难。他因科学实验招致瘫痪，同样也来到延安。在一首《不能走路的人的呐喊》诗中，他豪迈地呼唤："哦，我是一个不能走路的人！不能走路，也来到延安，也要在路上助威呐喊：赶走日本鬼子，还我中国河山！"

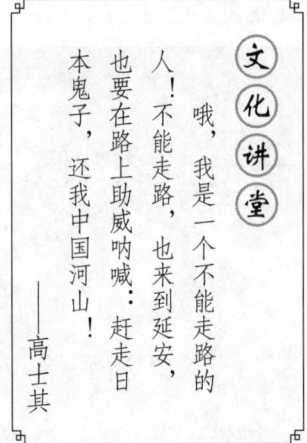

文化讲堂

哦，我是一个不能走路的人！不能走路，也来到延安，也要在路上助威呐喊：赶走日本鬼子，还我中国河山！

——高士其

留法的"洋学生"陈学昭也来了。她说："我们像暗夜迷途的小孩，寻找慈母的保护与扶持，投入了边区的胸怀！"从此，她成为延安唯一的文学博士。

众多名家，都怀着一个希望，选择一条道路——延安光明之路。大批文艺青年和红军中的文艺工作者汇聚延安，给延安文艺的百花园带来了生机盎然的新局面。

毛泽东在延安文艺座谈会之前，就多次谈到知识青年要和工农群众结合，文化人要"为全民族中百分之九十以上的工农劳苦民众服务"。

按照毛泽东的指示，丁玲率先领导西北战地服务团开赴前线。毛主席在欢送晚会上鼓励他们："要用你们的笔，用你们的口与日本打仗。""从文的方面武的方面夹攻日本帝国主义。"服务团凯旋后，周恩来副主席赞许说："丁玲等所组织的战地服务团，在前线艰苦奋斗，获得全国人民的称颂。"

当时的延安，又是一座歌的城——战斗的歌，团结的歌，劳动的歌；颂歌，凯歌，壮歌。这歌声，有"信天游"的高亢、悠扬，有"蓝花花"的深情、温馨，而更多的则是大地的激荡，黄河的怒涛。光未然、冼星海在延安窑洞里创作的《黄河大合唱》，就是其中最响亮的歌。它唱出了民族的苦难，也唱出了炎黄子孙的刚强。毛主席听后连连赞好。周副主席欣然命笔："为抗战发出怒吼，为大众谱出呼声！"《黄河大合唱》从延安唱到全国，所有抗日战场，无不发出"怒吼吧，黄河"的战斗强音。

1943年10月19日，鲁迅逝世七周年纪念之际，延安《解放日报》公

文化改造 分册

开发表了毛主席的《在延安文艺座谈会上的讲话》。

《白毛女》剧照

在讲话精神的指导下,作家们纷纷深入生活第一线。萧三、艾青、塞克赴南泥湾,陈荒煤赴延安县,刘白羽、陈学昭下农村与连队,高原、柳青去陇东,丁玲到工厂。鲁艺、边艺、部艺、评剧院、民众剧团、西北文工团、联政宣传队等也纷纷奔赴农村与前线。

延安文艺运动敲响的第一声锣鼓,是1943年春节兴起的大秧歌运动。鲁艺师生率先推出秧歌剧《兄妹开荒》。毛主席、周副主席、朱总司令等中央领导人观看了演出,无不感到耳目一新。

此后,歌剧《白毛女》引起巨大反响,作为向党的"七大"献礼节目,标志着作家深入生活的重大收获,成为中国歌剧发展史上的一个里程碑。

与此同时,一大批优秀的文学作品相继推出,如李季的长诗《王贵与李香香》,柳青的《铜墙铁壁》,欧阳山的《高干大》,赵树理的《小二黑结婚》,以及一百多位美术家、音乐家的作品,给延安文艺园地带来了百花争妍的新局面。郭沫若惊喜写道:"我完全陶醉了。""这是一个新的时代,新的天地,新的世纪。""在人民翻身的时候,同时也就是文艺翻身的时候。"徐悲鸿讲:"新中国的艺术必将以陕北解放区为始。"

《在延安文艺座谈会上的讲话》精神的贯彻,使解放区文艺出现空前的繁荣局面。

● 延伸阅读

毛泽东《在延安文艺座谈会上的讲话》(节选)

在我们为中国人民解放的斗争中,有各种的战线,就中也可以说有文武两个战线,这就是文化战线和军事战线。我们要战胜敌人,首先要依靠

手里拿枪的军队。但是仅仅有这种军队是不够的，我们还要有文化的军队，这是团结自己、战胜敌人必不可少的一支军队。"五四"以来，这支文化军队就在中国形成，帮助了中国革命，使中国的封建文化和适应帝国主义侵略的买办文化的地盘逐渐缩小，其力量逐渐削弱。到了现在，中国反动派只能提出所谓"以数量对质量"的办法来和新文化对抗，就是说，反动派有的是钱，虽然拿不出好东西，但是可以拼命出得多。在"五四"以来的文化战线上，文学和艺术是一个重要的有成绩的部门。革命的文学艺术运动，在

毛泽东《在延安文艺座谈会上的讲话》

十年内战时期有了大的发展。这个运动和当时的革命战争，在总的方向上是一致的，但在实际工作上却没有互相结合起来，这是因为当时的反动派把这两支兄弟军队从中隔断了的缘故。抗日战争爆发以后，革命的文艺工作者来到延安和各个抗日根据地的多起来了，这是很好的事。但是到了根据地，并不是说就已经和根据地的人民群众完全结合了。我们要把革命工作向前推进，就要使这两者完全结合起来。我们今天开会，就是要使文艺很好地成为整个革命机器的一个组成部分，作为团结人民、教育人民、打击敌人、消灭敌人的有力的武器，帮助人民同心同德地和敌人作斗争。

"但是，中华民族的儿女啊，谁愿意像猪羊一般任

但是，中华民族的儿女啊，谁愿意像猪羊一般任人宰割？人们抱定必死的决心，保卫黄河！保卫华北！保卫全中国！

人宰割？人们抱定必死的决心，保卫黄河！保卫华北！保卫全中国！"

1931年9月18日傍晚，日本关东军虎石台独立守备队第2营第3连离开原驻地虎石台兵营，沿南满铁路向南行进。夜22时20分左右，日本关东军铁路守备队柳条湖分遣队队长河本末守中尉为首一个小分队以巡视铁路为名，在奉天（现沈阳）北面约7.5公里处，离东北军驻地北大营800米处的柳条湖南满铁路段上引爆小型炸药，炸毁了小段铁路，并将3具身穿东北军士兵服装的中国人尸体放在现场，作为东北军破坏铁路的证据，诬称中国军队破坏铁路并袭击日守各队。以此为借口，厚颜无耻的日本关东军向中国军队发起猛烈攻击，炮轰沈阳北大营和兵工厂，历史上将这一震惊中外的阴谋事件称为"九一八事变"，由于当时中国东北地区被称为满洲，因此日本方面将这次事变称为"满洲事变"。由于张学良一再坚持"不抵抗政策"，在不到半年的时间内，整个东北三省100万平方公里的土地被日军占领，日本对东北三省的大规模侵略强烈地震动了中国社会，群众性的抗日救亡运动很快在全国许多城市和村镇兴起。

"九一八事变"是日本在中国东北蓄意制造并发动的一场侵华战争，是日本帝国主义以武力征服中国的开端，也是法西斯国家在世界上点燃的第一把侵略战火，它的爆发标志着亚洲战争策源地的形成和世界反法西斯战争的开始，揭开了第二次世界大战东方战场的序幕。

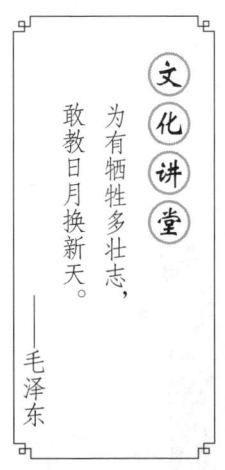

文化讲堂

为有牺牲多壮志，敢教日月换新天。
——毛泽东

"九一八事变"及时向全国人民敲起警钟，"中华民族到了最危险的时候"越来越成为中华儿女的共识。在民族危机感逐步加深的过程中，中华民族的民族责任感也迅速提高，并将其付诸实践；许多爱国知识分子积极发表政见和主张，呼吁全国人民"彻底明了国难的真相""人人应视为与己有切肤之痛，以决死的精神，团结起来作积极的挣扎与苦斗"，广大民众和各界人士以各种形式积极投身抗日救亡运动。国共两党是当时中国的两大政党，"九一八事变"后，随着中华民族的空前觉醒，民族也日益团结，两党的民族使命感迅速增强，有力地促进了两党的再次合作，从东北地区到西北地区，最后发展到全中国，终于开创了团结御侮、共同抵抗日本帝国主义的侵略的新局面，实现了民族大团结。

1937年7月7日夜，卢沟桥的日本驻军在未通知中国地方当局的情况下，径自在中国驻军阵地附近举行所谓军事演习，并谎称有一名日军士兵于演习时失踪，以此为借口要求进入北平西南的宛平县城搜查。遭到中国守军第29军严词拒绝。日本军队于7月8日凌晨向宛平县城和卢沟桥发动进攻，悍然发动了"卢沟桥事变"。国民革命军官兵奋力反击，团长申仲明亲赴前线，指挥作战，最后战死。驻守在卢沟桥北面的一个连仅剩4人生还，余者全部壮烈牺牲。副军长佟麟阁、第132师师长赵登禹壮烈殉国。

"七七事变"又称"卢沟桥事变"，标志着中华全民族抗日战争的开始，也是第二次世界大战亚洲区域战事的起始，中国进入了中华民族生死存亡的关键阶段。中国人民经过流血牺牲、艰苦抗战，终于在1945年8月15日以日本宣布无条件投降赢得了民族解放战争的伟大胜利。

革命文化在民族危亡关头经受血与火的洗礼，演奏出民族最强音。人民音乐家冼星海是这个时期的代表者。从1935年到1940年的5年间，冼星海写出了几百首抗战歌曲，为人民大众所接受和喜爱，《黄河大合唱》是冼星海最重要的和影响最大的一部代表作，为民族解放运动注入了强大的精神动力。

● 延伸阅读

"九一八"历史博物馆[1]

沈阳"九一八"历史博物馆，坐落于沈阳市大东区望花南街46号，在原残历碑和地下展厅的基础上于1997年9月18日正式落成开馆，总占地面积35 000平方米，建

"九一八"历史博物馆

---

[1] 参见360百科。

筑面积12 600平方米，展览面积9 180平方米。博物馆共设有包括序厅在内的8个展厅，10余个大型场景，是一座大型的、现代化的爱国主义教育和国防教育基地。博物馆通过大量文物、史料及多种展示手段反映了从1931年日本帝国主义发动"九一八"事变后，东北人民十四年遭受奴役、奋起抗争、浴血奋战的历史画卷，教育人民勿忘国耻，振兴中华。

5. 在解放战争中开花结果

解放战争期间，由于民族危亡已经转变成为国内战争，主要矛盾和矛盾的主要方面都已经与抗战不同，革命文化有了新的发展，主要表现在为新式整军运动和土地改革运动服务。

为了进一步瓦解国民党军队发动内战的意志，争取更多的国军官兵站到人民的立场来，中共中央决定直接向国民党军队发起宣传攻势，进行攻心战。

此时我军的宣传队伍已经较为完备，师级以上的部队大都建立了文工团，团级以下的作战单位也都有专门从事文艺宣传工作的宣传队、宣传员等。接到中央命令之后，所有与国军僵持的地区，都爆发了强大的宣传攻势。每天白天我们的文艺宣传人员就表演反对内战题材的节目，并向敌人控制区域散发向高树勋学习的传单，晚上就隔着阵地向国军喊话。

"日本打完了，为什么还要挨冷受冻打八路军！""打日本牺牲了也光荣，打八路军死了不值得，中国人不打中国人！""不要做伤天害理的事情，八路军同你没有仇恨，不能杀害同胞！""长官压迫你们打枪时，枪口朝天放。""高树勋将军反对内战主张和平，率领一万多人投了八路军，好男儿要学高树勋！"

这种口号浅显易懂，却含义深刻，极易打动甚至震撼官兵的心理，能够极大动摇瓦解对方的军心。这一系列的宣传活动，后来被称作"高树勋运动"。

"高树勋运动"，可以看作是我军在解放战争时期，大规模发动文艺宣传的起点。自此以后，我军对敌军文艺宣传攻略从未停止，并取得了巨大的成果。

1946年6月26日，蓄谋已久的国民党军队，悍然撕毁停战协议，对

我军中原军区发动了围攻,全面内战终于还是爆发了。当时国民党军队无论从军队数量还是武器装备,以及后援支持上都远远优于我军。

但我军十分善于利用宣传手段瓦解敌军意志,甚至还能利用敌人的兵扩大自己的队伍。随着中央正确战略的推行,我军虽然稳步后退,却逐步积蓄力量。而敌军虽然一开始屡次获得胜利,却损兵折将,实力大损。

在战争中,我军十分重视对战俘的宣传教育工作。在作战的间隙,文艺宣传人员利用演出等各种形式,向被俘的国军揭露反动派对老百姓的剥削和压迫,呼吁他们起来和反动派进行斗争。并且主持诉苦大会,让贫苦农民现身说法,让文艺和现实结合在一起,以提高国军士兵的阶级觉悟,激发他们对反动派的仇恨。这样的宣传举措十分成功,在文艺演出和诉苦大会结束时,我们会宣布,只要以后不再参加国民党军队,可以领路费回家与家人团聚,如果愿意,欢迎参加解放军。每当此时,就会有许多俘兵纷纷要求参加我军,一起去打国民党反动派,解救被他们压迫的劳苦大众,场面十分感人。

当时由于物资困难,解放军方面也没有充足的服装,这些降兵便仍然穿着国军的军装和解放军一起战斗,作战十分勇猛。

进行文艺宣传攻略,瓦解敌军,策动国民党军队投诚和起

义,这是贯穿解放战争整个过程的最重要、最成功的宣传工作之一。据统计,从1945年9月到1950年6月,共有118万国民党军队起义或和平改编,促使近50%的国土实现和平解放。这不仅加速了国民党统治集团的分化瓦解,推动了战争的进程,而且对于减少人民生命财产的损失、壮大人民革命力量乃至新中国的成立,都有重要影响和作用。期间我军文艺宣传工作者的贡献亦不可磨灭。[19]

然而他们的"战斗"还不仅于此。在解放战争期间,他们还承担着发

动农民参加土地改革的任务。中国民主革命的中心问题是农民问题,农民问题的根本是土地问题。解放战争时期的土地改革运动,是一场深刻的农村大革命,它的顺利开展和胜利完成,也离不开文艺宣传工作者的努力。

解放军作战部队,每解放一地,宣传人员就在此展开工作,主要是宣传土改政策,提高农民的阶级觉悟,改变陈旧的传统观念,树立当家做主的思想。使其认识到地主对农民的收粮收租实属剥削,只有彻底废除封建剥削制度,农民才能翻身做主人。

工作人员和当地党组织结合,在查阶级、划成分的基础上,组织农会发动农民斗争,经过算账对比,弄清"谁养活谁"。农民长期被压抑的革命热情像火山一样迸发出来,开始积极主动地从地主手中夺回土地,解放区的土改运动由此波澜壮阔地发展起来。

据中国青年艺术剧院的著名导演张奇虹回忆,解放战争时期,她在文工团里不过是一个十七八岁的小姑娘,但经常自己背着一杆枪去农村组织土改工作,开审判会,分配土地。只要是组织交代的任务就一定要坚决完成,决不退缩。这也体现了文艺工作者为战争服务的热情,他们不只是说说唱唱,写写画画,也怀着大无畏的精神,参与到了大革命的洪流之中。

土改的成功,使我党我军获得了无与伦比的声望和支持。由此在解放区掀起了"参军支前"的热潮,从而为解放战争的胜利提供了源源不断的人力物力支援,保证了战争的最终胜利。

在这一时期,我军的文艺宣传中涌现出了大量脍炙人口的文艺作品,成为教育和鼓舞人民团结战斗、打击和消灭敌人的有力武器。其中流传广泛、影响较大的有:马健翎的新秦腔《血泪仇》《穷人恨》、鲁艺师生集体创作的歌剧《白毛女》《女英雄刘胡兰》《王克勤班》、话剧《九股山的英雄》、秧歌剧《兄妹开荒》、李季的长诗《王贵与李香香》、田间的《赶车传》、张志民的《王九诉苦》、阮章竞的《漳河水》《妇女自由歌》,等等。这些作品有的创作于抗战年代,有的始作于抗战年代、完成于解放战争年代,有的创作于解放战争年代,但都在解放战争的特殊背景下,因其集娱乐与教育宣传于一体,贴近生活,形象生动,富于感染力,而为广大军民所喜闻乐见,从而起到重要的宣传激励作用。其中歌剧《白毛女》最具代

表性。

在解放区的新式整军运动和土地改革运动的阶级教育中,为了提高部队指战员的阶级觉悟和激发农民参与土改的积极性,部队和地方组织及政治宣传机关,往往会组织文工团或宣传队演出歌剧《白毛女》。每次演出时,都能看到这样的奇观:观众人如潮涌,场地上坐不下,连房上、墙上、大树上都站满了;当演到杨白劳、喜儿惨遭迫害凌辱时,观众悲痛仇恨、泣不成声;而当黄世仁被镇压时,则群情激昂、拍手叫好。《白毛女》在解放战争和土地改革中发挥的巨大宣传效果、激励教育作用,在中国文艺史上是不多见的。

值得一提的是,在解放战争中,有许多并不直接隶属于军队的文工团,也和军队的文艺工作者一样,或奔赴前线为战斗服务,或留在大后方推动土地改革,为战争的胜利作出了很大的贡献。如东北局领导下的东北文工一团、二团,西北局领导下的西北文工团,华北联大文工团等等,从历史角度来看,其在当时发挥的作用与军队文工团并无二致。

1949年10月1日,毛泽东在天安门城楼之上,向全世界宣布:"中华人民共和国成立了!"举国欢庆,华夏沸腾。这是每一个中国人都会铭记的重要时刻。

中国革命的胜利来之不易。它既是1840年鸦片战争以来,千百万革命先烈前仆后继、抛头颅洒热血的奋斗成果,又是中国共产党领导全国各族人民、经过28年艰苦卓绝的英勇斗争,特别是经过北伐战争、土地革命战争、抗日战争和全国解放战争,推翻帝国主义、封建主义和官僚资本主义的反动统治,取得的新民主主义革命的伟大胜利。

人民英雄纪念碑的奠基典礼上,毛泽东宣读了纪念碑碑文。碑文中这样写道:

三年以来,在人民解放战争和人民革命中牺牲的人民英雄们永垂不朽!

三十年以来,在人民解放战争和人民革命中牺牲的人民英雄们永垂不朽!

由此上溯到一千八百四十年，从那时起，为了反对内外敌人，争取民族独立和人民自由幸福，在历次斗争中牺牲的人民英雄们永垂不朽！

二、对革命文化的提炼和升华

中国是一个具有数千年文明史的大国，具有与世界各国不同的国情和文化传统。对自己的国家和文化，中国人抱有深厚情感和文化自信。

革命文化是对中华优秀传统文化的继承，是中国共产党将马克思主义理论与中国革命实践相结合，领导人民在新民主主义革命过程中创造的一种新的文化形态。革命文化的核心是为中国人民谋幸福和为中华民族谋复兴的坚韧不拔、顽强不屈的革命精神，这是中国共产党赖以生存和发展壮大的强大精神支撑。在中国共产党的领导下，在革命文化的引领下，中华民族取得了反帝反封建的新民主主义革命的胜利，实现了国家统一、民族独立、人民解放的百年夙愿。

（一）加强思想和文化建设

1. 知识分子的思想改造

新中国成立后，为了提高知识分子的思想觉悟，以适应文化教育改革和新中国成立初期大规模经济建设的需要，党和政府确定了团结、教育、改造知识分子的政策。具有临时宪法性质的《中国人民政治协商会议共同纲领》规定："人民政府的文化教育工作，应以提高人民文化水平、培养国家建设人才、肃清封建的、买办的、法西斯主义的思想，发展为人民服务的思想为主要任务。"

1951年6月，马寅初出任北京大学校长后，在北大发起了学习和思想改造活动，取得了很好的效果，并由此逐步普及到全国各界知识分子中，发展成为全国规模的知识分子学习运动。

1952年秋，知识分子的思想改造学习运动基本结束。经过这次运动的洗礼，广大知识分子克服了旧思想，接受了新思想，明确了为工农兵和新中国经济建设服务的方向，促进了新中国文化教育和各项建设事业的发展。

2.《毛泽东选集》的编辑出版

从1951年7月1日起，《人民日报》陆续刊载正在编辑中的《毛泽东选集》第一卷的部分文章。10月12日,《毛泽东选集》第一卷由人民出版社出版发行,第一批总发行量超过60万册,成为当时全国人民政治生活中的一件大事。

1952年4月、1953年4月、1960年9月,《毛泽东选集》第二、三、四卷也相继出版发行。《毛泽东选集》出版后,发行量巨大,推动了全国学习毛泽东思想活动的普及和发展,提高了全党和全国人民的政治觉悟和理论水平,从而推动了社会主义革命和建设事业的发展。《毛泽东选集》先后被译成多种外国文字,在世界上产生了广泛深远的影响。

3. 百花齐放,百家争鸣

1956年5月2日,在最高国务会议第七次会议上,毛泽东正式提出了"百花齐放,百家争鸣"的方针。"双百"方针不仅在学术和艺术创作等问题上,鼓励人们平等地发表自己的观点和意见,允许不同学术思想、不同学术流派同时存在和发展,更为重要的是,从根本意义上调动了广大知识分子投身社会主义事业的积极性。

(二) 革命文化的传承与发展

习近平总书记反复强调,优秀的革命文化传统是"永远激励我们前进的宝贵财富,任何时候都不能忘记,任何时候都不能丢"。因此我们必须认识到,革命文化中所蕴含的宝贵的精神要素,无论是在革命年代,还是在当下都具有重要的教育引导和精神鼓舞作用。这些精神要素是老一辈革命家的信仰与坚持,这些精神要素也是当代人践行社会主义核心价值观的重要资源。

新中国成立以来,《红旗谱》《林海雪原》《野火春风斗古城》《西安事变》《开国大典》《大决战》等作品书写民族革命历史,《乔厂长上任记》《血,总是热的》《新星》等作品呼唤改革振兴进步,《抉择》《英雄时代》《大雪无痕》《人间正道是沧桑》等作品激荡社会正义旋律,革命文化如同

强大涌流永不衰竭，不断浇灌着中国人的心灵，为中国人干好自己的事、建设好自己的家园、构建人类命运共同体提供强大精神动力。

革命文化中蕴含着宝贵的精神财富，用它来搞建设，就会有干劲、有士气；用来教育人，有利于避免奢靡之风；用来引领青年，能养成勤俭节约、奋发向上的好习惯。身处高墙之内，更应该主动接受这种精神教育。学习革命文化，不仅仅是学习历史，更要将历史中蕴含的宝贵财富内化成为自己的精神财富；学习革命文化，也不仅仅是学习革命先辈或优秀共产党人的高尚品格，更要以他们的先进事迹为引航灯，明白正确的价值观选择，积极向上，追求卓越，以此指引自己的改造行动。

◉ 延伸阅读

曲波与《林海雪原》

《林海雪原》是作家曲波根据自己的亲身经历所创作的，讲述的是小说作者亲身经历的一件往事。书里所写的是1946年冬天，东北民主联军一支小分队，在团参谋长少剑波的率领下，深入林海雪原执行剿匪任务的过程；着重描写侦察英雄杨子荣与威虎山座山雕匪帮斗智斗勇的传奇故事。小说一问世，在当时就引起了强烈的反响。根据这部小说改编的电影，可以说是家喻户晓；同时小说也被搬上京剧舞台，其中"智取威虎山"这段唱词，可以说是人人耳熟能详。

曲波（1923-2002），山东蓬莱人。15岁高小毕业后参加了八路军。1943年他进入胶东抗大学习，毕业后在胶东军区任报社记者。1945年，曲波担任牡丹江军区二团副政委，1946年冬，他亲自带领一支小分队，深入林海雪原，与国民党在牡丹江一带的残匪周旋。经过近半年的艰苦斗争，小分队终于歼灭了这些顽匪。这是作家后来创作《林海雪原》的重要生活基础。1950年曲波因重伤转业到地方工作，1952年他以顽强的毅力写作长篇小说《林海雪原》，1956年8月完成了40万字的书稿。继《林海雪原》之后，曲波又创作了以抗日战争为题材的长篇《山呼海啸》和《桥隆飙》。

第三节　革命文化是宝贵的精神财富

一个民族，唯有占据精神的高地，才能在历史的洪流中屹立不倒、奋勇向前。精神财富不同于物质财富，它是无形的，但会随着时间的流逝变得弥足珍贵，当你把精神财富转化为自己内心的力量时，它更会成为你一生坚实的壁垒。

中华民族有五千多年的文明历史，创造了灿烂的中华文明，为人类作出了卓越贡献，成为世界上伟大的民族。实现中华民族伟大复兴是近代以来中华民族最伟大的梦想。中国共产党一经成立，就把实现共产主义作为党的最高理想和最终目标，义无反顾肩负起实现中华民族伟大复兴的历史使命，团结带领人民进行了艰苦卓绝的斗争，谱写了气吞山河的壮丽史诗。

一、为民族独立和国家统一而斗争的精神

中国共产党领导人民在长期革命斗争中形成的革命精神，是中国人民不断前行的明灯，是当今中国强大的精神动力。毛泽东同志指出，国家的统一，人民的团结……这是我们的事业必定要胜利的基本保证。民族独立是国家发展的基础，而国家发展是民族独立的重要元素。

民族独立与国家富强是近代以来中华民族面临的两大任务，半殖民地半封建的旧中国，民族独立、国家统一是第一位的。只有实现民族独立和国家统一才能为国家富强创造必要的前提；在新中国国家富强是首要的，只有国家富强才能使民族独立，国家统一有根本保障。

面对西方列强的铁蹄，坚毅而顽强的中国人民没有屈服，他们一次次提出不同的救国方案，并用自己的鲜血加以践行，为漫长的复兴之路树立起一座座丰碑。这些努力虽然最终都失败了，但他们反抗侵略、奋发图强的风骨与勇于探索、不惧失败的为民族独立和国家统一而斗争的精神都将浩然长存。

"历史是最好的教科书，中国革命史是最好的营养剂。"习近平总书记在纪念红军长征胜利80周年大会上发表的重要讲话中强调："人无精神不

立,国无精神不强。在精神力量中最深入最持久的就是理想、信念和信仰。这种精神,我们称之为红色精神。"

红色精神,是革命文化的血液与基石。翻开风云激荡的历史篇章,红色精神耀眼夺目。从一九二一年"首创、奋斗、奉献"的红船精神,到"军民团结、艰苦奋斗"的井冈山精神;从"不怕艰难险恶"的长征精神到"改变作风、提高素质"的延安精神;从"艰苦奋斗、勇于开拓"的北大荒精神,到"谦虚谨慎、戒骄戒躁、艰苦奋斗"的西柏坡精神、"自力更生、艰苦奋斗、勇攀科学高峰"的两弹一星精神……从建设时期的干劲豪情,到改革岁月的激情壮志……岁月的长河里,红色精神厚植于砥砺奋进、淬火成钢的精神品质中、蕴藏在坚如磐石的理想信念、百折不挠的英雄气概里,用无数英雄的鲜血浇灌理想,构筑起一座座不朽的精神丰碑,让红色精神在苦难与辉煌中薪火相传、历久弥新,散发出时代的光芒。

(一) 红船精神

浙江嘉兴南湖上的一条普通的小船见证了中国共产党的诞生,成为中国革命源头的象征,故而称为红船。红船精神是中国共产党创建时期的精华所在和生动写照,集中反映着中国共产党的精气神,昭示着中国共产党人的初心。从这个意义上讲,红船精神就是建党精神,是中国革命精神的源头,血脉传承的基因,凝聚党心的根本,不断前进的动力。

2005年,时任浙江省委书记的习近平同志,于当年6月21日在《光明日报》发表署名文章《弘扬"红船精神"走在时代前列》,首次精辟概括并阐释了"红船精神":开天辟地、敢为人先的首创精神;坚定理想、百折不挠的奋斗精神;立党为公、忠诚为民的奉献精神。

党的十九大闭幕仅一周,习近平总书记就重申中国革命精神之源——红船精神,昭示中国共产党人的初心,目的正是号召全党在梦想起航的地方汲取精神动力。红船,不管停靠在哪里,已深深融入共产党人的

精神血脉,化为引领中华民族伟大复兴的红色基因。红船精神所承载的首创精神、奋斗精神、奉献精神,是激励我们党顽强奋斗进取、不断发展壮大的精神动力,是我们党立党兴党、执政兴国的独特政治优势和宝贵精神财富,也是新时代坚持和发展中国特色社会主义的坚强精神支撑。

● 延伸阅读

历史聚会开天辟地

1921年7月23日,是一个中国革命历史上意义深远的日子。在朦胧的夜色中,10多位有志之士,怀着对马克思主义的憧憬,从四面八方赶到上海法租界的一个幽静小院,轻轻叩响铜环。在一间只有18平方米的小屋,他们决意向黑暗宣战,立誓担当起救国救民的历史使命,决心为中华民族摆脱困难、走向复兴而拼搏。出席会议的共有13位代表,分别是:李汉俊、李达、张国焘、刘仁静、毛泽东、何叔衡、董必武、陈潭秋、王尽美、邓恩铭、陈公博、周佛海、包惠僧,此外,共产国际代表马林和共产国际远东局书记处兼赤色职工国际代表尼科尔斯基出席了会议。陈独秀和李大钊因事难以抽身未出席会议,然而,在代表们的心目中,他们仍是党的主要创始人和领袖。

7月31日,为安全起见,中共一大最后一天的会议在浙江南湖一艘画舫上举行。会议先讨论并通过了《中国共产党第一个纲领》,这份15条约700字的简短纲领,是党的第一个正式文献,确定了党的名称为"中国共产党"。接着会议讨论并通过《中国共产党第一个决议》,与党纲规定的目标相适应,提出党要集中力量领导工人运动,并对开展工人运动的组织和宣传工作,作出了具体规定。

会议接着讨论通过了《中国共产党第一次代表大会的宣言》。由于党处于秘密状态,宣言后来并没有公开发表。会议最后选举产生了党的中央领导机构。大家一致选举陈独秀为中央局书记,并选举了李达为宣传主任,张国焘为组织主任。

下午6时左右，中国共产党第一次全国代表大会宣告闭幕。"让我们再喊一遍口号吧！记得声音要轻一点。"代表们一齐轻声呼喊："中国共产党万岁！"……这呼喊声低沉却铿锵有力，至今仍在人类历史的舞台上回响。

由此，中国共产党顺应求民族独立、谋人民解放的历史使命，勇立社会历史发展的潮头，在南湖红船上宣告成立了！今天已有8900多万名党员的大党，正是从这里走出来的。这13个人的小型秘密聚会，成为改变占人类五分之一人口前途的标志性事件，成为改写中华民族历史的里程碑。

小小红船承载千钧，播下了中国革命的火种，开启了中国共产党的跨世纪航程。

（二）长征精神

1935年，红一方面军在极其险恶的处境下，历经千辛万苦，最终胜利完成了历时一年、纵横11个省、行程两万五千里的长征。长征的胜利，是中国革命转危为安的关键，是在遵义会议确立以毛泽东为核心的新的中央正确领导下取得的。它的胜利表明，中国共产党及其所领导的中国工农红军具有战胜任何困难的无比顽强的生命力，是一支不可战胜的力量。

"伟大长征精神，是党和人民付出巨大代价、进行伟大斗争获得的宝贵精神财富，我们世世代代都要牢记伟大长征精神、学习伟大长征精神、弘扬伟大长征精神"，在纪念红军长征胜利80周年大会上，习近平总书记站在民族复兴的战略高度，系统阐释长征精神的深刻内涵和时代意义，为我们党、我们国家、我们人民、我们军队、我们民族不断走向未来注入了强大精神动力。

漫漫征途，书写苦难辉煌；千难万险，铸就精神丰碑。长征的伟大壮举，留给我们最宝贵的精神财富，就

红军爬雪山

是中国共产党人和红军将士用生命和热血铸就的伟大长征精神。这种精神,就是把全国人民和中华民族的根本利益看得高于一切,坚定革命的理想和信念,坚信正义事业必然胜利的精神;就是为了救国救民,不怕任何艰难险阻,不惜付出一切牺牲的精神;就是坚持独立自主、实事求是,一切从实际出发的精神;就是顾全大局、严守纪律、紧密团结的精神;就是紧紧依靠人民群众,同人民群众生死相依、患难与共、艰苦奋斗的精神。

有了这种精神,党才能领导红军将士在中国革命和中华民族的危急关头力挽狂澜,开启为实现民族独立、人民解放而斗争的新的伟大进程。伟大长征精神,是中国共产党及其领导的人民军队革命理想的生动反映,是中华民族自强不息的民族品格的集中展示,是以爱国主义为核心的民族精神的最高体现。

精神的力量,在薪火相传中生生不息。"长征是播种机",80年来,长征精神的种子已经深植中华大地,深深融入中华民族的血脉和灵魂,成为中国共产党人红色基因和精神族谱的重要组成部分,成为我们不忘初心、攻坚克难的前进动力。

● 延伸阅读

《长征组歌》[1]

八十年来,长征已经成为革命教育的典范,在各个时期都发挥着积极的作用。红色经典史诗《长征组歌》以艺术的形式再现了长征艰难的历程,让人们更加清晰地认识到中国革命的先进性本质。

1965年,为纪念红军长征胜利30周年,曾参加过长征的肖华回顾他在长征中的真实经历,历时半年,完成了12首形象鲜明、感情真挚的史诗。随后,作曲家晨耕、生茂、唐轲、遇秋选择其中的10首谱成了组歌,分别描绘了10个环环相扣的战斗生活场面,并巧妙地把各地区的民间曲调与红军传统歌曲的曲调融合在一起,最终汇成了一部主题鲜明、内容丰

---

[1] 参见360百科。

富、形式新颖、风格独特的大型声乐套曲——《长征组歌》。北京军区政治部战友歌舞团于1965年8月1日在人民剧场成功地举行了首场演出。

> **文化讲堂**
>
> 四渡赤水出奇兵
> 横断山，路难行，天如火来水似银。
> 亲人送水来解渴，军民鱼水一家人。
> 横断山，路难行。敌重兵，压黔境。
> 战士双脚走天下，四渡赤水出奇兵。
> 乌江天险重飞渡，兵临贵阳逼昆明。
> 敌人弃甲丢烟枪，我军乘胜赶路程。
> 调虎离山袭金沙，毛主席用兵真如神。

《长征组歌》在创作、排练、演出过程中，得到了周恩来、邓小平、贺龙、罗瑞卿等老一辈无产阶级革命家和北京军区领导同志的亲切关怀和指导，是倾注了领导、专家、群众心血的优秀艺术作品。整个组歌共分为《告别》《突破封锁线》《遵义会议放光辉》《四渡赤水出奇兵》《飞越大渡河》《过雪山草地》《到吴起镇》《祝捷》《报喜》和《大会师》10个部分，以深刻凝练的语言，优美动人的曲调，浓郁的民族风格和为群众喜闻乐见的艺术表演形式，讴歌了中国工农红军在党中央毛主席的领导下，不屈不挠、无私无畏的革命精神，歌颂了红军指战员艰苦卓绝、英勇奋战的英雄气概，颂扬了中国革命史中具有传奇性的壮丽史诗，体现了中华民族不屈不挠、自立于世界民族之林的坚强意志。当年在京、津、沪、宁等地演出后，获得了社会上的巨大影响，一些歌曲在广大群众中迅速传唱，家喻户晓。

几十年过去了，《长征组歌》历演不衰，已经演出千余场，伴随了几代人的成长，被誉为我国合唱史上具有里程碑意义的重要作品，并入选为二十世纪华人经典音乐作品之一。其中的许多唱段，脍炙人口。在这熟悉的旋律中，闪动的是真正的激情和最美的革命浪漫主义精神。

（三）井冈山精神

井冈山精神产生于开创井冈山革命根据地的伟大实践，是中国共产党创造的一种革命精神。井冈山精神的内涵可以用五句话来概括：坚定不移的革命信念；坚持党的绝对领导；密切联系人民群众的思想作风；一切从实际出发的思想路线；艰苦奋斗的作风。

井冈山地处湘赣两省的边陲之地，边界数县高山丘陵起伏连绵，远离中心城市，敌人统治力量对这块地区鞭长莫及，便于革命力量的保存和发展；边界自然条件有独到之处，气候适宜、动植物都有良好的生长条件，可以为部队提供一定的物资给养；这里还有扎实的群众基础，大革命时期，边界党组织曾获得过发展，农民协会力量壮大，掀起了打土豪分田地的红色风暴。毛泽东率领秋收起义部队，经过大小十余次战斗，在这一带安营扎寨，完成了事关革命大局的战略转移，开始了为创建井冈山革命根据地而进行的艰苦卓绝的斗争。1928年4月，朱德、陈毅率南昌起义残部与毛泽东会师，两军计万余人，改为中国工农红军第四军。从此，在毛泽东、朱德的领导下，井冈山根据地大力发展党组织，深入开展土地革命斗争，巩固扩大红军力量，建立湘赣边界工农政权，成为中国共产党领导的革命武装第一个立足点。它是马列主义与中国革命实际相结合的产物，是中国共产党和人民集体智慧的结晶，是中国共产党领导的民主革命进程中第一座历史丰碑。在巩固和发展井冈山革命根据地的斗争实践中，红军创造了人民军队建设的一系列重要经验，形成了以"胸怀理想、坚定信念，实事求是、勇闯新路，艰苦奋斗、敢于胜利，依靠群众、无私奉献"为主要内容的井冈山精神，对中国革命的进程产生了广泛而深刻的影响。

二、始终坚定理想信念和不懈奋斗的精神

2016年7月1日，习近平总书记在庆祝中国共产党成立95周年大会上的讲话中指出，95年来，共产主义远大理想激励了一代又一代共产党人英勇奋斗，成千上万的烈士为了这个理想献出了宝贵生命。"砍头不要紧，只要主义真""敌人只能砍下我们的头颅，决不能动摇我们的信仰"，这些视死如归、大义凛然的语言生动表达了共产党人对远大理想的坚贞。理想之光不灭，信念之光不灭。

(一) 坚定的理想信念

"天地英雄气，千秋尚凛然。"坚定的理想信念是共产党人的灵魂，是革命精神的灵魂。方志敏、刘胡兰、李大钊等革命先驱们正是用坚定的理想信念，葆有忠贞不渝、赤胆忠心、无私奉献的革命精神，不断地将理想信念转化为精神动力，不畏艰难险阻，克服各种苦难，为争取民族独立、

实现国家富强、促进世界和平而英勇献身，最终取得革命胜利。

当代中国也有这样一批人，坚定马克思列宁主义正确指导，坚定对社会主义和共产主义的信念，他们从人民群众中来，到人民群众中去，始终站在时代前沿，并为之不懈奋斗。有"郭傻子"之称的郭明义，就是这样的党员。他坚持每天提前2小时上班，15年中累计献工1.5万多小时，相当于多干了五年的工作量；20余年无偿献血6万毫升，是自身血量的10倍多；他拿着微薄的工资，却累计捐款20多万元，资助了300多名贫困学生、500多个困难家庭……在郭明义身上可以看到：共产党人坚定的理想信念，除了关键时刻的冲得出来、危难关头的豁得出来，也体现在平常时期能看得出来；是一件又一件小事的叠加，一次又一次奉献的汇集，一次又一次担当的累积。

焦裕禄

人民的好公仆焦裕禄，在接受党的委派到兰考工作后，面对我们国家国民经济处于暂时困难时期，且兰考的风沙、内涝、盐碱等自然灾害十分严重等不利因素，他以高度的革命精神和忘我的无私情怀，带领人民群众挖河排涝、封闭沙丘、根治盐碱，亲自战斗在一线，以身作则，带病实干，严于律己，关心群众，最后终于积劳成疾，以身殉职。在他病重的时候，支撑着他的正是坚定的理想信念和不屈的奋斗精神。

● 延伸阅读

把对祖国的热忱结成饱满的稻穗[1]

确保中国人的饭碗要牢牢端在自己手中，这是90岁的"杂交水稻之

---

[1] "把对祖国的热忱结成饱满的稻穗"，载新华网。

父"袁隆平认为自己应该为国家担负的责任。他对杂交水稻和它背后维系的国家粮食安全怀有的赤诚初心,从过去到现在,始终未变。

获得过首届国家最高科学技术奖、"改革先锋"和未来科学大奖等荣誉的袁隆平,在新中国成立70周年之际,又获得"共和国勋章"。从第一期超级稻到第四期,以及每公顷16吨、17吨到18吨攻关目标的实现,中国杂交水稻的科研工作水平始终领先于世界。袁隆平一直认为,自己热爱的中国,既是他永攀新高的动力,也是所有梦想的终极目标。

选择农业报国

"要想不受别人欺负,国家必须强大起来。"袁隆平从小就意识到了这一点,因此他始终将个人前途与国家利益紧紧相连。他有过体育救国的梦想,也曾打算参军报国,最终,他将自己对祖国的热忱,结成了一串串饱满的稻穗。

"我们国家人口多、耕地少,保障国家粮食安全,唯一的办法就是提高单产。因此高产对于我来说,是一个永恒的主题。"袁隆平说,新中国成立前,自己亲眼见到倒伏在路边的饿殍,这让他感到痛心。于是在1949年,他报考了西南农学院。

1956年,为了响应国家"科学发展规划",之前还在学校代教俄语的袁隆平,带着学生们开始了农学实验。几年时间,完全靠自己摸索经验的袁隆平发现水稻中有一些杂交组合有优势,并认定这是提高水稻产量的重要因素。培育杂交水稻的念头,第一次浮现在他的脑海。为此,他两次自掏腰包,前往北京拜访育种学家鲍文奎。

1966年,袁隆平发表了论文《水稻的雄性不孕性》,这篇论文,拉开了中国杂交水稻研究的序幕。1970年,袁隆平在海南发现的一株花粉败育野生稻,让杂交水稻研究打开了突破口。袁隆平给这株宝贝取名为"野败"。1973年,在第二次全国杂交水稻科研协作会上,袁隆平正式宣布籼型杂交水稻三系配套成功,水稻杂交优势利用研究取得了重大突破。

回忆起那段攻坚克难的日子,袁隆平记忆里最深刻的细节之一,是背着足够吃好几个月的腊肉,倒转好几天的火车,前往云南、海南和广东等地辗转研究,只为寻找合适的日照条件。袁隆平说,这样的经历"就像候鸟追着太阳"。

为国家筑牢粮仓

1981年,国务院将"国家技术发明特等奖"授予以袁隆平为代表的全国籼型杂交水稻科研协作组。"欧美、日本等都在开展相关研究,但只有我们应用到了大面积生产中。"时至今日,袁隆平还清楚记得当时在接受奖项时说的话,"杂交水稻还有很大潜力,我会不断攀登新的高峰"。

1986年,袁隆平正式提出杂交水稻育种战略:由三系法向两系法,再到一系法,即在程序上朝着由繁到简但效率更高的方向发展。经过多年努力,两系法获得成功,它保证了我国在杂交水稻研究领域的世界领先地位。

1984年,湖南省杂交水稻研究中心成立,大批优秀人才从基层单位进入中心,袁隆平还积极争取经费把他们送到国外深造。

"国家下拨的第一笔经费就高达500万元。"袁隆平回忆,中心因此迅速建起了温室和气候室,配置了200多台仪器。那个曾经简陋的海南南繁基地,被标注在了三亚地图上,从一个偏远小农场,变成具有国际重要影响的科研基地。

1996年,农业部正式立项了超级稻育种计划。第一期每亩700公斤目标于2000年实现。随后便是2004年800公斤、2011年900公斤、2014年1 000公斤的"三连跳"。

让老百姓吃得更好

"从党的十九大开始,是我们国家全面建成小康社会的决胜期,从我的角度来说,小康社会就是要从'吃饱'向'吃好'转变。"袁隆平说,国家强盛了,老百姓生活水平提高了,自己的研究当然不会止步不前。

目前,袁隆平领衔、已实施10多年的超级杂交稻"种三产四"丰产工程开始从过去强调产量,向兼顾绿色优质的目标转变。2018年,"种三产四"丰产工程最显著的变化是:在30多个参与品种中,优质稻占比超过30%,其中不少品种的米质已经达到国家二级标准,这些品种同时还具备广适性、高抗性和低成本等特点。

2017年9月,袁隆平院士领衔、湖南省农科院研发的"低镉水稻技术体系"让饱受重金属污染之苦地区的水稻平均含镉量下降了90%以上。"这是一个巨大突破,而且这项技术运用起来简单易行,成本不高",袁隆平说。去年，经过持续一年的多点生态试验，大面积培育"低镉稻"已有了技术条件，这为我国从根本上解决"镉大米"问题提供了现实可能。目前，他正在攻关第三代杂交水稻，争取在未来几年时间内通过审定，进行大面积推广，并逐步替代三系杂交稻和两系杂交稻。

"我现在已经从'80后'变成了'90后'，我希望自己能活到100岁。"刚刚度过自己90岁生日的袁隆平说，"我对祖国的未来充满信心，我要为祖国的繁荣做出更多贡献"。

（二）北大荒精神

什么是北大荒精神？就是"艰苦奋斗、勇于开拓、顾全大局、无私奉献"的精神，这十六个字，字字铿锵有力，发人深思。

史书上记载，北大荒自古以来，就是蛮荒之地。这里荆莽丛生，沼泽遍布，风雪肆虐，野兽成群，人烟罕至，寒冷、偏僻、荒蛮、凶险。北大荒是冰雪的故乡，属寒温带大陆性季风气候区。受西伯利亚寒流影响，这里冬季漫长而寒冷干燥，冬天最低气温可达零下48.6度，一年有三分之二的时间为冰霜期，冻土层最厚达2.5米，滴水成冰、鹅毛大雪都是对这里形象的比喻。

20世纪50年代初，我国十万转业官兵在东北三江平原的亘古荒原上发起了"向地球开战，向荒原要粮"的伟大壮举。半个世纪来，几代拓荒人承受了难以想象的艰难困苦，战天斗地，百折不挠，战胜重重困难，在茫茫沼泽荒原上共开垦出3600多万亩良田，建成了中国规模最大、现代化程度最高、综合生产能力最强的国有农场群，将5万多平方公里的漠漠大荒建成了名闻遐迩、举世瞩目的现代化农业的黑龙江垦区，成为了国家重要的商品粮基地，成为了工农商学兵结合、农林牧工副渔综合经营、两个文明建设协调发展的社会经济区域。老一代北大荒人数十年如一日，艰苦

创业，自强不息，把生命融入了这片荒原，用青春和智慧征服了这片桀骜不驯的黑土地，实现了从北大荒到北大仓的历史性巨变。进入21世纪以来，垦区农业生产实现了跨越式发展，粮食单产稳定提高，产品质量不断提升，粮食总量、商品率不断创历史新高。

北大荒精神，是黑龙江垦区的广大人民群众在六十多年的开发建设中，用青春与汗水、鲜血和生命，在特定历史条件和极其艰苦的环境下培育和锤炼出来的，是英雄的北大荒人的政治觉悟、精神境界、道德情操、意志品格、行为规范和工作作风的集中体现。这种精神已在全国产生了广泛而深远的影响，成为全国人民共同拥有的一笔宝贵的精神财富，成为推动我国经济发展和社会进步的强大动力，它将永远激励着我们在建设有中国特色社会主义的道路上奋勇前进。

● 延伸阅读

新疆生产建设兵团[1]

屯垦戍边是中国几千年开发和保卫边疆的历史遗产。中央政府在西域新疆大规模屯垦戍边始于2000多年前的西汉，以后历代沿袭。

新疆生产建设兵团，是新疆维吾尔自治区的重要组成部分，兵团分布地域与蒙古、哈萨克斯坦、吉尔吉斯斯坦3国接壤，国境线有2000多千米。兵团土地面积7.06万平方千米，占新疆总面积的4.24%，约占全国农垦总面积的五分之一。新疆生产建设兵团承担着国家赋予的屯垦戍边职责，实行党政军企合一的特殊管理体制，兵团各级都建有中国共产党的组织，发挥着对兵团各项事业的领导作用，设有行政机关、政法机关、军事机关和武装机构，沿用兵团、师、团、连等军队建制和司令员、师长、团长、连长等军队职务称谓，涵养着一支以民兵为主的武装力量，在自己所辖垦区内，依照国家和新疆维吾尔自治区的法律、法规，自行管理内部行政、司法事务，受中央政府和新疆维吾尔自治区双重领导，是国家实行计划单

---

[1] 参见百度百科。

列的特殊社会组织，是国务院计划单列的省（部）级单位，享有省级的权限。

三、为改变现实而不断探索创新的精神

一个没有精神的人，会变得心灵荒凉。一个没有精神的民族，会变得前程暗淡。革命历程中所孕育、创造出的百折不挠、无私奉献、吃苦耐劳、艰苦奋斗、独立自主、自力更生、改革创新的精神，在潜移默化中影响着每一个中国人、改变着中国的命运。

（一）"两弹一星"精神

大家对万户这个名字并不陌生，原名陶广义，后被朱元璋赐名"成道"。14世纪末期，他将自制的47个火箭绑在椅子上作为推动力，飞上天空，然后双手举起大风筝，作为"翅膀"来平稳着地。不幸的是火箭爆炸，万户献出了他宝贵的生命。但此举是中国人迈向天空的第一步。

20世纪50年代、60年代是极不寻常的时期，当时面对严峻的国际形势，为抵制帝国主义的武力威胁和核讹诈，50年代中期，以毛泽东同志为核心的第一代党中央领导集体根据当时的国际形势，为了保卫国家安全、维护世界和平，高瞻远瞩，果断地作出了独立自主研制"两弹一星"的战略决策。大批优秀的科技工作者，包括许多在国外已经有杰出成就的科学家，以身许国，怀着对新中国的满腔热爱，响应党和国家的召唤，义无反顾地投身到这一神圣而伟大的事业中来。他们和参与"两弹一星"研制工作的广大干部、工人、解放军指战员一起，在当时国家经济、技术基础薄弱和工作条件十分艰苦的

情况下，自力更生，发愤图强，完全依靠自己的力量，用较少的投入和较短的时间，在核弹、导弹和人造卫星等尖端技术领域取得突破，取得了举世瞩目的辉煌成就。

1956年，研制导弹、原子弹被列入中国的12年科学技术发展规划。仅用4年时间，1960年中国就成功地发射了第一枚自主研制的导弹。1964年，中国研制的第一颗原子弹爆炸成功，1967年又爆炸成功第一颗氢弹。1970年，我国用长征号运载火箭，成功地发射中国的第一颗人造卫星——东方红一号，成为继苏联、美国、法国、日本之后，世界上第五个能独立发射人造地球卫星的国家。从此以后，中国的国防科技工业不断发展壮大，先后掌握了中子弹设计技术和核武器小型化技术，研制和发射了各种型号的战略战术导弹和运载火箭，潜艇水下发射成功，发射多颗返回式卫星、地球同步轨道及太阳同步轨道卫星。

"两弹一星"不仅为我们建立战略导弹部队提供了装备技术保障，增强了我军在高技术条件下的防御能力和作战能力，而且带动了中国高技术及其产业的发展，促进了经济建设和科技进步。"两弹一星"事业的巨大成功，依靠于党中央的英明决策和各方面的有力支持，是社会主义制度能够"集中力量办大事"的优势的生动体现。邓小平说过："如果六十年代以来中国没有原子弹、氢弹，没有发射卫星，中国就不能叫有重要影响的大国，就没有现在这样的国际地位，这些东西反映一个民族的能力，也是一个民族、一个国家兴旺发达的标志。"

但是，我们所拥有的一切优势和条件，都要通过参与这一事业的所有人员特别是他们中的功臣来实现。"两弹一星"功臣们的作用极其重要，功臣们的业绩彪炳史册，功臣们的精神光耀千古。以钱学森、邓稼先、钱三强为代表的功臣在国外学有所成，拥有优越的科研和生活条件，但是为了新中国的建设事业，冲破重重障碍和阻力，毅然回到祖国。钱学森先后获航空工程硕士学位和航空、数学博士学位。1938年7月至1955年8月，钱学森在美国从事空气动力学、固体力学和火箭、导弹等领域研究，并与导师共同完成高速空气动力学问题研究课题和建立"卡门-钱学森"公式，在二十八岁时就成为世界知名的空气动力学家。当中华人民共和国宣告成立的消息传到美国后，钱学森和夫人蒋英便商量着早日赶回祖国，为自己的国家效力。但美国却以各种借口羁押钱学森，反对他回国。钱学森历经5年的抗争和努力，在祖国的庇护下，1955年9月17日，回国愿望终于得以实现了。在钱学森的带领下，1964年10月16日，中国第一颗原子弹爆炸成功，1967年6月17日，中国第一颗氢弹空爆试验成功，1970年4月24日，中国第一颗人造卫星发射成功。钱学森作为中国载人航天的奠基人，中国科学院及中国工程院院士，中国"两弹一星"功勋奖章获得者，被誉为"中国航天之父""中国导弹之父""中国自动化控制之父"和"火箭之王"，由于钱学森回国效力，中国导弹、原子弹的发射向前推进了至少20年。

从中国第一颗人造卫星"东方红一号"成功升空、"神舟五号载人飞船"升空、"嫦娥奔月"成功奔月到今天"神舟十一号载人飞船"与"天宫二号空间实验室"成功分离，中国航天事业已经在世界处于较为领先的地位，提高了中国在国际上的地位和话语权，走出了一条有中国特色的航天发展之路。航天精神不仅加快了国人探索太空的脚步，更为中华民族实现伟大复兴的中国梦注入了强劲动力。

◉ 延伸阅读

南仁东与FAST[1]

南仁东（1945—2017），中国天文学家、中国科学院国家天文台研究员，曾任FAST工程首席科学家兼总工程师，主要研究领域为射电天体物理和射电天文技术与方法，负责国家重大科技基础设施500米口径球面射电望远镜（FAST）的科学技术工作。自1994年项目预研究到2016年建成，坚持了22年。作为工程团队

中国"天眼"

---

[1] 参见"天上有颗星叫南仁东 这是满族的骄傲"，载搜狐网2019年8月23日。

的带头人，他建成了具有中国自主知识产权、世界第一大单口径射电望远镜；并在射电天文研究领域、国家重大需求、国际合作等方面作出了重要贡献。他的爱国情怀、科学精神和勇于担当堪称楷模，激励着广大科技工作者继往开来，不懈奋斗。FAST 是具有中国自主知识产权、世界最大单口径、最灵敏的射电望远镜。以南仁东为首的科学家和工程技术人员提出了三项自主创新：利用贵州天然的喀斯特洼坑作为台址；洼坑内铺设数千块单元组成 500 米口径球冠状主动反射面；采用轻型索拖动机构和并联机器人，实现望远镜接收机的高精度定位。在工程建设过程中，技术人员克服诸多施工建设困难、突破一系列技术难题，按工期高质量完成了建设任务，并产生了多项技术创新成果，推动技术进步与产业升级。全新的设计思路，加之得天独厚的台址优势，使得 FAST 突破了望远镜的百米工程极限，开创了建造巨型射电望远镜的新模式。作为世界最大的单口径望远镜，FAST 将在未来 10~20 年保持设备的世界领先地位。FAST 的落成启用，对中国在科学前沿实现重大原创突破、加快创新驱动发展具有重要意义。

（二）改革开放精神

1978 年召开了党的十一届三中全会，并作出了实行改革开放的重大决策。1980 年 8 月，国务院正式批准成立深圳经济特区，这是中国成立的第一个经济特区。经过二十年改革开放大潮的塑造和市场经济熔炉的锤炼，中国的经济特区不仅创造了举世惊叹的物质文明奇迹，也创造了支撑特区经济迅速崛起的特区"改革开放精神"。

41 年的改革开放之路，中国有了翻天覆地的变化。在全面推进依法治国的进程中，中国特色社会主义法律体系、人民代表大会制度、民族区域自治制度等日益完善，一国两制制度解决了香港、澳门的回归和平稳过渡；经济总量迅速增长，1978 年到 2019 年间国内生产总值从 3645 亿元增长至 936821 亿元，增长约 257 倍；人民物质水平不断提高，精神、文化生活日趋多样化等等，都证明了改革开放的重要性及必要性；展现了中国人民不断锐意进取、奋力开拓的精神。2018 年 12 月 18 日，习近平总书记在庆祝改革开放 40 周年大会上指出："改革开放铸就的伟大改革开放精神，极大丰富了民族精神内涵，成为当代中国人民最鲜明的精神标识！"

● 延伸阅读

深圳改革开放示范区[1]

广东省深圳市毗邻我国香港地区，交通便利，气候温和，风景优美，是中国主要进出口口岸之一，在利用外资发展经济方面，具有得天独厚的条件。

"深圳"一名始自明永乐八年（1410年），因其水泽密布、河沟（南方人习称圳或涌）纵横，故名。清康熙七年（1668年）在新安县边境修筑了深圳、盐田、大梅沙、小梅沙等21座墩台为边陲哨所，以后逐渐成墟。1931年设深圳镇。1979年3月撤宝安县设立深圳市，市政府驻深圳镇。1979年8月撤深圳镇，"深圳"名字沿用下来。

1980年8月全国人大常委会颁布了《广东省经济特区条例》，深圳经济特区正式成立，地域包括今罗湖、福田、南山、盐田四个区。深圳特区位于广东省的东南部沿海，位于北回归线以南。东起大鹏湾边的梅沙，西至深圳湾畔的蛇口工业区，总面积327.5平方公里，2010年延伸到全市，2011年延伸至深汕特别合作区。

特区前身为原宝安县的县城，1978年全县工业总产值仅有6000万元。1979年，交通部香港招商局率先在蛇口开发了一个小荒坡建立工业区，兴办了23家工厂，开通了国际和直通我国香港地区的货运码头。其后又吸引外资兴办企业，在较短的时间内建成了初具规模的现代化的工业小城。1980年8月，广东省经济特区管理委员会利用3000万元的银行贷款与部分地方财政，参照"蛇口模式"在罗湖区0.8平方公里的区域兴建金融、商业、旅游住宅设施提供给外商，利用从中赚到的利润继续进行工业园区的基础建设。这种利用银行贷款"滚雪球"式的发展为珠海、汕头的起步建设提供了经验。根据《广东省经济特区条例》，深圳市制定了一系列吸引外资的优惠政策，包括企业经营自主权、税收、土地使用、外汇管理、

---

[1] 参见360百科。

产品销售、出入境管理等。通过来料加工、补偿贸易、合资经营、合作经营、独资经营和租赁的形式，吸引了大量外资，加速了经济特区的迅猛发展。自1979年创办深圳经济特区，至2002年止，实际利用外资315.18亿美元。其中，1979~1989年10年间，深圳与世界30多个国家和地区的客商签订协议6 890多项，实际利用外资27亿美元。至1999年20年间，共有60个国家和地区的客商来深投资，累计投资项目2.36万项，合同外资298.39亿美元，实际利用外资200.45亿美元。2018年，深圳高新技术产业发展成为全国的一面旗帜。研发投入占GDP比重、PCT国际专利申请量全国领先，国家级高新技术企业数量居全国第二，数字经济发展走在全国前列。光明科学城、鹏城实验室、深圳湾实验室等重大创新平台启动建设。深圳获批国家可持续发展议程创新示范区，成为中国最具创新力的城市，在全球创新体系中的地位不断提升。

四、"一国两制" 伟大构想

习近平总书记指出"中国梦是民族的梦，也是每个中国人的梦"。追求国家统一和民族独立是历代中国人不断努力和奋斗的梦。进入改革开放新时期，邓小平同志提出"一国两制"伟大构想，这也是祖国和平统一的基本方针。

1997年7月，中英两国政府在香港举行香港政权交接仪式。香港自古以来就是中国的领土。1842~1997年间，英国对香港实行殖民统治。"二战"以后，香港经济和社会迅速发展，不仅被誉为"亚洲四小龙"之一，更成为全球最富裕、经济最发达和生活水准最高的地区之一。以廉洁的政府、良好的治安、自由的经济体系及完善的法制闻名于世，有"东方之珠""美食天堂"和"购物天堂"等美誉。香港地区成为中西方文化交融之地。

1999年12月20日零时，在中葡两国元首见证下，于澳门新口岸交接仪式会场场内交接澳门政权。翌日（12月21日）早上，澳门群众欢迎中国人民解放军驻澳部队进驻澳门；至此，中华人民共和国正式恢复对澳门行使主权，并承诺向澳门实行一国两制，保障澳门可享有"高度自治、澳人治澳"的权利。

党的十九大报告提出:"解决台湾问题、实现祖国完全统一,是全体中华儿女共同愿望,是中华民族根本利益所在。"两岸关系发展历程证明:台湾是中国一部分、两岸同属一个中国的历史和法理事实,是任何人任何势力都无法改变的;任何人任何势力也都无法阻挡台海形势走向和平稳定、两岸关系向前发展的时代潮流,无法阻挡国家强大、民族复兴、两岸统一的历史大势。国际社会广泛理解和支持中国人民反对"台独"分裂活动、争取完成国家统一的正义事业,台湾问题是中国的内政,事关中国核心利益和中国人民民族感情,不容任何外来势力干涉。

台湾地区的前途在于国家统一,台湾同胞福祉系于民族复兴。两岸关系和平发展是维护两岸和平、促进两岸共同发展、造福两岸同胞的正确道路。两岸关系和平发展要两岸同胞共同分享,两岸同胞同根同源、同文同种,中华文化是两岸同胞的心灵根脉和归属,国家之魂,文以化之,文以铸之。共同传承中华优秀传统文化,交流互鉴、对话包容,推己及人、将心比心,加深相互理解,增进互信认同;以正确的历史观、民族观、国家观化育后人,弘扬伟大民族精神。中国梦是两岸同胞共同的梦,民族复兴、国家强盛,两岸中国人才能过上富足美好的生活。在中华民族走向伟大复兴的进程中,台湾同胞定然不会缺席。两岸同胞要携手同心,共圆中国梦,共担民族复兴的责任,共享民族复兴的荣耀。

◉ 延伸阅读

乡 愁

余光中

小时候
乡愁是一枚小小的邮票
我在这头
母亲在那头
长大后
乡愁是一张窄窄的船票

我在这头
新娘在那头
后来啊
乡愁是一方矮矮的坟墓
我在外头
母亲在里头
而现在
乡愁是一湾浅浅的海峡
我在这头
大陆在那头

思考题

1. 作为一名罪犯,你要从革命文化中吸取些什么精神?
2. 立足崭新时代,我们应该为弘扬革命精神、传承革命精神做出怎样的努力?

文化改造分册

第三章

在中国特色社会主义先进文化中树立自信

中国特色社会主义文化，源自于中华民族五千多年文明历史所孕育的中华优秀传统文化，熔铸于党领导人民在革命、建设、改革中创造的革命文化和社会主义先进文化，植根于中国特色社会主义伟大实践。发展中国特色社会主义文化，就是以马克思主义为指导，坚守中华文化立场，立足当代中国现实，结合当今时代条件，发展面向现代化、面向世界、面向未来的，民族的科学的大众的社会主义文化，推动社会主义精神文明和物质文明协调发展。要坚持为人民服务、为社会主义服务，坚持百花齐放、百家争鸣，坚持创造性转化、创新性发展，不断铸就中华文化新辉煌。

——《决胜全面建成小康社会，夺取新时代中国特色社会主义伟大胜利——在中国共产党第十九次全国代表大会上的报告》

从社会主义先进文化的形成和发展过程中可以认识到，中国先进文化是指以马克思主义为指导，以培养有理想、有道德、有文化、有纪律的四有公民为目标的面向现代化、面向世界、面向未来的，民族的科学的大众的健康积极向上的具有中国特色社会主义的文化。罪犯要正确区分先进的文化、落后的文化、腐朽反动的文化，自觉用社会主义先进文化丰富精神世界、增强精神力量，促进自我全面发展。[1]

第一节 社会主义先进文化的形成与发展

文化是非常广泛和最具人文意味的概念，从释意的角度来讲，"文化"乃是"人文化成"一语的缩写。简单来说，文化就是地区人类的生活所涉及的衣服样式、文字图案、器物形态、食品口味、房屋家居风格、出行方式等各种要素的综合表达。文化存在于历史中，具有丰富的内容，是生活中的真实故事。文化是相对于政治、经济而言的人类全部精神活动及其活动产品。文化既包括世界观、人生观、价值观等具有意识形态性质的部分，又包括自然科学和技术、语言和文字等非意识形态的部分。文化是智慧群族的一切群族社会现象与群族内在精神的既有、传承、创造、发展的总和。

社会主义先进文化在中华传统文化的深厚积淀中孕育形成，与中国的历史传承、新时代发展要求紧密相关，塑造我们心中的崇高信仰，不断推动社会的向前发展。

一、社会主义先进文化的内涵与特征

(一) 社会主义先进文化的内涵

社会主义先进文化，是指以马克思主义为指导，以培养有理想、有道德、有文化、有纪律的四有公民为目标的面向现代化、面向世界、面向未来的、民族的科学的大众的社会健康积极向上的具有特色社会主义的文

---

[1] 参见《继承传统文化与发展中国先进文化之关系认识》。

化。其价值取向是有利于个人、家庭、国家、全人类的和谐与全面协调可持续发展，使人们在心灵自由、身体健康、财富自由等方面获得最大满足，最终实现多民族、多文化相互尊重、公平竞争、并存而共荣，统一在唯一宇宙之下的共产主义。

社会主义先进文化，是马克思主义普遍原理与中华文化相结合而产生的新的文化。换言之，马克思主义普遍原理（或社会主义核心价值）指导下的符合现代科学精神的中华文化即是社会主义先进文化。社会主义先进文化的内涵决定了中国特色社会主义的内涵，而中国特色社会主义的理论来源一是马克思主义，二是中华文化。社会主义先进文化汲取了中华文化中的精华、剔除了中华文化中的糟粕并借鉴了其他民族的优秀文化，使传统中华文化发生了质的飞跃。

（二）社会主义先进文化的特征

社会主义先进文化滋养人类、涵养社会、促进经济社会发展，它是震撼心灵、满足需求的精神支柱，更是引领社会健康发展、激发民族创造力的精神力量。当然，社会主义先进文化在发展的过程中具有自身独特的特征。

1. 科学性和实践性

任何先进文化都是科学的文化，都有其严格的科学精神、科学内涵、科学方法，都经得起历史的沉淀和实践的检验。封建迷信都是非科学的、落后的文化，与先进文化的科学性是水火不相容的。也有人认为，先进文化的科学性就是高科技，这是机械的、片面的认识。诚然，高科技的发展对先进文化的发展有一定的推动和促进作用，甚至有时成为文化的一种载体，但两者是不能画等号的。因为高科技只是一种硬件，而文化是一种意识形态，先进的文化能促进高科技的发展。文化作为观念形态和精神灵魂的东西在特定情况下是可以超越经济、政治而发展前进的。应把弘扬科学理性精神与倡导人文精神统一起来。科学的文化能高屋建瓴地站在时代的前沿阵地，指导和统帅人类历史的前进。科学的文化必须接受实践的检验，也经得起实践的检验。所以说先进文化一定具有科学性和实践性的特征。[1]

---

[1] 选自《中共四代领导集体发展观的历史演进研究》。

2. 鲜明时代性和前瞻性

先进文化是现代文化,不是古代文化和外来文化的简单重复,而是现代人集古今中外之大成,并且面向未来的创造。任何先进文化都是与时俱进的文化,都注入着时代的精神、时代的活力、时代的内容、时代的审美要求和审美情趣,都有其鲜明的时代特征。倾听一首乐曲,欣赏一幅书画,阅读一部小说,就能把我们带进一个历史时代。先进文化不应当受固有的文化糟粕和外来消极因素的影响,它在发展的过程中要不断地修正自己,不断更新和完善自身,以宏大的气魄,把人们引向光辉灿烂的未来。先进文化直接反映先进的经济、政治,任何经济、政治都有鲜明的时代性。先进文化是一种面向世界、面向未来、面向现代的文化。要面向世界,就要开放;要面向未来,就要有相对的前瞻性、导向性和方向性。

3. 与广大人民群众利益紧密联系

人民群众是历史的创造者,是物质财富与精神财富的创造者。人民群众创造文化,也必须要享受与之相应的文化。先进文化必须要反映人民群众的理想愿望和审美要求,必须要代表人民群众的根本利益,必须要满足广大人民群众的不断增长的精神生活需求,必须对人民群众有陶冶、教育和愉悦作用。如果脱离了人民群众的文化而成为少数人的贵族文化,那就不是保障人民群众利益的先进文化,

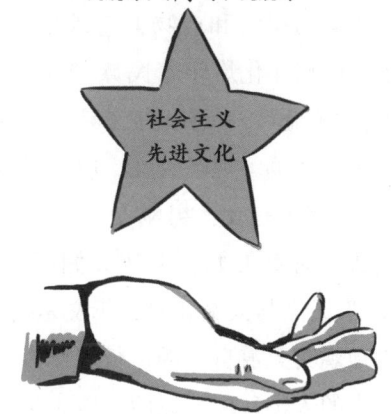

就不能形成民族的科学的大众的社会主义文化。所以,广大群众的文化素质是其他领域进步的基础,也是国家未来发展的保证。先进文化具有与广大人民群众利益紧密联系的特征,是凝聚和鼓励各族人民的重要力量,是综合国力的重要标志。

4. 博采古今中外的容纳性

先进文化有博大的胸怀,是一种海纳百川、博采古今中外、广集世间百家的文化。先进文化有着对其他文化慷慨吸收、鉴别采纳的特点。先进

文化的宽容特征在历史上曾多次出现。中国唐代的文化、古希腊罗马的文化都具有这种特征。中国唐朝时代具备对域外文化取舍由之的从容，使得长安城成了世界文化博物馆，造就了人类历史上光辉的一页。古罗马文明源于欧洲、北非及小亚细亚文化，后来向世界敞开大门，以至于罗马人后来强大到把地中海称为"我们的海"。无论是中国优秀的传统文化还是有益的外来文化，都是中国先进文化建设的"流"而不是"源"。中国先进文化植根于有中国特色的社会主义实践，它反映我国社会主义经济和政治的基本特征，又对经济和政治的发展起巨大的促进作用。中国先进文化建设的源泉，是亿万人民群众的伟大实践，人民群众不仅是创造物质财富的主体，也是创造精神财富的主体。[1]

二、社会主义先进文化的形成与发展

（一）中华传统文化是社会主义先进文化的源头

文化，是一定社会的经济和政治在观念形态上的反映，是人类社会历史发展的积淀和产物，它既是一种社会生活方式，又是一种精神价值体系。中华文化烙印着民族与时代的特点，既有传承又有发展。在古代中国，"文化"一词出自《易经》贲卦彖辞："刚柔交错，天文也；文明以止，人文也。观乎天文，以察时变；观乎人文，以化成天下。"意思是说："天生有男有女，男刚女柔，刚柔交错，这是天文，即自然；人类据此而结成一对对夫妇，又从夫妇而化成家庭、国家、天下，这是人文，是文化。"天文与人文相对，天文是指天道自然，人文是指社会人伦。治国家者必须观察天道自然的运行规律，以明耕作渔猎之时序；又必须把握现实社会中的人伦秩序，以明君臣、父子、夫妇、兄弟、朋友等等级关系，使人们的行为合乎文明礼仪，并由此而推及天下，以成"大化"。

中华文化是指以中原文化为基础不断演化、发展而成的中国特有文化。对于国家和个人来讲，文化是一种精神力量，能够在人们认识世界、改造世界的过程中转化为物质力量，对社会发展产生深刻的影响。这种影响，不仅表现在个人的成长历程中，而且表现在民族和国家的发展历

---

[1] 参见《中国共产党发展观的历史演进及启示研究》。

史中。

中华传统文化发展到今天，已经深深融入我们的生活中，影响着我们的思想和行为。中华文化在衣食住行的各个方面都有自己独特的文化风格，形成了例如"茶文化""服饰文化""戏曲文化""体育文化"等独具特色的中华风尚。仅就"吃"这一项而言，中华饮食就享誉世界。民以食为天，在历史的发展中，我们创造了"八大菜系"，起源于中国的食具筷子亦为流传至东亚饮食文化的一部分。

中华文化是中华民族在长期历史发展中的伟大产物，是整个民族智慧和创造力的结晶。数千年来，它不但在中国历史上大放光彩，惠及中华民族，而且在汉代开辟"丝绸之路"以后，对西方的历史和文化产生了巨大的影响。在国际社会中，不仅茶文化和丝绸、瓷器享誉中外，"四大发明"推动了世界科技进步；仅看中国延边国家，历史上越南、琉球和朝鲜半岛曾是中国王朝的一部分，并长期受中华文化的影响，所以有历史学家认为历史上的越南、琉球和朝鲜的文化亦属于中华文化的派生，中华文化亦被日本部分人民尊称为"日本文化之母"。

（二）社会主义先进文化形成的内在逻辑

社会主义先进文化并不是无中生有，也不是一蹴而就的，而是中国社会现代转型的文化结晶。植根于中华优秀传统文化、中国共产党革命文化，形成和发展于我们党团结带领全国各族人民进行革命、建设和改革的伟大实践。它的形成离不开对中华优秀传统文化、革命文化、中国特色社会主义事业的继承与发展。

中国历史文化传统源远流长、博大精深，积淀着中华民族最深层次的精神追求，包含着中华民族最根本的精神基因，代表着中华民族最独特的精神标识，深刻影响着我国文化的未来发展，是社会主义先进文化不可隔断的根脉。

革命文化在党和人民伟大斗争中孕育发展，是中国特色社会主义文化建设的优质基因，它以"五四"精神、红船精神、井冈山精神、苏区精神、长征精神、西柏坡精神等为核心，是中华民族精神在革命年代的主要表现形式，是中国共产党人培育创造的具有独特文化价值的文化形态。革命文化对于人民大众，是争取国家独立和民族解放的有力思想武器，是激发共产党人内在价值自省的先进文化思想源泉。消解红色历史、颠覆英雄人物、亵渎生命传统的历史虚无主义,其实是一种"反文化"行为,是新时代所坚决摒弃的。中国社会主义先进文化的建立,本身就是创新与改革的成果,更是一种文化自信的表现。新中国的社会主义先进文化是一种崭新的文化。早在1940年,毛泽东就提出了新中国的文化纲领,即建立中华民族的新文化,也就是民族的、科学的、大众的新民主主义文化。新中国成立后,随着社会主义制度的建立,新民主主义文化逐步转变为社会主义先进文化。

社会主义先进文化的建立,离不开对旧有文化的改革创新,这不仅使许多原本濒临消失的文化得以保留,还赋予其新的生命活力,使其焕发出新的光彩。比如,新中国社会经济的巨大变化,为文艺工作者的创作提供了丰富题材,激发了新的创作热情,涌现了大批反映生活广度和深度的新作品,对文化普及与人民文化生活水平的提高起了十分重要的作用。

(三) 社会主义先进文化在改革创新中发展

1. 新中国成立初期先进文化思想的孕育与建设

毛主席在新中国成立初期文化建设方面提倡四大思想。第一要正确看待中国历史文化,坚持"古为今用"的思想。对历史文化的吸收和运用必须经过改造,使之符合中国实际,不能割断历史,必须尊重历史的辩证法,必须用马克思主义的方法对其进行批判总结。我们要批判地继承文学艺术遗产,并把它作为借鉴和创造的原料。作为封建社会正统思想的儒学思想应随着政治和经济的变化而变化,所以必须剔除封建文化中的糟粕,吸收民主文化的精华。

第二要坚持文化的中西思想,毛泽东客观地分析了外国文化,比较了中西文化的发展状况,认为中国革命在文化上要取得胜利,必须坚持对外开放,正确认识各民族文化的价值,积极学习外国的进步文化,

弥补本民族文化的不足。于是提出了向外国学习的口号，即"洋为中用"的思想，他指出，一切民族和国家的长处都要有批判、有分析地学，万万不能照抄和搬用。毛泽东认为在对待外国文化的问题上，既不能排外主义，也不能"全盘西化"；而要取其精华，批判地吸收。外国的文化如同食物一样，必须经过胃肠的消化吸收运动，才能吸收精华，排泄糟粕。因此，决不能毫无批判地吸收外国文化。毛泽东指出："我们要向先进的国家和民族学习，学习对本民族有用的东西，但不是所有的方面都要学别的民族，而是保持本民族的特点。"任何事物，有共性，也有个性，只强调一方面，忽视另一方面，是错误的。毛主席认为中国人要直起腰板，自尊、自信、自强地学习外国文化，同时要创新地学习，坚决反对照搬照抄的教条主义的学习。

第三是毛泽东同志强调我国的社会主义先进文化是无产阶级领导的以马克思主义为指导的服务于社会主义革命和社会主义建设的文化；是民族的、科学的、大众的文化；是对新民主主义文化继承和发展的文化，因为意识具有相对独立性，资产阶级的思想绝不愿意轻易撤走，要想彻底清除人们头脑里的反映旧制度的旧思想绝不是件容易的事；反映资产阶级意识的资本主义文化是以追求无限利润为中心的建立在私有制基础上的文化，是以金钱为本位的崇尚无穷享乐主义和个人主义的文化，而这种资本主义文化从根本上说是无法与我国的社会主义经济政治制度相融的，即"资产阶级意识形态的存在，国家机构中某些官僚主义作风的存在，国家制度中某些环节上缺陷的存在，又是和社会主义的经济基础相矛盾的"。

第四要坚持文化的雅俗思想，毛泽东反对文化建设采取"古""大""洋"的脱离工农兵群众的文化形式和内容，主张先进文化建设应从工农兵群众的需要出发，真实地反映工农兵群众的生产与生活。

2. 新中国成立初期党的文化政策

在革命战争时期，我们党已经认识到了先进文化建设的重要性。当时党的领袖毛泽东在《新民主主义论》中充分论证了文化与政治、经济三者之间的关系，即"一定形态的政治和经济"是首先决定那一定形态的文化的；然后，那一定形态的文化又给予影响和作用于一定形态的政治和经济。

新中国成立后,我国面临着工业和农业不发达、文化水平和科学水平都不高的"一穷二白"的现状,我们党认为在新国家中,不但要有新政治、新经济,而且要有新文化,把文化建设作为民族自强与国家建设的一项重要内容。1956年社会主义改造完成之后,党提出社会主义文化建设是社会主义建设事业的重要组成部分,明确了社会主义文化建设的战略地位,在《关于正确处理人民内部矛盾的问题》中指出:"将我国建设成为一个具有现代工业、现代农业和现代科学文化的社会主义国家。"而我们的先进文化在国家发展建设初期就在工业、科技、艺术等领域得到了很好的发扬。

1956年4月,在中共中央政治局扩大会议上毛泽东作了《论十大关系》的报告,其中指出:"艺术问题的百花齐放,学术问题上的百家争鸣,我看应该成为我们的方针。"文化建设上的"百花齐放,百家争鸣"坚持了从群众中来到群众中去的工作方法,既表达了人们的愿望与要求,又体现了历史文化的优秀传统,是值得提倡的。从此,关于科学文化建设的重要方针就被确定为"百花齐放,百家争鸣"。建设民族的、科学的、大众的先进文化是新民主主义文化和社会主义文化建设的主要内容。此时期毛主席也提出了文化建设的主要任务即中华人民共和国的文化教育为新民主主义的即民族的、科学的、大众的文化教育,提高人民文化水平,培养国家建设人才,肃清封建的、买办的、法西斯的思想,发展为人民服务的思想。毛泽东强调了将一个具有高度文化的民族展现于世界,强调了把文化建设摆在同政治建设、经济建设同等重要的位置,他号召全国人民扫除旧中国所留下来的贫困和愚昧。

在发展新中华文化的关键时刻,毛泽东提出了要确立马克思主义在意识形态领域的指导地位,开展向马克思主义学习,当时主要的学习书籍有《从猿到人》《社会形态发展史》《历史唯物论——社会发展史》《哲学初级研究提纲》等,改革发展文化教育事业。新中国成立后,中共认识到国家建设需要有许多高级技术的专业人才。于是,制定了党在思想文化教育战线的主要任务,即肃清封建主义的、买办主义的、法西斯主义的思想,发展为人民服务的思想,建立民族的、科学的、大众的新民主主义文化教育。在学校教育方面,接管原国民党政府主办的各类公立学校200余所,对于私立学校，则维持原状。在文学艺术方面，党和人民政府继承和发扬了中华民族文化的优良传统，确定了"文艺为人民服务，首先为工农兵服务"的基本方针，成立了全国文学艺术界联合会，有重点有步骤地发展人民的文化事业。对戏剧而言，"百花齐放，推陈出新"是1951年毛泽东为中国戏曲研究院题词时指出的。随后政务院发布了《关于戏曲改革工作的指示》，并提出了"改戏、改人、改制"的相关要求，要求改革旧的艺术内容和形式，鼓励发展新的戏曲形式，并要求旧艺人在政治上、文化上、业务上加强学习。

3. 社会主义先进文化发展成果

在中华人民共和国成立初期以马克思主义为指导核心以及毛泽东思想的指导下，我国的文化发展在这一时期取得了一系列的优秀成果。毛主席提出新中国成立初期的文艺路线是：文艺是从属于政治的，革命文艺是整个革命事业的一部分，是齿轮和螺丝钉。

在艺术领域涌现出了一大批优秀的文艺作品，中华人民共和国成立初期我国对文化的建设热情高涨，在电视剧方面新编了《将相和》《天仙配》等剧目；在电影方面，这一时期是中国电影发展的第一个阶段，例如《红灯记》《地雷战》《鸡毛信》《五朵金花》等反映革命中优秀人物的电影，代表了中华人民共和国成立初期人们对于革命中英雄人物的赞美。文学创作而言，有《暴风骤雨》《谁是最可爱的人》等优秀作品。在书刊出版方面，全国统一新华书店为国营书刊发行机构，成立人民出版社等10余家大型国营专业出版社；划分国营与私营出版社出书的重点和范围，同时合理调整公司出版业的关系；促进商务印书馆、中华书局、开明书店等私营出版社实行联合经营，进而有步骤地实行公私合营。在科研机构方面，除了高等学校作为科学研究机构外，成立了中国科学院，规定了其主要任务是提高中国的科学研究水平，建设现代工业、现代农业和现代国防。同时，确定了科学研究要为人民服务的方向，学术研究与实际需要密切配合的方针，吸收了一批旧社会的科学家并建立了科学奖金制度。

《红灯记》　　　　　《地雷战》　　　　　《鸡毛信》　　　　《五朵金花》

新中国成立后，面对文化现状，中国共产党和中央人民政府发布了一系列决议和政策法规去指导和提高工农群众的文化水平，使之配合农村合作化运动和全国的国防建设、经济建设等工作的开展，并在1950年发展成为全国性的扫盲运动，兴办夜校，促进一大批文化爱好者不断学习新中国的文化，提高自身文化素质。这一时期我国的文化在社会主义建设初期得到了良好的发展，为先进文化的发展奠定了良好的基础。

1956年4月中共中央确定"百花齐放、百家争鸣"为科学和文化工作的重要方针，"双百方针"的提出与确立又进一步推动了社会主义文化建设的高涨。随后中共八大又进一步强调要求对"双百方针"予以坚持贯彻。知识分子的科学研究和文艺创作热情空前高涨，极大地推动了社会主义文化的繁荣，增强了社会主义的吸引力，调动了人们文化建设的积极性。社会主义文化事业也取得了非凡成就，许多优秀的经典文艺作品就诞生在这个时期，如文学作品《林海雪原》、话剧《茶馆》、电影《五朵金花》、动画片《大闹天宫》、歌曲《我为祖国献石油》、歌剧《江姐》等。

"文革"结束后，经过知识分子政策落实，思想解放，及一系列文化政策方针的调整改革，社会主义先进文化事业又迎来新的改革创新与繁盛时代。文化繁荣的典型代表莫过于20世纪80年代初即兴起的"文化热"，各类文化研究机构、刊物、著作等如潮涌现，其发展与影响已然超出传统文化领域，成为推动社会变革的重要思想文化动力。

改革开放初期，社会主义精神文明的提出和战略高度的提升，无疑是社会主义先进文化建设的又一大创新。此后中国共产党对社会主义精神文明的认识不断深化，形成了一个比较完整的体系，并提出了社会主义精神文明是建设有中国特色社会主义的重要组成部分和本质特征。中共十五大

又明确指出,有中国特色社会主义的文化是综合国力的重要标志,就其主要内容来说,又同改革开放以来一贯倡导的社会主义精神文明一致。中共十五大还正式提出了建设有中国特色社会主义的文化纲领,即以马克思主义为指导,以培养有理想、有道德、有文化、有纪律的公民为目标,发展面向现代化、面向世界、面向未来的,民族的科学的大众的社会主义文化。[1]

随着文化建设的深入发展,一些体制性、结构性矛盾日益突出,亟须文化体制改革。从20世纪80年代初开始,国家通过一系列步骤措施,推动了艺术表演团体体制和文化管理制度的改革,培育了社会主义文化市场,逐步建立了文化市场管理体系,促进了社会主义先进文化的建设与创新。中共十六届四中全会进而提出,"深化文化体制改革,解放和发展文化生产力"。此后,中共十八届三中全会进一步明确要求以激发全民族文化创造活力为中心环节,进一步深化文化体制改革。

改革开放以来,党和政府通过改革创新不断深化、完善对社会主义先进文化的认识,极大地促进了文化事业的空前繁荣,文化自信进一步增强,文化对外影响力逐渐扩大。

经过长期努力,中国特色社会主义进入了新时代,我们前所未有地接近实现中华民族伟大复兴的目标。党的十八大以来,以习近平同志为核心的党中央坚持中国特色社会主义文化发展道路,以高度的文化自信、文化自觉与文化担当,激发全民族文化创新创造活力,铸造中国精神、满足精神需求、促进文明互鉴,丰富和发展了中国特色社会主义文化。

提高国家文化软实力,讲好中国故事、传播好中国声音。习近平总书记强调,要"以文明交流超越文明隔阂、文明互鉴超越文明冲突、文明共存超越文明优越"。始终坚持不同文化和文明间的平等对话,不断提高文化开放水平,广泛开展文化交流,广泛参与世界文明对话,展示中华文化独特魅力;秉持普惠、平等、开放、包容的新型全球治理观念,提出"一带一路"倡议、人类命运共同体等中国方案。这些理念反映了求和平、谋发展的时代潮流,贯彻了中国"和而不同"、互利共赢的共生思维,超越

---

[1] 参见《社会主义先进文化让我们自信》。

了意识形态、价值观的对立,极富建设性和创新性。

在新时代,以习近平同志为核心的党中央把对社会主义文化发展规律的认识推进到新的境界,文化领域发生着广泛而深刻的变化,体现了我们党在举旗帜、聚民心、育新人、兴文化、展形象方面的积极努力,表现出建设社会主义文化强国的理念、胸襟、气魄,文化自信得到进步彰显,理论创新全面推进,主旋律更加响亮,正能量更加强劲,时代楷模、英雄模范不断涌现,文化艺术日益繁荣,文化事业和文化产业蓬勃发展,人民的文化获得感、幸福感不断增强。

第二节 社会主义先进文化的繁荣成果

一、 改革开放以来社会主义先进文化思想的发展及其成果

党的十一届三中全会是在党和国家面临何去何从的重大历史关头时召开的。邓小平同志指出:"如果现在再不实行改革,我们的现代化事业和社会主义事业就会被葬送。"中共十一届三中全会的召开,在解放思想,拨乱反正,总结新中国成立十七年和"文革"十年期间社会主义文艺经验教训的基础上提出"二为"方针,即文艺"为人民服务,为社会主义服务"。它取代了"文艺为工农兵服务""文艺为政治服务"的口号,体现了新时期以来的文艺政策。为先进文化的发展和繁荣打开了大门。从某种程度上,建立中国共产党、成立中华人民共和国、推进改革开放和中国特色社会主义事业,是五四运动以来我国发生的三大历史性事件,是近代以来实现中华民族伟大复兴的三大里程碑! 十一届三中全会以来,党和国家高度重视文化发展,大力推动社会主义先进文化建设,从1978年到2012年,我国的社会主义先进文化发展大致可以分为社会主义精神文明和全民族思想素质的提升时期和特色社会主义文化体质的改革两个时期。

(一) 建设社会主义精神文明和提高全民族思想文化素质

改革开放之初的文化建设是在对文化大革命及"左"的错误进行拨乱反正的基础上开始的。

1978年12月，党的十一届三中全会召开，实现了新中国成立以来具有深远意义的伟大转折，文化建设也开始摆脱"左"的思想的影响。强调"尊重知识，尊重人才"，日益重视教育、科学、文化建设，正视知识分子的地位和作用。

1979年10月，邓小平在中国文学艺术工作者第四次代表大会上提出新时期文艺事业发展的方针，即"坚持百花齐放、推陈出新、洋为中用、古为今用的方针，在艺术创作上提倡不同形式和风格的自由发展，在艺术理论上提倡不同观点和学派的自由讨论"。同时提出社会主义精神文明建设，制定两个精神文明建设的决议。党的十二大上，邓小平第一次提出"建设有中国特色的社会主义"的崭新命题。十二大报告用较大篇幅阐述了"社会主义精神文明"，将其内涵概括为文化建设和思想建设两个方面。其中，文化建设是指教育、科学、文学艺术、新闻出版、广播电视、卫生体育等各项文化事业和人民群众知识水平的提高，思想建设是指革命的理想、道德和纪律。思想建设决定着我们的精神文明的社会主义性质。[1]

一系列的文艺政策的实施，不仅纠正了文化大革命期间我国文化停滞发展的局面，新政策也更加强调文化为人民服务，强调了人民群众的文化获得感，为改革开放以来我国文化的发展繁荣奠定了政策基础。

（二）建设中国特色社会主义的文化和改革文化体制

随着经济的发展和物质生活水平的提高，人们的精神文化需求日益增长。在这一过程中，旧的观念被逐渐突破，但与社会主义市场经济相适应的新的价值体系尚未完善。从党的十五大开始，文化建设作为中国特色社会主义事业总体布局的重要组成部分被突出出来，开始具有战略地位。

党的十五大提出"有中国特色社会主义的文化建设"的科学命题。指出建设有中国特色的社会主义文化就是"以马克思主义为指导，以培育有理想、有道德、有文化、有纪律的公民为目标，发展面向现代化、面向世界、面向未来的，民族的科学的大众的社会主义文化"。

世纪之交，江泽民同志集中全党智慧提出"三个代表"重要思想，将先进文化建设提升到立党之本、执政之基的高度来认识，对于提升文化建

---

〔1〕 参见《改革开放以来我国文化建设的主要成就及历史启示》。

设在国民经济和社会发展整体布局中的地位，起到了重要作用。

2003年10月，胡锦涛同志集中全党智慧提出科学发展观，在科学发展观统领下，党中央先后提出"和谐文化""社会主义核心价值体系""文化软实力"等一系列文化理论创新成果。

（三）改革开放以来社会主义先进文化发展成果

2018年12月18日，习近平在庆祝改革开放40周年大会上的讲话中提到："改革开放以来，我们始终坚持发展社会主义先进文化，加强社会主义精神文明建设，培育和践行社会主义核心价值观，传承和弘扬中华优秀传统文化，坚持以科学理论引路指向，以正确舆论凝心聚力，以先进文化塑造灵魂，以优秀作品鼓舞斗志，爱国主义、集体主义、社会主义精神

广为弘扬，时代楷模、英雄模范不断涌现，文化艺术日益繁荣，网信事业快速发展，全民族理想信念和文化自信不断增强，国家文化软实力和中华文化影响力大幅提升。改革开放铸就的伟大改革开放精神，极大丰富了民族精神内涵，成为当代中国人民最鲜明的精神标识！"

改革开放以来我国在文化建设方面取得了丰厚的成果。在影视方面我们的影视拍摄环境更加宽松，拍摄技术更加成熟，民众对于生活的追求更加多样，改革开放初期，我国电影领域涌现出了一系列贴近百姓生活，讲述时代变迁和人物思想变化的影视作品，例如《秋菊打官司》《霸王别姬》《红高粱》等优秀影视作品；在电视发展方面，改革开放后我国的电视产业经历了起承转合的发展变化之路，电视作品由单一到多样化、电视形态由黑色到彩色。改革开放后涌现出了一系列优秀的电视作品，例如《渴望》《还珠格格》《西游记》《射雕英雄传》等优秀作品。在体育方面，20世纪80年代，中国女排蝉联世界冠军。1981年，中国乒乓球队在世锦赛中囊括全部7项金牌。1982年，李宁在第6届世界杯体操赛中获得个人全能等六项冠军。1984年，许海峰在第23届奥运会上为中国夺得第一枚金

牌。2008年我国作为东道主举办了2008年奥运会，获得了全世界的关注，我国荣获的金牌数量也是从无到有，从少到多，2008年我国的金牌数量位居奥运金牌榜榜首。我国的奥运健儿，例如许海峰、邓

2008年北京奥运会开幕式

亚萍、刘国强、刘翔、姚明、孙杨等在艰苦训练中不断突破自己，为自己、为家人，更为国家赢得了荣誉。在音乐文化方面，新中国的音乐事业几乎用了短短六十年的时间，就走完了很多国家和地区需要花费一百年甚至两百年才能走完的历程。早在20世纪70年代末，邓丽君以她甜美的声音培养了改革开放后第一批流行音乐歌迷，对未来中国的音乐发展起到了巨大作用。王菲是继邓丽君之后，华语流行乐坛女声发展的又一个新高度。而罗大佑是华语流行乐坛殿堂级、大师级的音乐人，他的歌对当时的流行乐坛影响力也十分巨大。世纪之交涌现出了大批潮流音乐人，人们对潮流的追求不断增加，王力宏、周杰伦、林俊杰、张韶涵以及新生代TF-BOYS等杰出音乐歌手们对中国的潮流文化起到了巨大的推动作用，中国的音乐文化也进入了繁荣时期。同时，对于所有的中国人来讲，中国的流行音乐不仅仅只是一个产业，一种回忆，更是一个时代的烙印。

除了文艺方面取得的重要成果，在文化精神方面全民族思想道德和科学文化素质也不断提高。1981年，全国总工会、共青团中央等单位联合向全国人民特别是青少年发出倡议，开展以讲文明、讲礼貌、讲卫生、讲秩序、讲道德和心灵美、语言美、行为美、环境美为内容的"五讲四美"活动。1983年，在"五讲四美"活动中增加"热爱祖国、热爱社会主义、热爱中国共产党"的内容，从而扩展为"五讲四美三热爱"活动。培育和宣传新时期涌现出来的先进集体和英雄模范人物，对树立正确观念和弘扬社会正气，产生了巨大示范作用。[1]例如我国著名作家茅盾先生将

---

[1] 选自《改革开放以来我国文化建设的主要成就及历史启示》。

自己的25万元稿费捐赠出来设立了茅盾文学奖。除此之外，我国的文化产业也得到了快速的发展，2007年我国文化产品和服务进出口贸易总额为166.4亿美元，其中核心文化产品进出口贸易总额达到129.2亿美元，是2001年的3.7倍；文化服务进出口贸易总额为37.2亿美元，是2001年的6.1倍。

党的十六届五中全会提出文化"走出去"战略，同世界上160多个国家和地区保持良好的文化交流关系，全方位的对外文化交流的新格局已经形成；对外文化交流渠道逐渐拓宽，孔子学院的设立就是文化对外传播和

交流的重要方式。孔子学院最重要的一项工作就是给世界各地的汉语学习者提供规范、权威的现代汉语教材，提供最正规、最主要的汉语教学渠道。2004年，全球首家孔子学院在韩国首尔正式设立。截至2018年12月，中国已在154个国家和地区建立548所孔子学院和1193个中小学孔子课堂，现有注册学员210万人，中外专兼职教师4.6万人。中华文化的国际影响力和竞争力得到增强。这一阶段，文化建设从"为经济建设服务"的辅助地位转变为完全独立的国家建设领域，并作为软实力成为综合国力的重要组成部分。[1]

二、党的十八大以来社会主义先进文化思想的发展及其成果

（一）习近平新时代文化思想观

党的十八大以来，从理论和实践结合出发，系统回答了新时代坚持和发展什么样的中国特色社会主义、怎样坚持和发展中国特色社会主义这个重大时代课题，以习近平同志为核心的党中央勇于进行理论探索，取得了

---

[1] 选自《改革开放以来我国文化建设的主要成就及历史启示》。

重大理论创新成果，形成习近平新时代中国特色社会主义思想。这一思想明确中国特色社会主义事业总体布局是"五位一体"，战略布局是

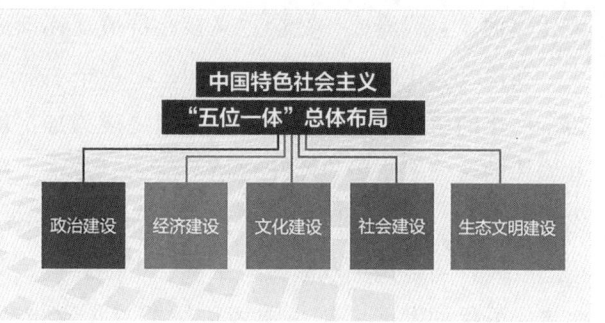

"四个全面"，强调坚定道路自信、理论自信、制度自信、文化自信，关于文化建设的理论实现重大创新。[1]

在文化方面，2016年7月，习近平在庆祝中国共产党成立95周年大会上发表重要讲话，把"文化自信"与中国特色社会主义道路自信、理论自信、制度自信并列，完整提出"四个自信"，积极引导国人睁开眼看世界，克服崇洋心理、弱国心态，在比较中认清中国的优势和特色，并指出"文化自信，是更基础、更广泛、更深厚的自信"。党的十九大报告提出，没有高度的文化自信，没有文化的繁荣兴盛，就没有中华民族伟大复兴，文化自信是一个国家、一个民族发展中更基本、更深沉、更持久的力量。

习主席在思想文化建设方面提出了重要举措，推动了全民族文化自信的提升和社会主义先进文化的繁荣兴盛。通过统筹推进"五位一体"总体布局，协调推进"四个全面"战略布局，思想文化建设取得重大进展。宣传思想和新闻舆论战线，积极深化新闻媒体内部改革，开展打击新闻敲诈和假新闻专项行动，规范新闻从业人员职务行为信息管理，清理整顿中央新闻单位驻地方机构。文艺界清醒地认识到文艺工作的意识形态属性，"以人民为中心"的创作导向越来越成为文艺界的共识。2012年10月11日，瑞典文学院宣布中国作家莫言获得2012年诺贝尔文学奖，获奖理由是：通过幻觉现实主义将民间故事、历史与当代社会融合在一起。莫言亦是第一个获得诺贝尔文学奖的中国籍作家。[2]

十八大以来党和国家通过开展一系列涵养社会主义核心价值观的实践活动发挥榜样的力量，以身边人教育身边人。经过教育引导、舆论宣传、

---

[1] 选自《改革开放以来我国文化建设的主要成就及历史启示》。
[2] 选自《改革开放以来我国文化建设的主要成就及历史启示》。

文化熏陶、实践养成，社会主义核心价值观逐渐成为凝心聚力的社会新风尚。在传统文化的继承和发展方面，习近平主席多次强调要重视中华优秀传统文化的历史传承和创新发展，使之成为加深民族记忆、培育中华民族共同体的认同感、彰显文化自信，从而坚定走中国道路的精神纽带和道德滋养。例如，加强国民礼仪教育，推进戏曲、书法、高雅艺术、传统体育等进校园，实施传统戏曲振兴工程、中国经典民间故事动漫创作工程、中华老字号保护发展工程、中国传统节日振兴工程，加强对传统历法、节气、生肖和饮食、医药等的研究阐释、活态利用等。培育文化自信、传承中华优秀传统文化、挺立中华文化主体性的文化实践正在不断拓展。伴随着一带一路的建设与发展，世博会、APEC等一系列会议的成功召开，中国的文化软实力和影响力在不断地扩大。[1]

中华文化博大精深、源远流长，党和国家在传承创新发展先进文化的同时，大力推动文化走出去，推动中华先进文化不断走出国门。至"十二五"期末，我国已与157个国家签署文化合作协定，初步形成覆盖世界主要国家和地区的政府间文化交流与合作网络；海外中华文化中心数量增加到25个。在154个国家和地区建立了548所孔子学院和1193个中小学孔子课堂。围绕"一带一路"大力开展对外文化工作，开创丝绸之路国际艺术节、丝绸之路国际电影节等品牌活动，对外文化贸易体系逐步建立。2016年，我国文化产品出口额786.7亿美元，文化体育和娱乐业对外直接投资39.2亿美元，较2012年增长18.6倍；图书版权输出1万种，输出和引进品种比例由2012年的1∶1.9提高到2016年的1∶1.6；电影海外销售收入为38.25亿元，是2012年的3.6倍。[2]

（二）十八大以来的文化建设成果

十八大以来我们取得了一系列优异的文化成果。思想文化建设取得重大进展。加强党对意识形态工作的领导，党的理论创新全面推进，马克思主义在意识形态领域的指导地位更加鲜明，中国特色社会主义和中国梦深入人心，社会主义核心价值观和中华优秀传统文化广泛弘扬，群众性精神

---

[1] 选自《改革开放以来我国文化建设的主要成就及历史启示》。
[2] 选自《改革开放以来我国文化建设的主要成就及历史启示》。

文明创建活动扎实开展。公共文化服务水平不断提高，文艺创作持续繁荣，文化事业和文化产业蓬勃发展，互联网建设管理运用不断完善，全民健身和竞技体育全面发展。主旋律更加响亮，正能量更加强劲，文化自信得到彰显，国家文化软实力和中华文化影响力大幅提升，全党全社会思想上的团结统一更加巩固。党

和国家提出了"五位一体"建设的总体布局。文化建设是"五位一体"总体布局的灵魂，十八大报告阐明了社会主义文化的重要作用，升华了文化建设的战略地位，明确了文化建设的道路方向。[1]

十八大以来党和国家不断弘扬社会主义先进文化，深化文化体制改革，推动社会主义文化大发展大繁荣。一是深入推进社会主义核心价值观体系的普及。二是推进马克思主义理论研究和建设工程。三是注重革命文化遗址的保护和爱国主义教育基地建设的持续推进。四是在主旋律题材和大众化题材方面，推出一系列大众喜闻乐见的文学作品和影视作品，通过艺术创作的方式满足群众的精神文化需求。五是在繁荣哲学社会科学方面，加强了面向国计民生的智库建设；坚持为人民服务的文化发展方向，在"供给"上下功夫。党带领人民所创造的革命文化和社会主义先进文化之所以取得非凡成就，在于始终坚持"为人民服务、为社会主义服务"的方针。

纵观党的十八大以来一系列政策的实施成果，可以看出十八大以来人民群众的文化生活和文化体验更丰富。人民群众的文化娱乐时间更加充分，文化获得感更加强烈。以2016年为例，2016年我国广播电视服务业总收入5030亿元，较2012年增加1761亿元。动画电视制作15万小时，电视纪录片制作5万小时，电视剧累计播出689万集。2016年，全国电影

---

[1] 选自《加强新时代中国特色社会主义文化建设》。

银幕数41179块,较2012年增长213.91%,居世界第一位;总票房492.83亿元,较2012年增长188.64%,国产影片市场份额达58.3%;电影海外票房收入38.25亿元,是2012年的3.6倍。2016年,全国出版、印刷和发行服务营业收入23 162亿元,出版图书49.6万种,国民综合阅读率达79.9%。资产总额超百亿的出版传媒集团达17家,较2012年增加42%。数字出版营业收入5300亿元,较2012年增长173.8%。[1]

在体量增大的同时,文化产业质量效益也持续提升,初步构建起结构合理、门类齐全、科技含量高、富有创意、竞争力强的现代文化产业体系。全国"文化企业30强"已推荐认定九届,一批文化"航母"和特色中小微企业破冰起航。在完善精品创作生产方面,继续实施电影、电视剧、动画片、纪录片和图书出版物"五个一百"重点创作规划,推出了《中国共产党的九十年》《筑梦路上》《湄公河行动》《海棠依旧》等一大批优秀图书、电影、电视剧、纪录片和动画片,涌现了《中国诗词大会》等一大批优秀原创节目。实施"中国文艺原创精品出版工程",推出了《火印》等一批反映时代主流的原创精品;文化"走出去"步伐加快。党的十八大以来,立足于民族文化自信,搭载文化产业发展快车,我国文化"走出去"的步伐不断加快,国际传播能力实现了大幅提高,中华文化的国际影响力进一步提升。2016年,全国文化产品进出口总额885.2亿美元,其中出口786.6亿美元;文化体育和娱乐业对外直接投资39.2亿美元,较2012年增长18.6倍;国际版权输出不断增加,图书版权贸易逆差逐步缩小。在历届文博会上中华文化渐受外商青睐。以深圳文博会为例,2016年实现出口交易额176.972亿元,同比增长7.35%。2017年文博会,吸引了40个国家的117家海外机构参展,来自美国、英国、法国等99个国家和地区约2万名海外客商前来参会,展会的国际化程度进一步提升。

党的十八大以来《深化文化体制改革实施方案》《国家"十三五"时期文化发展改革规划纲要》等相继制定实施,文化软实力不断增强;实现了经营性文化事业单位改制等一系列重大改革,推动文化产业、事业协同进步;理顺了政府与文化企事业单位之间的关系,文化事业单位的自主权

---

〔1〕 选自《改革开放以来我国文化建设的主要成就及历史启示》。

大大提升。通过继续深化文化管理体制改革,文化领域逐步建构了宏观管理与运作机制,通过改革创新全面释放了文化活力,《焦裕禄》《筑梦路上》等一大批优秀影视作品赢得了好的口碑。与此同时,文化市场主体不断发展壮大。通过鼓励国有文化企业实现跨行业兼并,培育文化企业建立竞争优势,在"双创"背景下,大批小微文化企业也步入发展新阶段;通过培育文化产业发展新动能,融入"互联网+"发展战略,推进"文化+"行动,实现文化同信息、科技、旅游等相关业务的深度融合,文化产业满足民众公共文化服务的能力不断增强,文化生产力、文化创造力得到快速解放和发展,2018年以来我国文化产业更是呈现出了新的面貌。我国的体育健儿在世界舞台上不断夺冠,刷新世界纪录;我国的电影不断创新,《湄公河行动》《战狼II》《流浪地球》等一批高票房、好口碑的影视作品不断夺得国际大奖,赢得世界认可;我国的文化消遣平台抖音APP、火山APP已经火遍东南亚等国家;我国的饮食文化伴随着《舌尖上的中国》《风味人间》等一系列优质纪录片的热播,在世界上的影响力也在不断扩大。

三、 伟大民族精神是我们的精神家园

(一) 中华民族精神及其发展历程

说起中华民族精神,人们一般都会想到爱国主义。从屈原、岳飞到抗日战争的英雄等都是广义的爱国主义者。爱国主义无疑是一种伟大的民族精神。人们之所以将爱国主义作为中华民族精神的主要特征,主要是因为19世纪以来中华民族饱受外来民族的欺凌、压迫和剥削,正是爱国主义凝聚了人心,以努力奋斗获得了民族解放。

除了爱国主义外,人们还认为勤劳、勇敢,热爱和平、不屈不挠、自强不息等是中华民族精神的各种具体表现。在五千年的历史中,中华民族的确彰显了这些美德。但也必须承认,世界上其他优秀的民族也拥有这些美德。这就是说,它们不是中华民族精神的独特本性,而是人类文明所共有的属性,甚至可以说是普遍人性。

中华民族精神不是一种抽象的概念,它所折射出的底蕴和更深一层的

内涵是纯真的爱国主义精神。中国是一个有着五千多年灿烂文明的国家，我们伟大的民族是一个不屈不挠、历经磨难而自强不息的民族。鸦片战争以来，中华民族不甘忍受耻辱，前赴后继，用血肉长城驱逐了侵略者，谱写了一曲曲悲壮的战歌。今天，热爱祖国、报效祖国，把祖国建设得繁荣富强，实现中华民族的伟大复兴，是每个中国人的崇高理想，是爱国主义的本质所在。中华民族精神是一个历史范畴，在不同社会发展时期、不同阶段，有着不同的具体内容。在我国历史上，中华民族精神从来就是动员和激励中国人民团结奋斗的一面旗帜，是每一个真正的中华儿女所应有的骨气和胆识，是各族人民共同的精神支柱！

> **文化讲堂**
>
> 在五千多年的发展中，中华民族形成了以爱国主义为核心的团结统一、爱好和平、勤劳勇敢、自强不息的伟大民族精神。
> ——党的十六大报告

江泽民同志在党的十六大报告中指出："在五千多年的发展中，中华民族形成了以爱国主义为核心的团结统一、爱好和平、勤劳勇敢、自强不息的伟大民族精神。"这是对中华民族精神核心内容和基本思想的高度凝练和概括。爱国主义是指一个国家的人民在千百年来的社会实践中形成的一种对祖国的最深厚感情，是中华民族精神的核心。它贯穿民族精神的各个方面，是一个民族凝聚起来的强大的精神力量，是动员和鼓舞中国人民团结奋斗的一面旗帜，是各族人民风雨同舟、自强不息的精神支柱。人民对自己祖国的感情时刻蕴含在心底，如同与父母家人的感情一样，永远割不断。这种真挚的感情使多少海外游子常常心怀一腔乡愁，盼望落叶归根；这种感情又使多少身在祖国的人们，深感热土难离。

一代伟人邓小平对祖国怀有一腔朴素而深厚的感情，他一生"三落三起"，在蒙受冤屈时，从不怨天尤人、心灰意冷，而是沉着坚韧，对祖国和人民无限忠诚和热爱。他说："我是中国人民的儿子，我深情地爱着我的祖国和人民。"此乃炎黄子孙之铁骨柔肠！爱国是中国人发自心底的激情，又是心中坚定的信念，这种信念根植于我们中华民族的那种不甘耻辱、不屈不挠、自强不息、奋发图强的精神。"砍头不要紧，只要主义真，杀了夏明翰，还有后来人。"革命烈士夏明翰面对敌人的屠刀视死如归。是无数夏明翰式的共产党员用血肉之躯把我们多难的民族拖出了地狱；无数优秀中华学子，身在异国他乡刻苦钻研，为国争气，学成之后不为国外荣华富贵所动，毅然回国投身祖国的建设事业；老一辈无产阶级革命家周恩来在少年时就立志"为中华之崛起而读书"，并与同代人相约"愿相会于中华腾飞于世界之时！"这是何等远大的志向、何等坚定的信念啊！是的，无论何时何地，在中华儿女心中价值的天平上，祖国永远是最重的砝码。

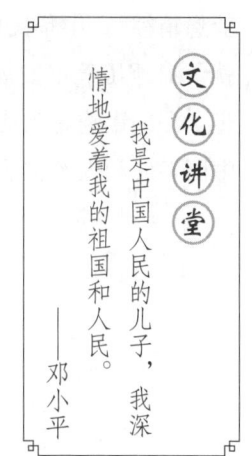

文化讲堂

我是中国人民的儿子，我深情地爱着我的祖国和人民。
——邓小平

团结统一是指一个民族为了实现共同的理想和目标，凝聚全民族的意志、智慧和力量，同心同德、维护统一的互助合作精神，自古就有"四海之内皆兄弟""兄弟齐心，其利断金"之说，中华民族团结统一的精神，无论在国家顺利发展、兴旺发达的时期，还是在祖国面临危难、生死存亡的关头，都迸发出强大力量。

爱好和平指一个民族在同其他民族的交往中，平等相待，友好相处，求同存异，团结合作，为了维护世界和平，促进共同发展而努力奉献的精神，例如我们倡导的"化干戈为玉帛"、礼仪之邦等理念。

勤劳勇敢指一个民族在改造客观世界的实践中表现出来的不惧艰难的精神，"业广唯勤""天道酬勤"，这种精神奠定了中华民族坚不可摧的立业根基。

自强不息指一个民族所具有的独立自主、奋发向上、不断进取的精神，"天行健，君子以自强不息""富贵不能淫，贫贱不能移，威武不能屈"，在历代中国人民的创业实践中，自强不息精神逐渐积淀为中华民族的内在气质，成为鞭策中华儿女不断开拓进取的永恒的精神力量。

2018年3月20日，第十三届全国人民代表大会第一次会议在北京人民大会堂闭幕。习近平主席在会上发表重要讲话，坚定重申人民立场，深情礼赞中国人民，首次对"中华民族精神"作出了高度凝练与清晰阐发。所谓中华民族精神，是"中国人民在长期奋斗中培育、继承、发展起来的伟大民族精神"。这一"历久弥新的"中华民族精神，涵括"四种伟大精神"，亦即"伟大创造精神""伟大奋斗精神""伟大团结精神"与"伟大梦想精神"。中华民族精神已然化为"中国人民的特质、禀赋","不仅铸就了绵延几千年发展至今的中华文明，而且深刻影响着当代中国发展进步，深刻影响着当代中国人的精神世界"。也就是说，中华民族精神"为中国发展和人类文明进步"提供了"强大精神动力"。[1]

● 延伸阅读

爱国是本分　有国才有家[2]

对每一个中国人来说，爱国是本分，也是职责，是心之所系、情之所归，爱国主义应是扎根每个人心中的永恒旗帜。

1935年9月17日，南开大学新学年"始业式"上，老校长张伯苓发出著名三问：你是中国人吗？你爱中国吗？你愿意中国好吗？

这是在"九一八"事变爆发、我国的东北沦陷之后，这是在"何梅协定"签订、国民政府对日寇一让再让、国将不国之际，这是在神州陆沉、山河破碎、中华民族存亡绝续的历史时刻。闻此"三问"，怎不令人心如汤煮、五内俱焚！正如李大钊诗云："斯民正憔悴，吾辈尚蹉跎。故国一回首，谁堪返太和？"

这是历史之问，问那屈辱年月、如磐风雨；这是时代之问，问今之国人，尚存几多爱国之情、几多为国之志、几多报国之行；这也是未来之问，问中华民族强国梦圆之时，我辈因民族崛起、祖国强大而自豪否？因以身许国、奋斗不辍而心安否？因置身局外、寸功未建而赧颜否？

爱国是本分。国家是人民生存栖息、种族繁衍之所，是人民生存发展风

---

[1] 选自《文化创新比较研究》。
[2] 刘正斌："今天，我们要知道怎么样爱国"，载《解放军报》2019年5月17日。

险的最终承担者,为我们提供遮风避雨、阻挡欺凌的庇佑。"国是千万家,有国才有家",这是一个颠扑不破的真理。放眼世界,从阿富汗到伊拉克、叙利亚,从巡航导弹炸成的废墟到推来推去无处安身的难民……桩桩件件事实证明着《吕氏春秋》的一句至理名言:"天下大乱,无有安国;一国尽乱,无有安家。"正如网友们常说的:我们不是处在和平年代,而是生活在和平国度。

祖国实堪爱。鲁迅说,吾广漠美丽最可爱之中国兮!而实世界之天府,文明之鼻祖也。我们有跨越寒温带至热带、从太平洋沿岸至欧亚大陆中心的广袤国土,我们有具有主权和管辖权的辽阔海域,我们有世界上人口最多、由56个民族组成的勤劳勇敢智慧坚韧的人民,我们有无比丰富的沃土良田、草原大漠、江河湖泽、崇山峻岭、矿产资源,我们有世界文明中唯一的数千年连绵不断的文化传承和灿若群星的俊才人杰……这就是中国,这就是我们的家园,这就是令我们无比骄傲、爱都爱不过来、不爱毫无道理的祖国。爱国是天赋的权利和义务,我们没有任何不爱国的理由,我们只有爱国爱得还嫌不够的遗憾,我们怎样爱国都不为过。一个人不爱国,甚至背叛祖国,那在自己的国家、在世界上都是很丢脸的,也是没有立足之地的。

(二)民族精神的集中表现

1. 伟大创造精神

在几千年历史长河中,中国人民始终辛勤劳作、发明创造,产生了老子、孔子、庄子、孟子、墨子、孙子、韩非子等闻名于世的伟大思想巨匠,发明了造纸术、火药、印刷术、指南针等深刻影响人类文明进程的伟大科技成果,创作了诗经、楚辞、汉赋、唐诗、宋词、元曲、明清小说等伟大文艺作品,传承了格萨尔王、玛纳斯、江格尔等震撼人心的伟大史诗,建设了万里长城、都江堰、大运河、故宫、布达拉宫等气势恢弘的伟大工程。今天,中国人民的创造精神正在前所未有地迸发出来,推动我国日新月异向前发展,大踏步走在世界前列。

在当下,我们国家依旧不乏创新人才,袁隆平培育出高产的杂交水稻让世界人民免于挨饿,旱水稻的成功培育又解决了沙漠地区种植水稻的难

1956年，研制导弹、原子弹被列入中国的12年科学技术发展规划。

仅用4年时间，1960年中国成功地发射了第一枚自主研制的导弹。

1964年，中国研制的第一颗原子弹爆炸成功。

1967年又爆炸成功第一颗氢弹。

1970年，我国用长征号运载火箭成功地发射了中国的第一颗人造卫星"东方红一号"，成为继苏联、美国、法国、日本之后，世界上第五个能独立发射人造地球卫星的国家。

从此之后，中国国防科技工业不断发展壮大，中国军事化技术不断提升，计算机和各种网络高新技术得到广泛应用，卫星技术、核技术、导弹技术和战略核力量不断发展，陆续自主研制成功和发射成功了潜艇水下发射的运载火箭、返回式遥感卫星、地球同步通讯及太阳同步轨道卫星。

题；华为创始人任正非建设华为自己的研发中心，打破了过度依赖国外芯片和系统的传统，不仅促进了我国电信事业的发展，更是提高了中国在世界上的自主创新形象；作为首位华人诺贝尔生理学或医学奖获奖者屠呦呦发现的青蒿素，可用于治疗疟疾，挽救了全球数百万人的生命，为亚洲南部、非洲和南美洲等热带发展中国家的人改善了健康状况，被认为是20世纪热带医学的显著突破。在科技领域，我国大飞机的成功试飞、"天眼"的成功建成、港珠澳大桥的顺利通车、墨子号的成功运行、神舟号成功登月、国产航母的成功航行、蛟龙号的深水下潜……几十年中，一批又一批的爱国人士为了祖国和人民的最高利益，默默无闻，艰苦奋斗，以其惊人的智慧和高昂的爱国主义精神创造着人间奇迹。"中华民族不欺侮别人，也绝不受别人欺侮"，是他们的坚定信念。爱国主义是他们创造、开拓的动力，也是他们克服一切困难的精神支柱。我们要学习功臣们艰苦奋斗、无私奉献的创新精神。正是有了这样的精神，他们不怕狂风飞沙，不惧严寒酷暑，没有条件，创造条件；没有仪器，自己制造；缺少资料，刻苦钻研。就是这样，他们以惊人的毅力和速度从无到有、从小到大，创造出"两弹一星"的惊人伟绩。"两弹一星"事业所取得的巨大成就，是中国人民挺直腰杆站起来的重要标志，极大地鼓舞了全党全军全国人民的斗志，增强了民族凝聚力，激发了振兴中华的爱国热情，为我国国家形象以及国家综合实力的提升作出了巨大贡献。

2. 伟大奋斗精神

在几千年历史长河中，中国人民始终革故鼎新、自强不息，开发和建设了祖国辽阔秀丽的大好河山，开拓了波涛万顷的辽阔海疆，开垦了物产丰富的广袤粮田，治理了桀骜不驯的千百条大江大河，战胜了数不清的自然灾害，建设了星罗棋布的城镇乡村，发展了门类齐全的产业，形成了多姿多彩的生活。中国人民自古就明白，世界上没有坐享其成的好事，要幸福就要奋斗。今天，中国人民拥有的一切，凝聚着中国人的聪明才智，浸透着中国人的辛勤汗水，蕴涵着中国人的巨大牺牲。

习近平同志强调，中国人民自古就明白，世界上没有坐享其成的好事，要幸福就要奋斗。伟大奋斗精神深深根植于博大精深的中华文明，勃发于火热的社会实践，升华凝结于中国人民日新月异的创新创造，是中华民族立于世界民族之林、引领时代潮流、实现民族复兴的强大精神支撑。中华民族是一个具有顽强斗争精神的伟大民族。从威武不能屈，到粉身碎骨浑不怕，再到有同自己的敌人血战到底的气概，百折不挠、坚强不屈的斗争精神深深熔铸于中华民族品格之中。5000多年来形成的中华文明孕育于斗争之中，近代以来中国革命的胜利、建设的成就、改革的推进都是靠斗争拼出来、干出来、闯出来的。斗争绝非庸俗意义上的为利益而斗、为私利而争，而是直面前进道路上的新情况、新问题，以动真碰硬、不达目的誓不罢休的精神状态，闯关夺隘、善作善成的意志品格，不断攻坚克难，推动各种问题的解决。当前，我们正在进行具有许多新的历史特点的伟大斗争，坚决战胜一切在经济、政治、文化、社会等领域和自然界出现的困难和挑战，就一定能为伟大奋斗精神增添新的时代内涵。[1]

3. 伟大团结精神

在几千年历史长河中，中国人民始终团结一心、同舟共济，建立了统一的多民族国家，发展了56个民族多元一体、交织交融的融洽民族关系，形成了守望相助的中华民族大家庭。近代以来，中华民族面临着亡国灭种的危机，1937年，日本发动全面侵华战争，中国共产党人高举团结抗日的旗帜，以民族利益为重，妥善处理"西安事变"，唤醒了全民族前所未有的觉醒和团结。在中国共产党的领导下，亿万中国人民团结起来，不分男女老幼、东西南北，积极抗日。在面对外敌入侵时，中国人民表现出了伟大团结精神，在对抗自然灾害的过程中，同样展现出中国人民的伟大团结精神，中国人民在面对地震、雪灾、洪水、泥石流等各种自然灾害时也充分展现了"一方有难、八方支援"的团结互助精神。今天，中国取得的令

---

[1] 参见《大力弘扬伟大奋斗精神》。

世人瞩目的发展成就，更是全国各族人民同心同德、同心同向努力的结果。中国人民从亲身经历中认识到，团结就是力量，团结才能前进，一个四分五裂的国家不可能发展进步。

● 延伸阅读

《时代》：被唤醒的中国

2008年5月12日，通往地震震中附近小镇——映秀镇的公路上满是大坑，大到可以掉进去一个小孩，路上还有被砸烂的卡车和巨大的石头。在小镇的边上，就在一辆被巨石砸碎的汽车旁边，一次塌方将道路彻底切断。一位母亲步行走进山里，把她12岁的儿子找了出来，她说，眼前的一切在孩子心里留下了深深的伤口。他们身后的景象仿佛地狱。她说那里尸体在腐烂，学校坍塌了，道路被埋了，一排排的民房被毁坏了。但是，这种情形没有吓倒两位朋友，他们坐火车、坐汽车，最后步行来到这里帮助汶川地震的灾民。他们穿着印有"我爱（红心）中国"的T恤，坚定地走向了地震灾区的中心。从300公里以外的自贡赶来的36岁中学物理老师吴广磊（音）说："我们看到灾难的新闻后，决定要来帮助灾民。"28岁的吴向平（音）是从北京一家广告公司请假后加入赈灾工作的，他说："我们中国人越来越团结了。""因为这次事件，国家的士气也高涨了。"

汶川地震

中国人和外国人都在感叹：中国原来是这样。

他们这些简单的观察带着一种希望和自豪的感情，集中代表了中国作为一个国家在过去两周里感悟到的一切。根据官方信息源，这是30年来中

国最严重的8.0级地震,可能至少造成5万人死亡和500万人无家可归。从灾区传出的可怕录像——混凝土校舍变成摊饼一样压在孩子们的身上,他们的身体好像化石一样被扭曲,一个身陷废墟中的女孩不得不被截肢才能被救出——这些都让中国人的心情跌入深渊。令人深思的是,这个国家展现出的画面:百万千万的中国人排起长队,捐出钱、食品和衣物。数万人像两位吴先生那样请了假,离开他们的家人,冲到灾区帮助他们的同胞。通往灾区的道路上挤满了私家车,上面挂着写着"抗震救灾""一方有难、八方支援"字样的条幅。交通无比拥挤,政府不得不封锁道路让一些志愿者回去。在一些受灾的市镇,捐来的衣服堆起足有两米高。几天之内,中国原来不习惯慈善事业的私人企业捐出的资金超过10亿美元,而且还在增长。

从这次人道主义危机中,一种新的自我意识觉醒了,人们认识到中国人的同情心和慷慨精神,这是一种集体顿悟,整个民族突然间意识到在20年的经济繁荣中,他们改变了多少,以及一些改变是如何朝好的方向发展的。人们对普通中国人更有信心了,可以信任他们拥有建立一个更具美德的社会的能力和责任感以及促使政府给予其权利这么做的意愿。

一个民族的痛

危机中的最重要一刻是2008年5月19日下午2:28,地震后的整一周。全国人民默哀三分钟。交通停止,国旗半悬,各地的中国人流泪站立,为汶川大地震的遇难者默哀——这次地震被称为"汶川大地震",因为汶川是它的震中。司机摁响喇叭,工厂鸣笛,所有人集体默哀。这个仪式标志着三天全国哀悼日的开始,在此期间,在线游戏等网络活动中止,除了那些播放新闻的电视台,其他电视台都不播放娱乐节目。

这场全国性的悲情宣泄让人们不再相信中国缺乏公民精神这种观念。就在这几周的时间里,中国不仅让人们看到,这里的人民不仅懂得如何哀悼,而且懂得如何给予。善款不仅仅来自私人企业和富人,很多捐款的人是普通人,他们做出了很大的牺牲。2008年5月19日,北京的中国红十字会办公室里,63岁的梁宝英(音)耐心地排着队。她拿着一个信封,里面的钱相当于287美元——这是她一个月的退休金。梁宝英满脸泪水,她说

她不能再看电视上地震的新闻了,太伤心了。"我认为这是全国的悲剧,我们没有别的选择,只能给予。我相信红十字会会合理使用捐款。"

成千上万的人做得更多。根据《中国青年报》的报道,大约有20万志愿者从中国各地赶往地震灾区,提供食品、帐篷和医疗,他们的车队有时在四川省狭窄的山道上造成拥堵。私人的援助形式很多:从内蒙古运来的牛肉,从深圳运来的睡袋,从重庆运来的建筑材料,还有几百万瓶矿泉水和大量方便面。志愿者在政府救援工作没有到达的地方展开。在受灾严重的北川南边的永安村,老老少少的地震灾民排队站在路边等候民兵的到来。82岁的王绍清(音)说,"我们靠志愿者给我们送吃的。"正当他说话时,小孩们朝志愿者的汽车飞跑过去,那些汽车停下来,里面的人从窗户里给他们递出食物和瓶装水。

国家媒体报道志愿者工作的热情与报道12万解放军和武警战士救援工作的热情一样大。这次报道的成熟度与自由度同样令人吃惊。电视台和电台24小时报道,报纸出版了特刊。一个播音员甚至批评某记者在她所住的酒店里连线,而不是冒险进入现场。

地震显示了中国的变化有多大,也让人们看到中国可能会变成什么样。当大地停止震动后,政治文化的余波还将持续很多年。

4. 伟大梦想精神

在几千年的历史长河中,伟大梦想精神是融入中华民族血脉的优秀文化基因。梦想是人们对美好未来的向往、憧憬和追求。一个民族如果只重物质生活、囿于世俗当下,注定是不会走远的。中华民族是拥有伟大梦想的民族。在广袤的中华大地上,中国人民不论条件多么艰苦、环境多么严酷,都能生生不息、奋斗不止,创造出灿烂的中华文明。究其原因,就在于中国人民始终心怀梦想、不懈追求。

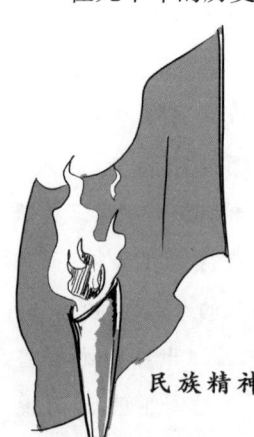

民族精神,生生不息

在中华文化发展的长河中，中国人民一直保持、延续着强烈的伟大梦想精神。盘古开天、伏羲画卦、夸父追日、精卫填海、愚公移山等中国古代神话，作为一种"神化"的现实生活，表达了古代中国人民改天换日、填海移山的强烈愿望，深刻反映了中国人民勇于追求和实现梦想的执着精神。正是基于这样的追求和执着，中国人民对理想社会的梦想始终不灭，小康生活的理念千百年来激励着中国人民顽强奋斗。从夸父追日、嫦娥奔月等古代飞天神话，到"可上九天揽月"的现代豪迈，再到神舟、天宫、天眼、悟空、墨子等重大空间科技成果的相继问世；从女娲补天、大禹治水等环境治理传说，到"天堑变通途""高峡出平湖"的伟大创造，再到南水北调的人间壮举；从悟空大闹龙宫、哪吒闹海的古代想象，到"可下五洋捉鳖"的现代誓言，再到"蛟龙号"不断刷新载人深潜世界纪录，伟大梦想精神始终一脉相承，已经深深地融入中华民族血脉，化为中华民族重要的文化基因，代表着中华民族独特的精神标识，为中华民族攻坚克难、超越自我提供了不懈的精神动力。

2018年12月18日习近平总书记在庆祝改革开放40年大会上的讲话中强调，伟大梦想不是等得来、喊得来的，而是拼出来、干出来的。历史向来只会眷顾坚定者、奋进者、搏击者，而不会等待犹豫者、懈怠者、畏难者。梦想越是伟大，奋斗也就越是艰辛。在"船到中流浪更急、人到半山路更陡"之时，摆在我们面前的使命更光荣、任务更艰巨、挑战更严峻、工作更伟大。中国人民相信，山再高，往上攀，总能登顶；路再长走下去，定能到达。近代以来，实现中华民族伟大复兴成为中华民族最伟大的梦想，中国人民百折不挠、坚忍不拔，以同敌人血战到底的气概、在自力更生的基础上光复救国的决心、自立于世界民族之林的能力，为实现这个伟大梦想进行了170多年的持续奋斗。面对建成社会主义现代化强国、实现中华民族伟大复兴这场接力跑，今天的我们只有勇做追梦人，不驰于空想、不骛于虚声，在奔跑中奋力逐梦，才能在新时代创造中华民族新的伟大奇迹。

勤劳勇敢的中国人民培育、继承、发展起来的以爱国主义为核心的伟大民族精神，是坚定中国特色社会主义道路自信、理论自信、制度自信、文化自信的底气，是中华民族风雨无阻、高歌行进的根本力量。

● 延伸阅读

感受毛泽东诗词中的伟大梦想精神（节选）

昔日"黄洋界上炮声隆"，如今"到处莺歌燕舞"，三十八年过去，毛泽东重上井冈山，看到旧貌变新颜的生机勃勃景象，写下豪情万丈词作《水调歌头·重上井冈山》。

水调歌头·重上井冈山
久有凌云志，重上井冈山。
千里来寻故地，旧貌变新颜。
到处莺歌燕舞，更有潺潺流水，高路入云端。
过了黄洋界，险处不须看。
风雷动，旌旗奋，是人寰。
三十八年过去，弹指一挥间。
可上九天揽月，可下五洋捉鳖，谈笑凯歌还。
世上无难事，只要肯登攀。

文化讲堂

可上九天揽月，
可下五洋捉鳖，
谈笑凯歌还。
世上无难事，
只要肯登攀。
——毛泽东

井冈山这个"中国革命摇篮"，是毛泽东诗人生涯中唯一3次以之为创作主题的地方。《西江月·井冈山》《水调歌头·重上井冈山》《念奴娇·井冈山》三篇词作气势磅礴、思想深邃、壮志凌云。

"久有凌云志，重上井冈山。"毛泽东在年轻时就有革命的伟大志向，1927年在井冈山创立了第一个革命根据地，点燃"工农武装割据"的星星之火，开辟了中国革命的成功道路，成为中国革命不断走向胜利的光辉起点。

"千里来寻故地，旧貌变新颜。"1965年5月，毛泽东重新登上井冈山，旧地重游，井冈山面貌大变，"到处莺歌燕舞，更有潺潺流水，高路入云端。"人民生活歌舞升平，环山公路直通云端。黄洋界上的炮声早已

远去,这个险要的地方曾是我们战斗的地方,经历了黄洋界保卫战这样严峻的考验,任何艰难险阻都不会吓倒革命战士。

词的下阕呼应上阕:"风雷动,旌旗奋,是人寰。"革命运动在中国大地开展起来了,这是"久有凌云志"的实践。

"三十八年过去,弹指一挥间",时间过得飞快,仿佛是一弹指一挥手的瞬间。

"可上九天揽月,可下五洋捉鳖,谈笑凯歌还。"无产阶级革命者有上九重天摘取明月的凌云壮志,有下五大洋活捉大鳖、打倒国内外一切敌人的英雄气概。谈笑间把敌人消灭,高奏凯歌胜利归来。

"世上无难事,只要肯登攀",世界上没有做不到的事情,实现梦想如同征服高山,只要努力攀登,一定能够到达光辉的顶峰。如今,上九天揽月,下五洋捉鳖,在中国都已实现。

2013年6月11日,习近平总书记在酒泉卫星发射中心为中国航天员壮行时,引用这首诗词中的名句,他指出:载人航天飞行任务,承载着中华民族的航天梦,展现了中国人"敢上九天揽月"的豪情壮志。航天梦是中国梦的一部分,如今,"上九天揽月"这个壮丽梦想在一代代航天人艰苦卓绝的努力下,已经变为现实。

2018年3月20日,习近平总书记在第十三届全国人民代表大会第一次会议讲话中提出,中国人民是具有伟大梦想精神的人民,只要13亿多中国人民始终发扬这种伟大梦想精神,我们就一定能够实现中华民族伟大复兴。中国人"可上九天揽月"的梦想,正是走中国道路、弘扬中国精神、凝聚中国力量才得以实现的。

第三节　高扬先进文化旗帜,提升民族文化自信

社会主义先进文化对弘扬民族精神,形成民族凝聚力,有着极大的激励和促进作用。世界上每一个成熟的民族都有属于自己的特有的文化形态和文化个性,而这特有的文化就成为民族亲和力和凝聚力的重要源泉。中国优秀的传统文化培养了刻苦耐劳、勤俭持家、不畏强暴等民族性格和爱

国主义精神，在历史上对于中华民族的发展、进步、稳定和统一起了重要的作用。今天，要实现社会主义现代化，同样离不开先进文化的凝聚和激励作用。先进文化为中国经济发展和社会全面进步提供精神动力。先进文化可以使全社会形成共同的理想和精神支柱，激励人们团结一致，克服困难，争取各项事业取得更大胜利。先进文化是中国综合国力和国际竞争力的深层支撑，也是中国共产党夯实执政基础、巩固执政地位的核心内容。只有准确把握先进文化的发展规律，不断在执政实践中提高发展先进文化的本领和能力，才能增强综合国力，提高国际竞争力，才能满足人民群众对先进文化的需求，夯实执政的文化基础。

文化具有多样性和历史性。在当代社会，有先进的文化，有落后的文化，也有腐朽反动的文化。反映和适应先进生产力的发展要求，代表和维护最广大人民的根本利益的文化，才是先进文化。先进文化是人类文明进步的结晶，是能够顺应人类社会发展规律，揭示人类社会未来发展方向，为人类社会文明进步提供强有力的思想保证、精神动力和智力支持的文化。

作为 21 世纪国家发展时代中的一员，我们应该为我国的文化感到自豪和骄傲，我们应该秉持先进文化的发展方向，做一个有理想、有道德、有纪律、有文化的公民，坚守社会道德底线，用先进文化的力量指引人生的发展。

一、社会主义先进文化的集中体现：社会主义核心价值观

（一）社会主义核心价值观的内涵和发展

社会主义核心价值观是社会主义核心价值体系的内核，体现社会主义核心价值体系的根本性质和基本特征，反映社会主义核心价值体系的丰富内涵和实践要求，是社会主义核心价值体系的高度凝练和集中表达。对于社会主义核心价值观的基本内涵主要可以总结为 24 个字，即富强、民主、文明、和谐、自由、平等、公正、法治、爱国、敬业、诚信、友善。积极培育和践行社会主义核心价值观不仅是国家培育和发展社会主义先进文化的重要举措，也是增强国家文化软实力，提升民众文化自信的重要举措。

对于社会主义核心价值观的基本内涵主要可以从国家、社会和个人三个层面来理解和贯彻。富强、民主、文明、和谐是国家层面的价值目标，自由、平等、公正、法治是社会层面的价值取向，爱国、敬业、诚信、友善是公民个人层面的价值准则，这24个字是社会主义核心价值观的基本内容。

"富强、民主、文明、和谐"，是我国社会主义现代化国家的建设目标，也是从价值目标层面对社会主义核心价值观基本理念的凝练，在社会主义核心价值观中居于最高层次，对其他层次的价值理念具有统领作用。富强即国富民强，是社会主义现代化国家经济建设的必然状态，是中华民族梦寐以求的美好夙愿，也是国家繁荣昌盛、人民幸福安康的物质基础。民主是人类社会的美好诉求。我们追求的民主是人民民主，其实质和核心是人民当家作主。它是社会主义的生命，也是创造人民美好幸福生活的政治保障。文明是社会进步的重要标志，也是社会主义现代化国家的重要特征。它是社会主义现代化国家文化建设的应有状态，是对面向现代化、面向世界、面向未来的，民族的科学的大众的社会主义文化的概括，是实现中华民族伟大复兴的重要支撑。和谐是中国传统文化的基本理念，集中体现了学有所教、劳有所得、病有所医、老有所养、住有所居的生动局面。它是社会主义现代化国家在社会建设领域的价值诉求，是经济社会和谐稳定、持续健康发展的重要保证。

"自由、平等、公正、法治"，是对美好社会的生动表述，也是从社会层面对社会主义核心价值观基本理念的凝练。它反映了中国特色社会主义的基本属性，是我们党矢志不渝、长期实践的核心价值理念。自由是指人的意志自由、存在和发展的自由，是人类社会的美好向往，也是马克思主义追求的社会价值目标。平等指的是公民在法律面前的一律平等，其价值取向是不断实现实质平等。它要求尊重和保障人权，人人依法享有平等参

与、平等发展的权利。公正即社会公平和正义,它以人的解放、人的自由平等权利的获得为前提,是国家、社会应然的根本价值理念。法治是治国理政的基本方式,依法治国是社会主义民主政治的基本要求。它通过法制建设来维护和保障公民的根本利益,是实现自由平等、公平正义的制度保证。

"爱国、敬业、诚信、友善",是公民基本道德规范,是从个人行为层面对社会主义核心价值观基本理念的凝练。它覆盖社会道德生活的各个领域,是公民必须恪守的基本道德准则,也是评价公民道德行为选择的基本价值标准。爱国是基于个人对自己祖国依赖关系的深厚情感,也是调节个人与祖国关系的行为准则。它同社会主义紧密结合在一起,要求人们以振兴中华为己任,促进民族团结、维护祖国统一、自觉报效祖国。敬业是对公民职业行为准则的价值评价,要求公民忠于职守,克己奉公,服务人民,服务社会,充分体现了社会主义职业精神。诚信即诚实守信,是人类社会千百年传承下来的道德传统,也是社会主义道德建设的重点内容,它强调诚实劳动、信守承诺、诚恳待人。友善强调公民之间应互相尊重、互相关心、互相帮助,和睦友好,努力形成社会主义的新型人际关系。[1]

(二) 社会主义核心价值观的作用与影响

面对世界范围思想文化交流交融交锋形势下价值观较量的新态势,面对改革开放和发展社会主义市场经济条件下思想意识多元多样多变的新特点,积极培育和践行社会主义核心价值观,对于巩固马克思主义在意识形态领域的指导地位、巩固全党全国人民团结奋斗的共同思想基础,对于促进人的全面发展、引领社会全面进步,对于集聚全面建成小康社会、实现中华民族伟大复兴中国梦的强大正能量,具有重要现实意义和深远历史意义。从适应国内国际大局深刻变化看,我国正处在大发展大变革大调整时期,在前所未有的改革、发展和开放进程中,各种价值观念和社会思潮纷繁复杂。国际敌对势力正在加紧对我国实施西化分化战略图谋,思想文化领域是他们长期渗透的重点领域。面对世界范围思想文化交流交融交锋形势下价值观较量的新态势,面对改革开放和发展社会主义市场经济条件下思想意识多元多样多变的新特点,迫切需要我们积极培育和践行社会主义

---

[1] 参见《社会主义核心价值观解读》。

核心价值观，扩大主流价值观念的影响力，提高国家文化软实力。

从推进国家治理体系和治理能力现代化要求看，培育和弘扬核心价值观，有效整合社会意识，是国家治理体系和治理能力的重要方面。全面深化改革，完善和发展中国特色社会主义制度，推进国家治理体系和治理能力现代化，必须解决好价值体系问题，加快构建充分反映中国特色、民族特性、时代特征的价值体系，在全社会大力培育和弘扬社会主义核心价值观，提高整合社会思想文化和价值观念的能力，掌握价值观念领域的主动权、主导权、话语权，引导人们坚定不移地走中国道路。从实现民族复兴中国梦的宏伟目标看，核心价值观是一个国家的重要稳定器，构建具有强大凝聚力感召力的核心价值观，关系社会和谐稳定，关系国家长治久安。实现"两个一百年"的奋斗目标，实现中华民族伟大复兴的中国梦，必须有广泛的价值共识和共同的价值追求。这就要求我们持续加强社会主义核心价值体系和核心价值观建设，巩固全党全国各族人民团结奋斗的共同思想基础，凝聚起实现中华民族伟大复兴的中国力量。[1]

（三）在实际生活中践行社会主义核心价值观

党的十八大以来，中央高度重视培育和践行社会主义核心价值观。党的十八大明确提出，倡导富强、民主、文明、和谐，倡导自由、平等、公正、法治，倡导爱国、敬业、诚信、友善，积极培育和践行社会主义核心价值观。党的十九大报告在部署培育和践行社会主义核心价值观时强调，要"深入挖掘中华优秀传统文化蕴含的思想观念、人文精神、道德规范，结合时代要求继承创新，让中华文化展现出永久魅力和时代风采"。习近平总书记多次作出重要论述、提出明确要求。中央政治局围绕培育和弘扬社会主义核心价值观、弘扬中华传统美德进行集体学习。中央办公厅下发《关于培育和践行社会主义核心价值观的意见》。党中央的高度重视和有力部署，为加强社会主义核心价值观教育实践指明了努力方向，提供了重要遵循。2017年10月18日，习近平同志在党的十九大报告中指出，要培育和践行社会主义核心价值观。要以培养担当民族复兴大任的时代新人为着眼点，强化教育引导、实践养成、制度保障，发挥社会主义核心价值观对

---

[1] 选自《社会主义核心价值观解读》。

国民教育、精神文明创建、精神文化产品创作生产传播的引领作用。

作为社会发展的一分子，我们有责任有义务贯彻党和国家的方针政策，积极培育践行社会主义核心价值观。

一是坚持马克思主义的指导思想。我们要用马克思主义中国化的最新理论成果武装自己。马克思主义指导思想是社会主义核心价值体系的灵魂。马克思主义是我们立党立国的根本指导思想。在我们成长成才的过程中，马克思主义为我们提供了正确的世界观和方法论，是我们认识社会发展规律、把握未来方向的强大思想武器。只有用马克思主义的立场、观点、方法来正确认识经济社会发展大势，正确认识社会思想意识中的主流与支流，才能在错综复杂的社会现象中看清本质，明确方向，不至于犯下错误。

二是我们要树立中国特色社会主义共同理想，坚定中国特色社会主义理想信念。中国特色社会主义共同理想是社会主义核心价值体系的主题。在现阶段，全社会的共同理想是建设中国特色社会主义，这个共同理想，具有强大的感召力和凝聚力，我们要强化理想信念学习，深刻理解高举中国特色社会主义伟大旗帜对于当代中国进步与发展的深远意义，自觉认同中国特色社会主义的共同理想，把这个共同理想化为自己的价值追求、价值取向和价值目标，并坚定地为之努力奋斗。

三是我们要学习和弘扬以爱国主义为核心的民族精神和以改革创新为核心的时代精神。我们应从优秀传统文化中汲取营养，激发爱国热情，使我们一方面以开放的心态，虚心学习世界其他民族的长处，另一方面树立坚定的民族自尊心、自信心和自豪感，自觉维护国家利益和民族尊严。

四是我们要积极培育自我良好意识，树立爱国、爱党、爱人民的情怀，与周围人和睦相处，团结统一；树立勤劳勇敢的思想意识，用自己的辛勤劳动去换取美好幸福的生活，切不可因为一时冲动，触犯国家法律；在以后的社会生活中我们更应该树立起自强

不息的意识,有志者,事竟成。树立远大人生理想,顽强拼搏,在生活和工作中树立自强意识,当然,作为中华儿女,有幸生活在和平幸福的中国,看到祖国日益繁荣富强,看到国家军队在为我们美好的生活保驾护航,我们有什么理由去做对国家、社会、人民不利之事呢?古语云:"知错能改,善莫大焉。"每个人都会犯错,但是每个人都有承认错误并改正错误的机会,我们要珍惜改过自新的机会,树立远大理想,践行社会主义核心价值观,为了共同的理想,为了更美好的明天努力前行。

◉ 延伸阅读

"两弹一星"元勋程开甲:人生的价值在于奉献

程开甲,101岁,中国科学院院士、"两弹一星功勋奖章""八一勋章"获得者,2018年11月17日病逝。中国指挥核试验次数最多的科学家。为了让我们中华民族能够站起来,不被外敌欺辱,他毅然前往西北荒漠隐姓埋名20余年,为中国制造国之重器,这才让我们中华民族如今骄傲地屹立在世界民族之林。

1918年,程开甲在江苏出生,1946年前往英国留学师从玻恩教授并获得博士学位。1950年,程开甲婉拒导师的挽留,放弃英国皇家化工研究所研究员的优厚待遇、科研条件,毅然回到了一穷二白的中国,开启了他报效祖国的人生之旅。

几十年后,有人问他,对当初的决定怎样想?程开甲说:"对于这个问题,刚离开英国时,我想得并不多。但回国后,尤其是到了晚年,在总结自己人生的时候,我很感慨:我如果不回国,可能会在学术上有更大的成就,但最多是一个二等公民身份的科学家,绝不会有这样幸福。而我现在所做的一切,都和祖国紧紧地联系在一起。"

2017年7月28日,在建军90周年之际,程开甲刚好100岁,他被中央军委授予我国军队的最高荣誉勋章:八一勋章。授勋时,百岁老人虽然行动已多有不便,仍穿戴整齐我军礼服,胸前端正地悬挂着"八一勋章",留下了他给我们这个民族的最后一张影像。这提醒我们不要忘记"两弹一

星"精神,也不要忘记那个艰难时代的苦难,珍惜当下的幸福生活,但也不要丢掉了民族精神,不要再次弯下腰去。

二、坚定文化自信,推动社会主义先进文化建设

(一)文化自信的内涵与发展

文化在人类文明产生和发展过程中具有决定性作用和本质意义。文化自信是一个民族、一个国家、一个政党对自身文化价值的清晰把握、充分肯定和积极践行。回顾党的历史不难发现,中国革命能屡遭坎坷仍克敌制胜,改革开放能屡遇困难仍奋发前行,探究深层原因,都是有强大的文化自信在发力。每当革命、建设和改革的关键时刻,中国共产党总能作出科学判断和正确抉择,重要原因就在于坚定的文化自信。作为拥有五千多年文明历史的中华民族,我们形成了自己的优秀文化,得到了整个中华民族的认可、认同和接受,拥有其他任何文化都无法比拟的群众基础。对自己文化的自信,统一了我们的思想认知,明确了我们走向未来的前进方向,并赋予我们丰饶的智慧与强大的定力,使我们在前进的道路上更富于激情和勇气,更具有毅力和韧性,更能在攻坚克难与顽强拼搏中创造奇迹、撷获硕果。文化自信提升了人们的思想认知,明确了前进方向,赋予人们智慧和力量,也必将成为实现"两个一百年"奋斗目标和中华民族伟大复兴中国梦的依据和根本。

文化的发展必须建立在文化自信的基础之上,文化自信可以推动传统文化的发展和繁荣。十八大以来,习近平总书记在多个场合谈到中国传统文化,表达了自己对传统文化、传统思想价值体系的认同与尊崇。2014年2月24日中央政治局第十三次集体学习中,习近平提出要"坚定文化自信和价值观自信"。之后的两年间,习近平又对此有过多次论述:"增强文化自觉和文化自信,是坚定道路自信、理论自信、制度自信的题中应有之义。"2015年5月4日他与北京大学学子座谈,也多次提到核心价值观和文化自信。习近平在国内外不同场合的活动与讲话中,展现了中国政府与人民的精神志气,提升了中华民族的文化自信。[1]

---

[1] 参见《文化自信——习近平提出的时代课题》。

2016年5月和6月,习近平又连续两次对"文化自信"加以强调,指出"我们要坚定中国特色社会主义道路自信、理论自信、制度自信,说到底是要坚持文化自信";要引导党员特别是领导干部"坚定中国特色社会主义道路自信、理论自信、制度自信、文化自信"。在庆祝中国共产党成立95周年大会的讲话中,习近平对文化自信特别加以阐释,指出"文化自信,是更基础、更广泛、更深厚的自信",其语境更为庄严,观点更为鲜明,态度更为坚决,传递

出这既是文化理念又是指导思想。文化自信于是成为继道路自信、理论自信和制度自信之后,中国特色社会主义的"第四个自信"。[1]

党的十九大报告指出:"文化兴国运兴,文化强民族强。没有高度的文化自信,没有文化的繁荣兴盛,就没有中华民族伟大复兴。"这一论述高度凝练了文化的价值和文化自信的功能,彰显了我们党崇高的文化理想和强烈的文化担当。

文化自信本质上是对中国特色社会主义的信念和认同。文化自信是中国特色社会主义的精神内核,深层次体现中国特色社会主义。文化自信说到底是人们对其文化价值的充分肯定、文化发展的饱满信心和文化价值取向的坚定信仰。从历史上看,任何一个国家和民族,其发展道路的选择、发展理论的创新和国家制度的设计,都必须根植于自己的历史文化传统。今天我们完全可以说,没有中华优秀传统文化,没有中国共产党在革命、建设、改革时期创造的革命文化和社会主义先进文化,就没有中国特色社会主义道路的开辟,理论体系的形成和制度的确立。同时,我们的文化是以马克思主义为指导、以共产主义为指向、以社会主义核心价值观为灵魂的文化,从根本上说,道路自信、理论自信、制度自信的内核就是价值观念,是文化自信在实践、理论和制度层面的价值表达和外在呈现。因此,

---

[1] 参见《习近平为何如此重视文化自信》。

文化自信根本上就是对共产主义远大理想和中国特色社会主义共同理想的坚定信心，就是要既不走改旗易帜的邪路，也不走封闭僵化的老路，而是要把中国特色社会主义这篇大文章继续写下去，写出精彩的篇章，实现社会主义现代化，实现中华民族伟大复兴。中国特色社会主义事业的蓬勃发展和巨大成就，为文化自信注入了时代内涵。

（二）社会主义先进文化为文化自信注入活力

习近平总书记指出，要弘扬社会主义先进文化，推动社会主义文化大发展大繁荣，朝着建设社会主义文化强国的目标不断前进。在中华民族从站起来、富起来到强起来的历史性飞跃中，社会主义先进文化新范式的建立与发展，推动着中国社会深度转型中的精神文明重建，彰显了中华文化软实力。社会主义先进文化是当代中国的新文化。它是以马克思主义为指导，以社会主义核心价值观为灵魂，以培育有理想、有道德、有文化、有纪律的社会主义公民为目标，是面向现代化、面向世界、面向未来的，民族的科学的大众的文化。在新的时代条件下，弘扬社会主义先进文化，是坚定文化自信、建设社会主义文化强国的题中之意，是进行伟大斗争、建设伟大工程、推进伟大事业、实现伟大梦想的精神支撑。先进文化的价值取向是有利于个人、家庭、国家、全人类的和谐与全面协调可持续发展，使人们在心灵自由、身体健康、财富自由等方面获得最大满足，全球一体，最终实现多民族、多文化相互尊重竞争和并存而共荣。

社会主义核心价值观作为先进文化的重要组成部分，对于文化自信的发展具有强大的凝聚力。这就是说，一方面，核心价值观决定着文化自信的性质和方向。文化自信的发展离不开社会主义核心价值体系的引领，否则就会迷失方向。另一方面，核心价值观决定着文化自信的生命力。文化自信的发展离不开社会主义核心价值体系的内化，否则就会失去创造力。社会主义核心价值体系是兴国之魂，是中国特色社会主义文化自信的灵魂和根本，为中国特色社会主义文化自信提供了精神动力、力量源泉，决定着中国特色社会主义文化的发展方向，保证了中国特色社会主义文化自信的发展动力。从文化自信的角度来说，文化自信，是更基础、更广泛、更深厚的自信。在五千多年文明发展中孕育的中华优秀传统文化，在党和人民伟大斗争中孕育的革命文化和社会主义先进文化，积淀着中华民族最深

层的精神追求,代表着中华民族独特的精神标识。我们要弘扬社会主义核心价值观,弘扬以爱国主义为核心的民族精神和以改革创新为核心的时代精神,不断增强全党全国各族人民的精神力量。

习近平总书记在中国文联十大、中国作协九大开幕式上的讲话中提到:"文化是一个国家、一个民族的灵魂。"历史和现实都表明,一个抛弃了或者背叛了自己历史文化的民族,不仅不可能发展起来,而且很可能上演一幕幕历史悲剧。文化自信,是更基础、更广泛、更深厚的自信,是更基本、更深沉、更持久的力量。坚定文化自信,是事关国运兴衰、事关文化安全、事关民族精神独立性的大问题。没有文化自信,不可能写出有骨气、有个性、有神采的作品。古往今来,世界各民族无一例外受到其在各个历史发展阶段上产生的文艺精品和文艺巨匠的深刻影响。中华民族精神,既体现在中国人民的奋斗历程和奋斗业绩中,体现在中国人民的精神生活和精神世界中,也反映在几千年来中华民族产生的一切优秀作品中,反映在我国一切文学家、艺术家的杰出创造活动中。在每一个历史时期,中华民族都留下了无数不朽作品。从诗经、楚辞、汉赋,到唐诗、宋词、元曲、明清小说等,共同铸就了灿烂的中国文艺历史星河。中华民族文艺创造力是如此强大、创造的成就是如此辉煌,中华民族素有文化自信的气度,我们应该为此感到无比自豪,也应该为此感到无比自信。我们应坚定文化自信,用文艺振奋民族精神。实现中华民族伟大复兴,必须坚定中国特色社会主义道路自信、理论自信、制度自信、文化自信。

中国特色社会主义文化,源自于中华民族五千多年文明历史所孕育的中华优秀传统文化,熔铸于党领导人民在革命、建设、改革中创造的革命文化和社会主义先进文化,植根于中国特色社会主义伟大实践。文化是一个国家、一个民族的灵魂。文化兴国运兴,文化强民族强。没有高度的文化自信,没有文化的繁荣兴盛,就没有中华民族的伟大复兴。在历史的长河中,我们必须要高扬社会主义先进文化的旗帜,树立文化自信,积极发展践行先进文化观,提升民族文化凝聚力,提升民族文化自信。

(三)增强文化软实力,提升文化自信

中国虽然有强大的文化根基和强劲的文化发展势头,但事实不容忽视,那就是中国目前还只是一个文化大国而不是一个文化强国,我们文化软实力的表现与物质硬实力的日益强大并不相称。如何提高文化软实力,践行文化自信,让中华文化走向世界才是发挥文化影响力,促进社会主义先进文化繁荣发展的重要举措。习近平指出,"提高国家文化软实力,要努力展示中华文化独特魅力",要"把跨越时空、超越国度、富有永恒魅力、具有当代价值的文化精神弘扬起来,把继承传统优秀文化又弘扬时代精神、立足本国又面向世界的当代中华文化创新成果传播出去"。他还指出:"要以理服人,以文服人,以德服人,提高对外文化交流水平,完善人文交流机制,创新人文交流方式,综合运用大众传播、群体传播、人际传播等多种方式展示中华文化魅力。"

当今中国正处在国内国外各种思潮碰撞的重要时期。我们既要坚持马克思主义为指导的主流意识形态,又要对各种有益的思想学派流派进行引领式包容性发展;既要吸收借鉴人类一切优秀文明遗产,又要自觉抵制西方错误思潮的侵袭误导。这是中国近代以来主流意识形态重构重建、核心价值观重构重建历史进程的继续和延伸。要看到,西方国家从资产阶级革命起,就确立起自己的意识形态、价值观及学术体系和话语体系,经历了一两百年的时间。我们不需要这样漫长的时间,但也要看到这项任务的复杂性、反复性和艰巨性。如今,中国特色社会主义道路、理论、制度已经取得了举世瞩目的成就。要确立起道路自信、理论自信、制度自信,就必须唤起全民族对于优秀传统文化的自信。

"欲人勿疑,必先自信"。只有对自己的文化有坚定的信心,才能获得坚持坚守的从容,鼓起奋发进取的勇气,焕发创新创造的活力。文化立世,文化兴邦。坚定文化自信,大力推动中华文化走出去,为中国经济、外交和安全影响力的扩展提供更加有效的软保护、构筑更有利的软环境,为我们的强国自信提供更基本更深沉更持久的力量,是我们必须重视的时代课题。坚定文化自信,提高文化软实力,首先要增强对中国特色社会主义道路、理论、制度的民族自信,抵御各种错误思潮的影响、诱惑和侵蚀,就必须为道路自信、理论自信、制度自信打上一层靓丽而坚固的底色。这个底色，就是对中华民族优秀历史传统的文化自信。而"提高国家文化软实力，关系'两个一百年'奋斗目标和中华民族伟大复兴中国梦的实现"。一个国家如果硬实力不行，可能一打就败；而如果软实力不行，可能不打自败。践行文化自信，提高文化软实力，事关全局，刻不容缓。

文以化人、文以载道，让中华民族的文化理念走出国门，让社会主义先进文化自身说话，使其成为不同语种、不同地域、不同国家和平交流沟通的媒介。在展现中华文化风采的同时，更重要的是呈现中国和平发展、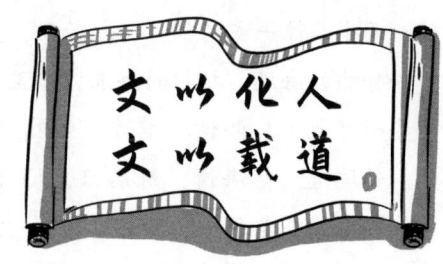和平崛起的理念，阐明"中华民族的血液中没有侵略他人、称霸世界的基因，中国人民不接受'国强必霸'的逻辑，愿意同世界各国人民和睦相处、和谐发展，共谋和平、共护和平、共享和平"，从而为中国的发展营造良好的国际氛围。[1]为此我们要提升国家软实力，坚定文化自信，做文化传播的使者。作为个人更要从小事做起，尊重社会主义先进文化，热爱先进文化。用自己的一言一行去贯彻社会主义先进文化。

◉ 延伸阅读

涛拍孤岛岸　风颂赤子心[2]

江苏灌云县开山岛位于我国黄海前哨，面积仅有两个足球场大小。1986年，26岁的王继才接受了守岛任务，从此与妻子王仕花以海岛为家。"当时，我是自愿要去守岛的，领导说，岛上必须得有人去守，我也答应了领导，答应了就要做到。"王继才毅然带着食物、衣服以及必需品上了岛。

---

[1] 参见《如何重塑"文化自信"》。
[2] 参见"2019感动中国十大人物事迹及颁奖词英雄永远最值得敬仰"，载四海网，最后访问时间：2019年2月28日。

王仕花说,一次带女儿上岛探夫被台风困住,看到丈夫没人照顾,而且十分危险。王仕花想,开山岛不能没有丈夫,而丈夫不能没有她。她毅然决定辞掉镇小学教师的工作,把女儿托付给婆婆,与丈夫在开山岛风雨同舟。王仕花也上了岛,丈夫是哨所所长,她是哨员。就这样,夫唱妇随。两个人像一支队伍,一起劳动,一起巡逻。王仕花娇小又胆小。开始听着呼啸的海风、拍打的海浪,心里就打颤,整夜不能睡。现在,王仕花的能耐可大了,即使王继才有事出岛三五天,她也能把小岛看守得好好的。钻坑道,察海情,辨船只,记日志,王仕花干得一点不比王继才逊色。在岛上夫妻两个人的年工资是3700元,1995年建了灯塔,又增加了2000元守护费。上有老母亲,下有3个子女,凭这点钱,很难维持全家的最低开销。现在,儿子考大学贷的3万元款还没还清,修建房屋的6万元钱也是王继才的姐姐垫的。为了生计,夫妻俩干起了最苦的活。每年春夏秋三季,双腿泡在海水中,捕鱼摸虾,捡贝类,铲海蛎,放蟹笼,大点的托渔船捎回港口去卖,小点的才自己解解馋,这样一年也有个三五千元的"外快"补贴家用。环视夫妻俩的岛上之家,也就是一间20平方米的旧营房。一个煤气罐,一个小灶台,一个小方桌,一张木板搭的床,就是他的全部家当。在营房前,有棵苦楝树,这是王继才和王仕花上岛后栽活的第一棵树,如今已长成了岛上的"树王"。苦楝树象征着永不屈服,是夫妻俩的精神之树。王继才说:"苦楝树都能在岩石缝里顽强成长,我们又有什么过不去的。"

(四)坚定文化自信,做自豪的追梦人

文化是一个国家、一个民族的灵魂。文化兴国运兴,文化强民族强。没有高度的文化自信,没有文化的繁荣兴盛,就没有中华民族的伟大复兴。要坚持中国特色社会主义文化发展道路,激发全民族文化创新创造活力,建设社会主义文化强国。文化在人类文明产生和发展过程中具有决定性作用和本质意义。文化自信是一个民族、一个国家、一个政党对自身文化价值的清晰把握、充分肯定和积极践行。每当革命、建设和改革的关键时刻,中国共产党总能作出科学判断和正确抉择,重要原因就在于坚定的文化自信。文化自信提升了人们的思想认知,明确了前进方向,赋予人们

智慧和力量,也必将成为实现"两个一百年"奋斗目标和中华民族伟大复兴中国梦的依据和根本。

文化是实现中华民族伟大复兴的必然要求。文化是民族的血脉,要实现中华民族的伟大复兴,必须加强文化建设。习近平总书记在党的十九大报告中明确指出:"没有高度的文化自信,没有文化的繁荣兴盛,就没有中华民族伟大复兴。"国家统一、人民幸福是实现中华民族伟大复兴的重要标志。为此,我们要团结全国各族人民,增强中华民族凝聚力,为实现祖国繁荣富强、促进祖国统一而奋斗。"推动民族复兴的巨大动力,来源于一个民族的凝聚力,而民族凝聚力的根,深深地生长于中华民族的优秀传统文化之中。"[1]增强中华民族凝聚力,汇聚中国力量,需要大力提倡社会主义先进文化。在当今经济文化全球一体化的国际大背景下,西方盛行的拜金主义、享乐主义、文化虚无主义的传入,对我国文化的发展产生了冲击。为此,我们更应该加强文化建设,弘扬中国特色社会主义先进文化,坚定文化自信,只有文化自信,我们的民族才能复兴,我们的国家才能富强。

我们提倡的"文化自信"有其深厚根基,是可以真正践行的。因为,我们有优秀传统文化的底蕴,也有在中国革命、建设、改革的伟大实践过程中孕育的革命文化和社会主义先进文化。这种在优秀传统文化基础上的继承和发展,夯实了我们文化建设的根基,奠定了我们文化自信的强大底气。我们拥有博大精深的优秀传统文化。它能"增强做中国人的骨气和底气",是我们最深厚的文化软实力,是我们文化发展的母体,积淀着中华民族最深沉的精神追求。诸如"自强不息"的奋斗精神,"精忠报国"的爱国情怀,"天下兴亡,匹夫有责"的担当意识,"舍生取义"的牺牲精神,"革故鼎新"的创新思想,"扶危济困"的公德意识,"国而忘家,公而忘私"的价值理念等,一直是中华民族奋发进取的精神动力。此外,"天人合一""天下为公"的社会理想,"以人为本""民惟邦本"的治国理念,"载舟覆舟""居安思危"的忧患意识,"止戈为武""协和万邦"的和平思想,"与人为善""己所不欲,勿施于人"的处世之道,"儒法并

---

[1] 选自《加强新时代中国特色社会主义文化建设》。

用""德刑相辅"的治理思想,"和为贵""和而不同"的东方智慧,一直是中华民族治国理政的思想渊源。

我们有鲜明独特、奋发向上的革命文化。从井冈山精神、长征精神、延安精神、西柏坡精神,到雷锋精神、大庆精神、"两弹一星"精神,再到航天精神、北京奥运精神、抗震救灾精神,这些富有时代特征、民族特色的宝贵财富,脱胎于中华民族优秀文化传统,同时又在新形势下不断进行着再生再造、凝聚升华,从而为我们在新的历史条件下推进文化建设奠定了坚实基础。我们还有承前启后、继往开来的社会主义先进文化。它是对中华民族优秀传统文化和红色革命文化的继承和发展,是运用马克思主义为指导所进行的文化创造。社会主义先进文化的明显特征是中国特色社会主义的共同理想、以爱国主义为核心的民族精神和以改革创新为核心的时代精神,以及社会主义荣辱观。在短短几十年的社会主义实践中,我们创造了中国道路、中国模式、中国奇迹,这已充分说明社会主义先进文化是一种有生命力的文化,是一种体现人类文明发展进步方向的文化。

这些千百年传承的理念,已浸润于每个国人的心中,成为日常而不觉的价值观,构成中国人的独特精神世界。正如习近平所说,中国传统思想文化"体现着中华民族世世代代在生产生活中形成和传承的世界观、人生观、价值观、审美观等,其中最核心的内容已经成为中华民族最基本的文化基因。这些最基本的文化基因,是中华民族和中国人民在修齐治平、尊时守位、知常达变、开物成务、建功立业过程中逐渐形成的有别于其他民族的独特标识"。

我们的文化自信,不仅来自于文化的积淀、传承与创新、发展,更来自于当今中国特色社会主义的蓬勃生机,来自于实现中国梦的光明前景。改革开放 40 年来,我们创造了举世

坚定道路自信、理论自信、制度自信、文化自信,我们都是追梦人!

瞩目的成就。国家兴旺，文化必然兴盛，特别是党的十八大以来，我们党把建设社会主义文化强国摆到更加突出的位置，中华文化正迎来一个繁荣发展的黄金期。文化的优秀、国家的强大、人民的力量，就是我们文化自信的强大底气，文化自信的水是源木之本。正如习近平所说："站立在960万平方公里的广袤土地上，吸吮着中华民族漫长奋斗积累的文化养分，拥有13亿中国人民聚合的磅礴之力，我们走自己的路，具有无比广阔的舞台，具有无比深厚的历史底蕴，具有无比强大的前进定力。""当今世界，要说哪个政党、哪个国家、哪个民族能够自信的话，那中国共产党、中华人民共和国、中华民族是最有理由自信的。""中国人民应该有这个信心，每一个中国人都应该有这个信心。"[1]

文化的建设与发展需要每一个中国人的参与和付出，文化是民族凝聚力的重要体现，也是国家软实力的重要象征。当下，我们正走在实现中华民族伟大复兴的中国梦的道路上，我们强大的文化底蕴和先进的文化发展成就使我们有理由相信中国梦一定会实现。中国梦的实现途径是走中国特色的社会主义道路、坚持中国特色社会主义理论体系、弘扬民族精神、凝聚中国力量，实施手段是政治、经济、文化、社会、生态文明五位一体建设。"中国梦"关乎着中国未来的发展方向，凝聚了中国人民对中华民族伟大复兴的憧憬和期待；它是整个中华民族不断追求的梦想，是亿万人民世代相传的夙愿，每个中国人都是中国梦的参与者、创造者。文化正是民族精神和民族发展的重要精神支撑，作为每一个中国人，我们都是走在梦想路上的追梦人，作为个人，我们在追梦的路上首先要提高自身的文化素质，从小事做起，以社会主义核心价值观为导向，不断提升自身素质。其次，增强学习意识，提高素质能力。毛泽东同志曾说："饭可以一日不吃，觉可以一日不睡，书不可以一日不读。"邓小平同志也曾说过，"学习是前进的基础"。面对科技进步日新月异、知识更新不断加快、国际形势不断变化，新情况新问题层出不穷的局面，在这样的情况下，只有不断加强学习才能跟上时代的步伐，才能在时代立足。再次，要坚定理想信念。只有有理想有信念的人才能掌控梦想的方向，树立远大梦想，不断强化自身对

---

[1] 选自《如何重塑"文化自信"》。

于未来、对于国家、对于社会、对于家庭的责任心。最后,要树立实干谨慎的精神。习主席指出实干兴邦,国家尚且如此,更何况个人。空谈误国,仅仅纸上谈兵尚不能打赢胜仗,我们只有从小事做起,求真务实,踏实努力,发挥一日三省吾身的文化感染力,向仁人志士不断学习,充分践行属于自身的责任义务。事无大小,细心去做,定会成功。

● 延伸阅读

新时代的愚公移山[1]

在草王坝土生土长的黄大发已80岁高龄,他曾任草王坝支书45年。幼年时父母双亡,曾当长工,睡草垛,饱尝了生活艰辛。因为人踏实,勤奋,1958年,23岁的黄大发被群众推举为草王坝大队长。黄大发一上任,就遇到三年自然灾害,草王坝因缺水少粮更加困苦不堪。

一直以来草王坝就严重缺水,人畜饮水全靠一口枯井,每天24个小时全村人不间断排队挑水,等水一点点从枯井渗出,接满一挑水往往需要等上一个小时。"山高石头多,出门就爬坡,一年四季包沙饭,过年才有米汤喝。"这首歌谣真实反映着当地生活状况。然而,团结村有水。眼睁睁看着一条清澈的小溪水从附近的大山流到山脚,白白浪费,黄大发深深惋惜。修一条水渠,把水引过来,解决百姓饮水和灌溉难题成了他的梦想。他说,那些年,经常梦见清澈的小溪水流到草王坝来。

兴修水渠

20世纪60年代初,在上级的支持下,黄大发组织群众开始兴修水渠,准备把距离草王坝7公里外马家河沟的水引过来。于是,这条堪称"红旗渠"的水渠修建工程开始了,但终因技术原因,水渠未能成功引水。

为修成水渠,黄大发想自己去学习水利技术。1989年,黄大发一边继

---

〔1〕 陈兴、田燚:"仡乡有条'大发渠'——记遵义县平正仡佬族乡团结村老支书黄大发",载《贵州民族报》2015年6月25日。

续担任村支书，一边到区水利站工作。在水利站4年多时间，他努力学习，积累了丰富的水利工程工作经验。其间，在一次区里召开的水利工作会后，午饭时，同属一区的某村支书带着讥讽的口气对黄大发说"大米饭好吃还是苞谷沙饭好吃"令当时正在吃饭的黄大发食不下咽，他暗暗发誓一定要为家乡修成水渠，让全村百姓都能吃上大米饭。

回村后，黄大发再次全力筹措修水渠。一方面向上争取，向下发动，面对曾经经受失败信心不足的群众，他多次召开群众会，耐心说服。另一方面凭着自己在水利工程上的经验，他翻山越岭，带着最简单的测绘工具，独自开展勘察、测绘、定桩定点，规划水渠线路等前期准备工作。1992年底，县政府同意拨付38万斤玉米折抵工程款修草王坝水渠。黄大发立即组织修水渠，自己既任指挥长，又当技术员，带领300多名群众苦干苦战，用锄头、钢钎、二锤和双手硬生生在大山上开凿水渠。需要炸药，他光脚步行30多公里去炸药厂背炸药，脚板磨得破皮出血，炸药厂负责人见状感动不已，接济他20块钱，嘱咐他一定要买双胶鞋穿上；需要雷管，目不识丁的他拿着一张过期的炸药票，怀揣30元徒步到离家上百公里外的市、县出炸药，在举目无亲的市区，到处碰壁的他每天靠两个馒头充饥。辗转10余天，在被货车司机索走仅有的四块钱后，他扛着2000枚雷管饿着肚子徒步一百多里路走回家。

擦耳岩是水渠最艰险的一段，壁立千仞，看着就叫人心惊胆战。黄大发凭着智慧和勇敢，带着乡亲，硬是靠着风钻和钢钎、二锤这些简单的工具，在离地面近300米高的悬崖上开凿出一条长170米的水渠。

就这样，黄大发带领乡亲们经过两年多努力，克服重重困难，与天斗，与地斗，付出了常人难以想象的辛劳。1995年春，带着零伤亡的骄人战绩，一条跨3个村，10余个村民组，主渠长7200米，支渠长2200米的草王坝大渠终于竣工。汩汩的清水流到草王坝，不仅解决了草王坝上百户群众人畜饮水难题，还可满足1200亩稻田灌溉用水，草王坝从此旱涝保收，彻底结束了滴水贵如油的历史。有了水渠保障，黄大发又带领群众开展"坡改梯"，昔日草王坝的荒山荒坡变成了良田，稻田从220亩增至730亩，每年可收100万斤水稻。金秋时节，放眼望去，一派"喜看稻菽千重浪"的丰收美景。

修渠艰辛

为修渠，黄大发像治水的大禹一样为了大家忘了小家。修渠的两年多，他完全放下了妻儿，也放下了家里的农活，白天黑夜他只忙着修渠。1994年是水渠修建最繁忙的一年。黄大发无暇顾及家庭琐事，村里几个不怀好意的人因一点鸡毛蒜皮的小事就把他的房子和家具砸得稀烂。那一年，黄大发时年23岁的二女儿突患肾病，他因忙于修渠而无暇照顾。年末的一天，为水渠的事还在城里奔忙的黄大发接到了女儿病危的电话，饿着肚子徒步赶回家，还是没能见上女儿最后一面。没等看到水渠修成，没来得及等黄大发卖掉家里唯一值钱的老牛，二女儿终因无钱接受更好的救治而英年早逝。黄大发愧疚心痛不已，几天没有吃饭也没有说话。

忍着巨大的悲痛和委屈，他又继续上山修渠。他把修渠的钱和物资看得比生命还宝贵。为修渠的每一次出行，去县城上百公里他从来都是步行，饿了就吃个馒头，在外风餐露宿，没有住过一次旅社。虽然日夜在水渠上操劳，工地上也有为修渠人办伙食的食堂，但他坚持下班才回家吃饭，他清楚地记得，修渠的两年多他只因特殊原因在食堂吃了八顿饭！修水渠用的水泥堆得山一样高，每次拉水泥的车厢里撒落的水泥他总要仔细清扫入库。妻子说家里灶台需要一碗水泥来补一补，他也坚决拒绝了！家里的泥巴地也是一直到2004年夫妻俩靠种大豆卖钱才硬化。60年代为修水渠，他组织村民贷款一万元，后因无法还款而受审，最终债务算在了他个人头上，自己的养老保险因此被银行扣留。

水渠不仅为草王坝引来了水，还因水渠边沟加固加宽形成的便道成了草王坝通往村委的一条"捷径"。大家到村委会办事都走水渠，路程比原来缩短了1500米。为了让擦耳岩段便于行走，黄大发精心挑选平整结实的石板背去铺在水渠上。更让村民难忘的是，为了缩短路程和行人安全，他决心修一条隧道。黄大发带着6名石匠，仅用8000多元就在大山中开凿出了一条长 120 米，高 2 米，宽 1.5 米的行人隧道。让人们称奇的是，在没有任何先进仪器的年代，他硬是凭着胶线和木桩，通过自己的计算来定点，隧道两边同时开工，经过半年的开凿，竟然分毫不差地接上了。

文化改造分册

第四章

在建设社会主义法治文化中不断增强法治信仰

法律是治国之重器，法治是国家治理体系和治理能力的重要依托。全面推进依法治国，是解决党和国家事业发展面临的一系列重大问题，解放和增强社会活力、促进社会公平正义、维护社会和谐稳定、确保党和国家长治久安的根本要求。要推动我国经济社会持续健康发展，不断开拓中国特色社会主义事业更加广阔的发展前景，就必须全面推进社会主义法治国家建设，从法治上为解决这些问题提供制度化方案。

　　——习近平总书记2014年10月20日《关于〈中共中央关于全面推进依法治国若干重大问题的决定〉的说明》

学习法治、法治文化、社会主义法治理念，才能更好地理解和树立正确的社会主义法治观念，进而认识到建设社会主义法治文化对于建设法治中国具有基础性作用和持久性功效，正确理解法治发展进程中出现的问题。罪犯在服刑过程中和回归社会后，要自觉遵守法律，在建设社会主义法治文化中不断增强法治信仰。

第一节　法治文化的源起

卢梭曾经说过，"规章只不过是穹窿顶上的拱梁，而唯有慢慢诞生的风尚才最后构成那个穹窿顶上的不可动摇的拱心石"。[1]拱心石是个建筑术语，拱门或拱道建筑在弧形拱的最顶端要有一块形状为楔形的石头（上大下小）来契合两边的石头并承受其压力。如果拱心石松动，拱券结构就有垮塌的危险。"法治"正是国家治理的"拱心石"。"法治"成为治国

理念并转化为实践经历了一个相当漫长的过程，国家治理中的法治理念、法治文化，是公民内心中对于公平正义的一种信仰，散播在人们的日常生活中，对于整个社会大厦稳固具有重要意义。

一、法治文化是什么

（一）法治文化的内涵

1. 什么是法治

一般认为，法治是一种治国的方略和社会调控方式，法治所建立的，是一种与"人治"相对立的社会或国家治理模式，这种模式最基本的特征

---

〔1〕 转引自石佑启、谈萧："论民间规范与地方立法的融合发展"，载《中外法学》2018年10月15日。

就是用法来统治和规范人们的生活，法律权威至上。普遍认为现代意义上的"法治"来自西方，但有学者认为早在先秦时期，法家就提出了"法治"的概念。

如果站在一个社会或国家的治理模式的角度讲，法治可以有古代法治与现代法治之分。先秦时期的古代"法治"，在先秦的历史条件下，也是代表着先进的阶级、阶层以及开明的思想家、政治家的利益和愿望，与当时的社会发展要求相一致，但是与现代意义上的法治不同的是，先秦的统治者们是在利用法律，将之作为超脱法治和统治百姓的工具。现代法治，讲求的是"法律面前人人平等"，这是由民主政治的属性所决定的。宪法出现在近代就是一个突出的例证。从历史沿革来看，我国并不具备法治建立和发展的基础，诸如家长制、君主制、宗法等级制、皇权至上、法随君出、衙门作风以及官本位的观念，形成了中国传统的政治文化和法律文化的主要方面，禁锢了法治出现和发展的条件，可以说，中国几千年的历史基本上是一部人治史。

亚里士多德在《政治学》中提出了"法治应当优于一人之治"的命题，他给法治下的定义是："法治应包含两重意义：已成立的法律获得普遍的服从，而大家所服从的法律又应该本身是制定的良好的法律。"[1]但需要指出的是，亚里士多德提出法治优于人治的命题并给出法治的定义，并不意味着他所处的社会里就实现了法治，也不意味着那个时代的法治与现代西方社会的法治是一回事。英国法学家戴雪认为法治包括以下三个方面的内容："第一，法律具有超越也包括政府的广泛裁量权在内的任何专制权力的至高无上的权威；第二，任何公民都必须服从在一般法院里实施的国家一般法律；第三，权力不是建立在抽象的宪法性文件上，而是建立在法院的实际判决上。"

第二次世界大战之后，学者们对法治内涵形成如下一些共识：法治应当是良法的治理，通过法律保障人权，限制政府公共权力的滥用，通过宪法确立分权与权力制衡的国家权力关系，确立普遍的司法原则，如司法独立、无罪推定等。

---

〔1〕 转引自许健："汉代礼法结合综治模式的确立及其影响"，中国政法大学 2006 年博士学位论文。

2. 如何理解法治文化

中国政法大学校长马怀德说，常常被提到的法治应该是"一种规则之治、民主之治、平等之治、良法之治、程序之治"。[1]从最粗浅的角度去理解，法治，就是现代民主政治国家基本的治理模式，它给予国家公权力的运行以严格的规则和约束，也给公民的生活配备了必要的保障与规范。

法治只是一种治理国家社会的方式，当法治这种治理国家社会的方式得到广大民众的接受，成为普遍认知，就形成了法治文化。只有在人们的理念思维中将法律作为衡量公平公正的天平，相应的法律制度和组织机构才能良好建立和有效运行。人们对法治价值的目标追求，对法治的理念和精神的理解，关于法治的制度设计和运行模式，以及法治的实现状态等，都属于法治文化的内容。

3. 法治文化体现文明程度

在建立法治社会的过程中，法治文化既是一种文化形态，也是一种社会生活方式，其核心是人们法治理念和法治思维模式的确立，也就是用什么样的方式来对待和处理生活中所遇到的各种矛盾和冲突。

法治文化是法治进程中形成的一种独特的文化，我们知道，法制的产生和发展与所有国家直接相联系，在任何国家都存在法制，然而并非所有的国家都能够形成法治和发展法治，只有在民主制国家才能存在法治。就现今而言，依然有一些国家并未形成法治的思想文化和治理模式。法治，在法律制度的形式之上，体现的是一种文明的精神，一种现代文明的生活方式，更是人们追求的社会规范和理想。

(二) 法治文化与社会主义核心价值观的内在联系

1. 法治文化的核心价值

价值和价值观念历来是各个文化体系的核心内容。作为一种文化样式，法治文化也有其核心的价值和价值观念。

社会主义法治文化是以社会主义法治理念为精神内核，以社会主义法律规范的制度为载体，以民主立法、依法行政、公正司法、法律监督、法制宣传教育和自觉守法为过程的法治文明形态，它是以社会主义民主政治

---

[1] "从人治到法治：艰难而充满希望的行程"，载《新华每日电讯》2014年10月20日。

为前提和依托的法律制度;以社会主义道德为合理性基础的法律规范体系;以追求公平正义为基本要求的社会主义法治价值观;以崇尚社会主义法律权威为内在要求的法治心理。

对我们国家来说,这一核心就是以人民为主体的公平正义。习近平总书记在中央政法工作会议上指出:"公平正义是中国特色社会主义的内在要求",而"促进社会公平正义是政法工作的核心价值追求",并进一步强调"公平正义是政法工作的生命线"。这就从根本上阐明了法治价值观的特殊性及其与中国特色社会主义价值体系之间的一致性。[1]

2. 社会主义法治文化

社会主义法治文化是以社会主义法治理念为导引、以社会主义法律制度为主干、以依法办事和自觉守法为基础、以构建社会主义法治秩序为目标的法治文明状态。

在我国,社会主义法治文化与我国社会主义初级阶段基本国情相适应,与中国特色社会主义制度相统一,是经由中华优秀传统文化涵育而成的法治文化。它包括法治理念、法治思想、法治原则、法治精神、法治价值等精神文明成果,以及宪法、法律、规范等制度文明成果,是社会主义文化的重要组成部分。

3. 社会主义法治文化与社会主义核心价值观的相互作用

中共中央《关于培育和践行社会主义核心价值观的意见》中,曾特别强调了培育社会主义法治文化对于培育和践行社会主义核心价值观的重要作用,这一意见中不仅提出了要将培育践行社会主义核心价值的相关要求与文化事业纳入法治的轨道,而且提出社会主义法治体系本身还要充分体现社会主义核心价值观的内涵。

"社会主义核心价值观"的24个字,实际上表述的是开放性的具体内容,其中包含了多方面、多层次的价值观念。在这个价值观念体系中,"法治"虽然与其他11个价值范畴相并列,被确定为基本内容之一,但其意义并不限于此。应进一步看到,法治还具有使整个价值观念体系实现制度化、规范化、程序化运行的标志性意义。就是说,法治实际上也是其他

---

[1] 李德顺:"用法治文化塑造社会文明",载《北京日报》2018年10月15日。

所有价值（特别是"自由、平等、公正"等）得以规范化实施的稳定保障。例如，我国改革开放以来所取得的所有有益的制度性、规范性价值成果，都只有落实为法治（包括党内纪律和法规）的理念、规则和程序，才能具有普遍的、可持续的效力，从而保卫改革开放实践的创新成果，实现核心价值的落地和国家社会的长治久安。换句话说，凡是未经法治化落实和巩固的改革经验和成果，无论多么合理有效，也将难以形成长期稳定的、可持续发展的基础。

二、中国古代法治思想的萌芽

在2018年热播的《国家宝藏》中，主持人撒贝宁作为国宝守护人推荐了"云梦睡虎地秦简"，这是距今两千多年前，一名普通的执法官员倾尽心血整理出的秦时法律，其条文之详尽，罗列之细致，保存之用心，当我们看到时，也会为当时这名地方官吏对法律的敬畏和对依法治理一乡的信念而动容。自成文法出现以来，中国的法制体系在维护

云梦睡虎地秦简

封建君主专制的基础上越来越完善。在中国古代，"法治"思想的萌芽很早就已出现，虽然此"法治"与现代法治的内涵有所差别，但我们却可以从这个发展的历程中感受法治文化中由来已久的独具中国特色的一面。

（一）先秦的"礼法"时代

1. 以"礼"治国的年代

"法"最早也被理解为"规矩"。

早在两千多年前的周代，人们把礼和规矩作为一回事儿。《礼记》里说："礼者，所以定亲疏，决嫌疑，别同异，明是非也。"我们可以看到，在当时，"礼"是规范人们行为，辨别是非善恶的统一性标准，因此周王朝"以礼治国"，传统的阶级观念与民间礼俗就在那时形成。

2. "礼"不能治国的年代

到了周朝末期,王室衰微,周天子的统治权威不断下降,各地群雄并起,之前的宗法等级秩序日趋紊乱,人们形容那个年代经常用一个词叫

奉法者强则国强

"礼崩乐坏",实际上也反映了乱世中法理不彰,弱肉强食的状况。而在那个年代,自由的社会规则给了各种思想自由发展的空间,儒、道、墨、法等诸子百家开始激烈交锋。孔子提倡"礼"与"仁",主张"为政以德";墨子对战争有着深入的思考,提倡"兼爱、非攻";道家崇尚"道法自然""无为而治"……就在这时,以李悝、吴起、申不害、商鞅、韩非子等为代表的法家思想开始有了法治观念的萌芽,他们提出的理念如"缘法而治""不别亲疏,不殊贵贱,一断于法""君臣上下贵贱皆从法"等,逐渐在乱世中占据了思想的支配地位。以魏国李悝编纂《法经》为开端,各国开始将之前的习惯礼法整理成文,并陆续实行变法。

3. 以"法"治国的年代

这里所讲的"法"指的是中国传统文化中的法家学说。以商鞅变法迅速成长起来的秦在很长一段时间里是将法家思想作为治国理念的。《史记·商君列传》中对商鞅变法的过程以及新法推行后秦国的变革进行了详细的描述,其中"王子犯法与庶民同罪"这句耳熟能详的话语最初就是来源于商鞅依法惩治当朝秦太子的故事。

战国末期,韩非子对法家思想及著作进行了整理,此时的法家思想发展到最成熟的阶段。他指出:"家有常业,虽饥不饿;国有常法,虽危不乱。"意思是说,家里有永久的产业,虽遇到饥荒也不会挨饿;国家有永久的法规,虽遇到危险也不会混乱,讲的就是奉法治国对安定国家的重要意义。在他的著作《韩非子·有度》中"法不阿贵,绳不挠曲。法之所加,智者弗能辞,勇者弗敢争。刑过不避大臣,赏善不遗匹夫"的论述最早提出了"法律面前人人平等"的原则,意思是说,法不偏袒权贵,法律的准绳绝不能屈从于邪恶,就像木匠用的墨线绝不能就弯曲的木料一样。

应该受到法律制裁的人，即使他有才智也不能用言辞来辩解、搪塞，即使他英勇无比也不敢用武力来抗争。惩罚罪错，不可回避权贵大臣；而奖赏善行，则不可遗漏普通百姓。

与他同时期的李斯也是法家思想的重要实践者。韩非与李斯都曾是儒学大师荀子的学生，二人皆为荀子门下的得意弟子，意气风发，指点江山，学生时期的他们亦敌亦友，在唇枪舌剑的辩论之中也培养出了深厚的战友情谊。韩非因为口吃而不擅言语，但文章出众，连李斯也自叹不如。

结束学生时期后，当年并肩作战的同窗南辕北辙，各自分散。李斯没有显赫的家室，仅凭自己的执念四处游说，望得到赏识之人的引荐。终于功夫不负有心人，李斯有幸得到秦王的重用，官拜丞相。出身贵族的韩非心念故国，毅然投身于报效韩国的漫漫长路之中。身处韩国的韩非，仕途并非一帆风顺，当时的韩国国力薄弱，局势每况愈下。韩非将其所学的治国之道结合韩国的实际国情写成奏书呈给韩王，却并未能得到韩王的重视，屡次上书，皆石沉大海。

秦王极为欣赏韩非的才能，不惜以出兵攻打韩国为代价，也要逼迫韩王将韩非派遣至秦国，韩非子所写的一整套《韩非子》治国方针，乃是中国历代君王独裁和统治的有力理论基础和实战基础。

《韩非子》治国方针以"法、术、势"三条为基准，同时也或多或少结合了各家思想和观点。在他的法治观念中，最为强调的是重法，主张以法为教、以吏为师，要求改革和实行法治。重法的目的是为了"杀一儆百"来达到有利于国家的目标，"刑过不避大夫，赏善不遗匹夫"是其思想的体现。韩非推崇君主绝对专制主义思想，是皇帝至上理论的极度发展，极力倡导绝对的君权主义，秦帝国的建立在实践上为强化君权提供了历史条件。

● 延伸阅读

商鞅变法"立木取信"[1]

商鞅变法初期,怕新法令没有威信,老百姓不相信,推行不开,就想了个办法。他叫人在都城的南门竖了一根三丈来长的木头,旁边贴了张告示说:"谁能把这根木头扛到北门

去,赏他十金。"不多会儿,木头周围就围满了人。

大伙儿心里直犯嘀咕:这根木头顶多百把斤,扛几里地不是什么难事,怎么给这么多的金子呢?或许设了什么圈套吧?结果谁也不敢去扛。商鞅看没人扛,又把奖赏提高到五十金。这么一来,人们更疑惑了,都猜不透这新上任的左庶长葫芦里到底卖的什么药。这时候只见一个粗壮汉子分开人群,跨上前去,说:"我来试试。"扛起木头就走。许多看热闹的人,好奇地跟着,一直跟到了北门。只见新上任的左庶长正在那里等着呢。他夸奖那个大汉说:"好,你能够相信和执行我的命令,真是一个良民。"随后就把准备好的五十金奖给了他。

这事儿很快就传开了,大家都说:"左庶长说话算数,说到做到,他的命令可不是随便说说的啊!"

商鞅变法因为触及保守派及老臣、贵族的利益,受到了极大的阻挠,但因为秦孝公的坚持,变法终究还是推行下去了。实行新法后,当时的秦太子,后来的秦惠文王因为触犯新法,其两位师父被处以刑罚。惠文王即

─────────
[1] 参见《史记·商君列传》。

位后，将商鞅处以车裂，然而，作为国君，惠文王清醒地认识到商君之法乃是富国强民之法，因此在国内继续推行新法。此后，偏居西陲的秦国一步步强大起来，最终在公元前221年建立了大一统国家，不得不说，商鞅变法对秦国的崛起功不可没。

（二）西汉开启儒法合流

古代法家思想起初虽然是想提出一种遵循公平正义的法治理念，但实际上还是为了君主巩固政权而提出的一种治理臣民的方式，这是一种"君权至上""国权至上"的法治。它赋予了君主权力的至上性、唯一合法性，使君主不仅成为国家的象征，也是强制方本身。皇帝是法律的制定者同时也凌驾于法律之上；民众违背法就是背叛皇帝、背叛国家，必施重罚。如此一来，皇权成了绝对的、不可替代的强制力，法律作为这种强制力的表现和延伸，只是皇权的统治工具。所以，法家谈论的实际上是通过什么途径来建立一个稳定而强大的中央集权君主专制国家。因此，它与传统的"德治""礼治"最后的归途都是一样的，都会最终滑向"专制"与"人治"的行列，这也就是汉朝以后儒法合流（"人治""法治"融合）的真正基础。

1. 儒家兴起的社会原因

经过春秋、战国以及秦末长时间的战乱，黎民百姓不堪重负，放眼之处一片凋零。西汉初年文帝和景帝尊崇黄老之学，注重休养生息使国力有了较大的恢复和积累。武帝时期，国力逐渐强盛，统治者对稳定和强大的君主集权有着深切的渴望，为迎合皇帝的需要，董仲舒提出的"独尊儒术""君权神授"的神化皇权理论和"德主刑辅"的法治思想，被汉武帝采纳。自此，儒家思想开始成为封建社会的正统思想，以董仲舒为首的儒学政治家开始走上历史舞台。

2. 儒法合流的道路

儒法合流早在战国末期就已经开始，在汉朝被统治者选择，最终被确立为主要的治国方针。

回顾儒家思想发展的历程可以发现，孔子时期的儒家学说着重伦理道德教育。从血缘基础建立的"仁学"是孔子思想的精髓，在政治上主张

"德治"和"仁政",以礼仪文明为导向,崇尚"克己复礼",体现出积极的入世主体精神、自觉的道德自律意识。孟子在此基础上,提出了"民贵君轻"的思想,强调以人为本的治世方式,具体包括省刑罚、薄税敛等内容,其一切以民心向背为标准的主张,对当代的人本主义观念的贯彻具有一定参考价值。

战国后期的荀子学说,是对儒家文化以及法家文化所作的批判性总结和创新性整合。荀子把人治与法治统一起来,把自律与他律统一起来,把教育感化与强制约束统一起来,提出"隆礼重法、王霸并用"的治国模式,把儒家的人文精神渗透进法治理论当中,强调执法者应当抱着"爱民"的态度,又把法的精神引入儒家思想里,实现了儒法两家传统治国理念的优势互补,为未来的统一大帝国提供了切实可行的治国方案,是董仲舒治国思想的理论基础,为汉代以后历代王朝所实际奉行。

3. 儒法合流的成效

此后,在近两千年的封建王朝统治中,"人治"与"德治"一直占据了主导地位。虽然法治进步并没有完全停滞,但法治的变革与更新更多地体现在法律上。董仲舒提出的"君权神授"的神化皇权理论和"德主刑辅"的法治思想,主要表现在三纲五常、春秋决狱、秋冬行刑等法制内容上。

一是以三纲五常确定政治生活秩序。《三字经》中讲到"三纲者,君臣义、父子亲、夫妇顺",还讲到"曰仁义、礼智信,此五常,不容紊"。这就是三纲五常。三纲五常之说,起于董仲舒,完成于朱熹,确定了上下尊卑关系以及协调社会关系的规范,是中国儒家伦理文化中的重要思想,是儒家维护社会的伦理道德、政治制度的基础。它要求人们在生活中,都能有恻隐之心、行恭敬、知羞耻、辨是非、守忠信,实现社会安定和谐。其重视主观意志力量,通过教导树立气节、品德,实现自我节制、发奋立志,强化人的社会责任和历史使命,为中华文明的发展起到了极为重要的作用。

二是通过春秋决狱确定诉讼审判原则。《春秋》是孔子所著的鲁国的一部编年史。"引礼入法"使儒家思想成为真正的正统思想,成为法律的指导思想。其具体途径是"春秋决狱""引经注律""引经决狱"和刑罚适用原则的儒家化。其中刑罚适用原则的儒家化主要体现为以下三个原则：上请原则、亲亲得相首匿原则、矜老恤幼原则。最终达到了以《春秋》的"微言大义"作为司法审判的依据，特别是作为决断疑难案件的依据的目的。"论心定罪"是其中最重要的原则，通过考量犯罪者的主观动机是否符合儒家"忠、孝"精神来定罪，即"志善而违于法者，免；志恶而合于法者，诛"。通过春秋决狱，儒家思想逐渐确立了对立法、司法的指导地位，从汉代开始，法律逐渐沿着儒家化的方向发展。

三是通过秋冬行刑达到规范和警示效果。秋冬行刑制度亦称司法时令制度，是中国古代独具特色的司法理论与实践，是指死刑犯（除了谋反等大罪可以立即处决外）都要等到秋天霜降之后冬至以前才能执行。它源于古代自然法思想，并体现了古代礼刑制度的相互影响，这一制度起于先秦，至汉代成熟并定型。

古时候，由于科学文化的落后，人们对自然界和人类社会的某些现象不能客观正确地认识，遇到灾害、瘟疫、祥瑞、丰年都认为是上天的赐予，人无法与上天抗衡。因为恐惧，人们追求一切行为都必须符合天意，祈求和希冀造世主降下福祉。这种符合天意的思想反映在设官、立制上，也体现在刑杀、赦免上。一年四季中，春夏是万物萌发生长的季节，秋冬是肃杀蛰藏的季节，因而人间的司法也应当顺应天意。秋季对应五行中的"金"，金的本性冰冷，同时，主要是考虑示警的作用。当时官府有强迫民众观看的要求，秋后问斩、秋冬行刑，一般行刑的时间大约集中在9-10月之间，农民在秋冬二季较为空闲，也方便地方官动员民众观看。

虽然"刑以秋冬"的制度不致耽误农业生产（秋冬一般为农闲之日），有一定以案警示、规范社会秩序的作用，同时对统治者的恣意妄杀能够客观起到一定的缓冲作用，但无法改变其政治实质，即封建统治者借天意之名行杀罚之实，让老百姓甘心服从"上天"的命令，巩固其统治。

延伸阅读

缇萦救父　废除肉刑[1]

我愿和爹爹一起到长安去，向天子求情，代爹爹受过！

齐国太仓令淳于意犯了罪，当处以肉刑，被逮捕拘压在长安诏狱。他的小女儿缇萦向皇帝上书说："我父亲做官，齐国人都称赞他廉洁公平；现在他犯了罪，按法律应判处肉刑。我感到悲痛伤心的是，死人不能复生，受刑者残肢不能再接，即使以后想改过自新，也没有办法了。我愿意没入官府做官婢，以抵赎我父亲该受的刑罚，使他得以改过自新。"

文帝很怜悯和同情缇萦的孝心，五月，下诏书说："《诗经》说'开明宽厚的君主，是爱护百姓的父母。'现在人们有了过错，还没有加以教育就处以刑罚，有的人想改变行为向善，也无路可走了，朕很怜惜！肉刑的残酷，以至于切断人的肢体，摧残人的皮肉，使人终生无法生育，这是多么残酷和不合道德！难道这符合为民父母的本意吗！应该废除肉刑，用别的惩罚去代替它；此外，应规定犯罪的人各依据罪名的轻重，只要不从服刑的地方潜逃，服刑到一定年数，就可以释放他。制定出有关的法令！"

丞相张苍、御史大夫冯敬奏请制定这样的法律条文："原来应判处髡刑的，改为罚作城旦和城旦舂；原来应判处黥髡刑的，改作钳为城旦、钳为城旦舂；原来应判处劓刑的，改为笞三百；原来应判处斩左脚的，改为笞五百；原来应判处斩右脚以及杀人之后先去官府自首的，官吏因受贿、枉法、监守自盗等罪名已被处置但后来又犯了应判处笞刑的罪名的，全都改为公开斩首。罪犯已被判处为城旦、城旦舂的，各自服刑到一定年数后

[1] 参见《资治通鉴》。

赦免。"文帝下达批准文书："同意"。

缇萦救父是我们从小就学习的一个故事,在这个故事中,淳于意得到开释,除了缇萦的聪慧、勇气与孝心之外,文帝的开明同样是酷刑得以废除的决定性条件之一。文帝认为,道德礼乐对民众教化不明,才是他们实施犯罪的原因,教化才是减少犯罪,维护社会秩序的手段。这实际上是中国传统"德主刑辅"思想的体现,也是现代社会综合治理方式的雏形,在当时的西汉社会可以说是刑制改革的一大进步。

(三)"中华法系"的形成和发展

魏晋以后,中华大地处于长期分裂、割据、战乱的局面,大一统的君主专制被削弱,各个国家竞相将维护伦理纲常关系与尊卑等级秩序的礼教内容编入自己国家的律令,法律儒家化的进程快速发展。

在经济的变革和社会的发展过程中,中国古代法律自西汉武帝"罢黜百家、独尊儒术""引礼入法"开始逐渐儒家化,三国两晋南北朝时发展为"纳礼入律",到唐朝的"礼法合一"趋于完成,至明清达到巅峰极致。经过八百多年的发展,儒家思想逐渐发展成为封建法律的正统思想,历朝历代均沿袭和丰富,形成了具有中国特色的"中华法系",对封建社会乃至今天都产生了深刻而广泛的影响。

1. 魏晋奠定礼法体系基础

魏晋南北朝是中国历史上一个特殊的时期,以"竹林七贤"为代表的不拘小节、放浪形骸的表象下,反映出一种特殊的立法精神,是中国法律发展史上一个不可忽视的时期。东汉大一统的局面消失后,宗族日益发达,国家律法更多地体现出家族本位的影子,每一个新的政权都会制定一套本朝的法典。统治者开始直接任命儒臣,用儒家思想来指导立法,促进了儒家思想法律化,从而使礼律得到进一步融合,实现"纳礼入律"。由于天下纷乱,国家交替频繁,礼仪的形式常常要让位于利益的分配,这个时期法律的儒家化发展带有自己的特点,主要体现在以下几个方面:一是"伦理纲常"入律。如首次将"服制"纳入律典,作为定罪量刑的依据;又如设立"重罪十条",将严重危害封建国家利益与违背封建利益的言行归纳和置于律典的首篇。二是等级特权入律。如"八议"入律,《新律》

以《周礼》的"八辟"为依据，规定"八议"；又如"官当"，又称"以官当徒"，允许官员在犯徒罪时可以以官品与爵位抵罪。三是"死刑复奏"原则。魏晋时期中央收归死刑的决定权，一定程度上减少了死刑的滥用。

2. 隋唐形成中华法系大统

隋唐时期，统治者亲身经历了隋末农民大起义，对隋朝迅速灭亡的教训记忆犹新，在总结历史经验的基础上，确立了以"德主刑辅，礼法并用"为主的法律指导思想，以儒家主张的纲常礼教作为法律的指导原则和定罪量刑的基本依据。这一时期法律儒家化主要体现在：一是在立法上，坚持"以礼为纲"的指导思想，做到宽简稳定，重惩"十恶"；二是进一步强化和完善等级特权制度，不但在唐律具有总则性质的"名例律"中对"八议"作了更加全面而详细的规定，而且发展了"当""请""减""赎"；三是发展了"矜老恤幼原则"，规定犯罪时虽未老疾，事发时老疾者，依老疾论，犯罪时幼小，事发时长大，依幼小论；四是发展"亲亲得相首匿原则"为"同居相隐不为罪"，扩大了相隐免罪的范围。"唐律修撰以礼为指导，唐律条文多源于礼，唐律的实施在很大程度为礼所左右。所以说，礼是唐律的灵魂，唐律是礼的法律表现。"自此，礼与法完全的融合，实现了"礼法合一"，中国古代法律儒家化完成。《唐律疏议》继承了历代立法成就，遵循"德礼为政教之本，刑罚为政教之用"的原则，融礼法于一体，成为中华法系巅峰时期的集大成之法，长期影响着后世宋元明清政权以及周边邻国的法制发展。

● 延伸阅读

《唐律疏议》[1]

《唐律疏议》，原名律疏；又名唐律、唐律疏义、故唐律疏义，是东亚最早的成文法之一。它是唐朝刑律及其疏注的合编，亦为中国现存最古老、最完整的封建刑事法典。

---

[1] 参见360百科。

唐朝法律制度基本上沿袭隋朝。唐初以隋《开皇律》为蓝本制定《武德律》，于武德七年（624）颁行，是为唐律草创。贞观元年（627），唐太宗李世民令长孙无忌、房玄龄等，参酌隋律，对《武德律》加以修订，于贞观十一年颁行，是为《贞观律》。《贞观律》的刑罚有所减轻，律条也比较完备，是唐律的奠基。

永徽元年（650）唐高宗李治命长孙无忌、李绩、于志宁等修《永徽律》，翌年颁行。《永徽律》凡十二篇五百条（一作五百零二条）。其中第一篇《名例律》，相当于现代刑法总则，主要规定了刑罚制度和基本原则；第二篇《卫禁律》，主要关于保护皇帝人身安全、国家主权与边境安全；第三篇《职制律》，主要

关于国家机关官员的设置、选任、职守以及惩治贪官枉法等；第四篇《户婚律》，主要关于户籍、土地、赋役、婚姻、家庭等，以保证国家赋役来源和维护封建婚姻家庭关系；第五篇《厩库律》，主要关于饲养牲畜、库藏管理，保护官有资财不受侵犯；第六篇《擅兴律》，主要关于兵士征集、军队调动、将帅职守、军需供应、擅自兴建和征发徭役等，以确保军权掌握在皇帝手中，并控制劳役征发，缓和社会矛盾；第七篇《贼盗律》，主要关于严刑镇压蓄意推翻封建政权，打击其他严重犯罪，保护公私财产不受侵犯；第八篇《斗讼律》，主要关于惩治斗殴和维护封建的诉讼制度；第九篇《诈伪律》，主要关于打击欺诈、骗人的犯罪行为，维护封建社会秩序；第十篇《杂律》，凡不属于其他"分则"篇的都在此规定；第十一篇《捕亡律》，主要关于追捕逃犯和兵士、丁役、官奴婢逃亡，以保证封越国家兵役和徭役征发和社会安全；第十二篇《断狱律》，主要关于审讯、判决、执行和监狱管理。

永徽三年（652），唐高宗又令长孙无忌等对《永徽律》的精神实质和律文逐条逐句进行疏证解释，以阐明律条文义，并通过问答形式，剖析内涵，说明疑义，撰成《律疏》三十卷，永徽四年（653）颁行。《律疏》

与《律》合为一体，统称《永徽律疏》（宋元时称作《故唐律疏议》，明末清初始名为《唐律疏议》）。《律疏》和《律》具有同等的法律效力，"自是断狱者皆引疏分析之"。此后《律》文无甚改动，诸帝的增损、编纂多为"令"和"格""式"，可谓唐律已基本定型。唐朝法典至今只有《唐律疏议》和《唐六典》传世，余均亡佚。

3. 明清礼教制度达到极致

明清时期，礼教等级更加严格，体现在建筑、装饰、服饰、礼仪等各个方面，制定了严格的管理规定，一旦"逾制"，将会受到严厉的惩罚，甚至丢掉性命。至清朝入关后，清政府陆续编纂了全国通行的律例、会典及各种则例，同时又制定了适用于少数民族聚居区的一系列特殊法规。特别是在维护满族贵族政治、经济、司法特权，加强思想文化专制主义，严密控制、严厉镇压民众反抗等方面，清朝法律可谓是达到了登峰造极的地步。

其中我们最熟知的就是关于官服品阶的规定。《大清会典图》规定：皇子，龙褂用石青色，绣五爪正面金龙四团，两肩及前后各一团，间以五彩；亲王，绣五爪金龙四团，前后正龙，两肩行龙；郡王，绣五爪行龙四团，前后，两肩各一；贝勒，绣四爪正蟒二团，前后各一，固伦额驸同；镇国公，绣五爪正蟒二方，前后各一，辅国公、和硕额驸、侯、伯补服同。不仅朝服有补，冠和顶戴分为朝冠和吉服冠两种，上面镶嵌的宝石也有明文规定，封建专制下严格的等级与礼制可见一斑。

在中国古代，封建统治阶级曾尝试过以"法"作为治理国家的标准，但由于历史的局限性，执法标准往往会因为君权特权而大打折扣，无法达到"法律面前人人平等"的理想状态。在此之后，儒学思想占据了文化的主流地位，"道德"被拉上了制高点，这种社会理念希望"人性本善"，能够以主流价值进行自我约束；也希望统治者和统治阶层能拥有高尚的品德，从而引领国家走向正确的道路。但是，"德"是一种无法衡量的标准，因此，古时顺应历史潮流进行的法治改革，实际上只是法律制度的进步。

三、 近代中国的法治进步

在经历了两次工业革命之后,西方大陆生产力得到迅速发展,他们陆续开始探索"三权分立""君主立宪制"等资本主义法治道路,在法律制度的完善以及法治思维的推广上已远远领先于当时的中国。当中国的君主专制制度达到顶峰时,西方世界已经在权力的制约与平衡的基础上初步建立起近代民主制度,从而在政治上步入近代社会。鸦片战争后,清王朝的闭关锁国被彻底打破,西方近代资本主义制度及其法治思想、法学理论和法律文化相继传入我国。

(一) 现代意义上的法治观念

现代意义的法治观念始源于西方,最早可追溯自古希腊,在罗马时代受到重视并得到发展和实践,形成系统的法律制度,西方资产阶级形成后,系统地提出近代意义的法治理论,阐释了法治的含义。

1. 溯源古希腊

古希腊人把尊重法律和自由并论为实现他们的政治理想——城邦生活的和谐("善")的两个基本政治准则,主张自由就是人只受法律约束,法律比人还要有权力。毕达格拉斯最早提出"人治不如法治"之说。古希腊伟大的思想家亚里士多德在其代表作《政治学》中明确主张:法律是有道德的文明的生活的一个必不可少的条件,是导致城邦"善"的一个条件。在此基础上,他认为"法治"应包含两重含义:已成立的法律得到普遍的服从,而大家服从的法律又应该是本身制定良好的法律。他认为法治优越于人治,他说:"凡是不凭感情治事的统治者总是比凭感情治事的人们优良,法律正是没有感情的。"亚里士多德的法治理论对西方法治传统产生了久远深刻的影响。

2. 法治思想在古罗马的发展

罗马人的法治观直接来源于希腊文明,他们不善于思辩,但却精于行动,辉煌的罗马法成为罗马人法治精神高耸的纪念碑。西塞罗所谓的"我们是法律的仆人,以便我们可以获得自由"成为一句不朽的名言。

在古罗马帝国时期,法学界非常活跃,先后出现了五大法学家,对法律及法制进行了深入的研究、探讨和解释,皇帝都通过立法表示,这些法

学家的法律解释也同样具有法律效力，要求司法机构在判案时援用。

到了古罗马帝国的后期，皇帝的权力到了至高无上的地位，他的话就成了必须执行的法律。根据不同的内容和形式，可分为皇帝的命令、皇帝所作出的判决、皇帝回答下人的问答、皇帝对官吏们下达的指令。但因为罗马帝国几世纪来所积累的各类法律、判例和法律解释太多太杂，让判案的法官无从查阅，于是在公元三世纪起，皇帝就开始组织法学家对以往的法律进行清理、汇编，到公元438年狄奥多西二世在位时，便诞生了第一部官方的法律汇编《狄奥多西法典》。

大规模的编撰还是在东罗马帝国时期，皇帝查士丁尼继位的次年，便任命法学家特利波尼安等十人组织法律的清理和编撰工作，公元529年编定了在法学史上具有划时代意义的《查士丁尼法典》。皇帝同时又任命了一个法学专家委员会，以更大规模地整理法庭判例，于公元533年完成了《判例汇编》。为便于初学者或法官理解法典与判例，又编撰完成了《法律原理》。这三部伟大作品合在一起被后人称之为古罗马的《民法大全》，而法律、判例、法理，正是今日欧洲法庭判案最重要的三大依据。

古罗马法为欧洲法制体系之建立奠定了坚实的基础，查士丁尼也因此而名垂青史。直到十八世纪，因为受法国大革命自由主义思潮的影响，《拿破仑民法典》中才在古罗马民法的基础上加入了人权思想，拿破仑自己都说："我的一切都可能被人摧毁，而永久无法被人摧毁的，只有我的民法。"但欧洲迄今的法制体系，经历了与意大利文艺复兴并列的意大利古罗马法复兴和拿破仑民法对古罗马法的继承这两座高峰，依旧是延续古罗马法，甚至许多具体的法律条文，都在照搬古罗马法。

3. 近代意义的法治理论的形成

近代意义的法治理论系统地提出并阐释了法治的含义，这就是学界所熟悉的法治三原则："除非明确违反国家以惯常方式所确立的法律，任何人不受惩罚，其人身或财产不受侵害"；"任何人不得凌驾于法律之上，且所有人，不论地位条件如何，都要服从国家一般法律，服从一般法院的审判管辖权"；"个人的权利以一般法院提起的特定案件决定之"。法治三原则对于反对封建特权，保护公民权利和自由具有重要价值，因而对西方乃至非西方国家的法治理论和实践都产生了重大影响。

现代资本主义国家提出的法治是基于资产阶级自由主义的思想基础。他们提出的法治不单纯是有法条的存在，更重要的是要通过法律来约束国家权力，通过法律来治理社会，而不是由君主或是某个人主导整个国家的走向。这种现代西方法治理论及制度，是西方学者以理性主义和科学主义为背景、在市场经济与民主政治逐步现代化的过程中逐渐形成的。17世纪的英国是现代法治的起点，此后的各个国家由于历史进程的不同和地域差异，对法治的推行和发展也有了不同的理解走向。

（二）西方法治观念对中国近代思想的冲击

今天，法治已经成为了现代文明社会的标志，实践法治才能逐步走向"法治国家"。但"法治"这件舶来品，究竟是什么时候，又是以什么契机来到中国的呢？

1. 西学东渐传来法治思想

鸦片战争后，中国被西方列强的坚船利炮打开了闭锁已久的国门，西方的一系列理念包括现代法治理念不断冲击着国人的大脑，列强的入侵、救亡图存的不断尝试与失败，迫使中国开始主动思考并学习借鉴西方的法治理念和实践。这就是近代中国历史上的"西学东渐"。

2. 西方游学加深法治认识

"西学东渐"之后，现代意义上的法治才得到中国思想界进一步深刻、全面的理解和认识。晚清政府曾派出一队"专家学者"游学西方列国，这些人看到了西方的先进不仅在于其技术与机械，更在于支撑这些自由发展的制度。因此，他们在归国之后，纷纷上书朝廷，提出洋务运动等"师夷长技"的改革是治标不治本的，以慈禧为首的清政府为了挽救封建王朝的专制统治，于1906年颁布预备立宪明诏，从修订法律、兴办教育、清理财政、整顿军队等方面入手，让社会了解和掌握国家政治，为之后的实质立

宪打下了基础。

3. 日本法治提供实践借鉴

中国现代意义上的"法治"应是清末维新改革期间从日本引进而来的，明显有日本公法学的深刻印记。期间，1903年，一位学者以"亚粹"为笔名，在当时的学术期刊《政法学报》上发表《论法治国》一文，让"法治"首次在中国"登堂入室"。亚粹的文章中指出，国家治理的根本在于秩序，而法律是"国民行为之规则"，无法律则无秩序；权利与义务不得偏废，若不是以法治国，国民则无公认的权利。

◉ 延伸阅读

晚清五大臣出洋[1]

20世纪初，经过了义和团运动、八国联军侵华战争，清王朝内外交困，统治摇摇欲坠。1905年（光绪三十一年），由于日俄战争和民族危机加深的影响，要求立宪的舆论日益高涨，驻外公使和地方督抚也纷纷奏请仿效日本及欧美政治，实行君主立宪。清廷决定派王公大臣出洋，深入考察欧美及日本等国政治，归国报告后再做决策，于是就有了1905~1906年的五大臣出洋。

清廷派出出洋的五大臣是载泽、戴鸿慈、端方、尚其亨、李盛铎，全部是高级别的一二品大员。同时，他们还选调了大批随员，选拔标准是"必须择其心地纯正见识开通者，方足以分任其事"。随员不仅人数众多，而且级别较高、素质较好，不少人后来成为政坛和外交界的风云人物。其中包括民国时代当过内阁总理或部长、公使的熊希龄、陆宗舆、章宗祥、施肇基等人，还有袁世凯的长子袁克定。随员们各有分工，分别承担先遣联络、考察、翻译、编撰等任务。

1905年末至1906年初，考察团成员带着清政府和社会各界的殷殷期望，搭乘至欧美、日本等国家的船只，开始西行。同行的除了一干随员之

---

[1] 来自网络。

外,还有各省选派随团出洋考察者六人以及留学生若干人。

这次出国考察,宪政为首要之目标,因此,每到一国,对于议院的参观和议会制度的考察必在计划之中,于是形成一个惯例,也引发许多思考。在戴鸿慈等人看来,在这些实行宪政的国家中,执政党和在野党之间为了国家利益做出的沟通以及君主和议会之间的互动关系,让他们耳目一新。当他们踏入美国时,看到议院中的议员们"恒以正事抗论,裂眦抵掌,相持未下,及议毕出门,则执手欢然,无纤芥之嫌。盖由其于公私之界限甚明,故不此患也"。而当他们来到英国时,也注意到"议员分为政府党与非政府党两派。政府党与政府同意,非政府党则每事指驳,务使折中至当,而彼此不得争执。诚所谓争公理,不争意气者,亦法之可贵者也"。

1906年(光绪三十二年)夏秋之际,经过近半年的海外考察,两批出洋大臣先后回国。他们在梁启超和杨度等人在东京事先写好的有关实行宪政的文章的基础上草拟了一份"考察宪政报告",向清朝政府复命,正式提出了实行君主立宪的主张,并且还指出"立宪利于君,利于民,不利于官"。五大臣出洋收获丰硕,效果显著,推动了预备立宪的决策。所起的最重要作用是推动了清政府预备立宪基本国策的确定。其中最重要的是载泽的《奏请宣布立宪密折》,为解除慈禧太后对立宪的思想顾虑,着重指出君主立宪有三大利,即"皇位永固""外患渐轻""内乱可弭",为维护清王朝的统治开了一副包医百病的药方,令慈禧读后颇为动容。

1906年8月29日,慈禧太后与光绪帝召见诸大臣,决定预备立宪。三天之后,即1906年(光绪三十二年)9月1日,清廷正式颁布"仿行立宪"的上谕。

(三)近代中国的法治实践

中国的历史古老悠久,却不存在实行宪政的土壤,十七十八世纪,当欧美等国开始实行宪政时,中国却仍采取闭关自守、盲目排外的措施。19世纪中期,当国门在洋枪大炮的压力之下被渐渐打开时,本没有基础的宪政思潮也在中国大地开始涌动。在近代中国史上,具有重要意义的实践至少有以下两件。

1. 《钦定宪法大纲》的形成

晚清政府实行的预备立宪，实际上只是为了拖延。一方面缓解压力，另一方面通过整顿官吏来维护专制体制，从而达到"以利国家万年有道之基"的目的。然而迫于各方压力，预备立宪并没有达到其想象的效果，于是清政府加快了立宪的进程，于1908年颁布了《钦定宪法大纲》。

《钦定宪法大纲》23条，其中维护君主大权的就有14条，其余9条规定广大人民（臣民）有当兵、纳税、服从中国晚清政府统治等义务，却没有任何实际意义的权利。《钦定宪法大纲》虽然在名义上是"宪法"，但实际上，以法律的形式规定了君上（君主）大权，表现了清朝统治者重君权（国权）、轻民权的一贯性。它的发布不过是中国晚清政府为了缓和人民不满的权宜之计。这部《钦定宪法大纲》基本上是模仿日本明治宪法形成的，但是它确立的君主立宪制却是巩固君权的制度，它提出的议会对皇权没有任何限制权，其本身的权利也被压缩，因此，《钦定宪法大纲》仍然是封建专制主义的法律，因为其领导阶层的局限性，使得这次立宪最终还是变为封建专制政体对国家形势的被动妥协。

《钦定宪法大纲》虽带有浓厚的封建性，但它与旧有的传统法典不同，在中国法律史上第一次打破了中华法系的传统结构，使宪法作为根本大法独立于刑法、民法等普通法律之外，明确规定了国家与社会制度的基本原则，规定了臣民的权利和义务，其所确立的君主立宪体制在当时的历史条件下，不失民主政治的成分，对当时人们的思想起到不少的冲击。

这是封建统治集团进行的第一次近代意义上的政治与法律制度改革，是向近代资本主义制度转型的第一次努力尝试，对于开启民智，培养近代的法律意识具有一定的意义。

2. 《中华民国临时约法》的实践

1912年3月11日公布的《临时约法》，在中国第一次将"法律面前人人平等"的原则规定在宪法中，这是中国近代第一部也是唯一一部具有资产阶级共和国性质的宪法。

1911年，孙中山领导的革命派建立了民国政府。孙中山代表性的思想是"三民主义"，其中最重要的就是民权，即以建立民主立宪为目标。民主立宪就是将权力让于人民，通过议会民主制度建立民主宪法，以保证国家的合法性和正当性，它的核心就是使宪法成为根本法，来规定民权和分权制衡的制度。

《临时约法》对国家性质、人民权利与义务、行政组织制度、立法权力、司法权力等内容作了详细的规定，成为法治政体建立的基本大纲。这部法律规定了国家的主权属于全体国民，确立了民主政治的国家形式，全体国民人人平等并且享有平等的自由与权利；在政体组织方面，《临时约法》规定了分权制衡的宪政原则。

但是，《临时约法》仅仅存在了两年便被废止了，因为当时中国的社会现实仍然是传统的社会。刚刚推翻了封建帝制的中国不存在广泛的市场经济，也就不存在发达的市民社会，因此法治思想中的"权利义务对等意识"就不可能建立起来，更不要说推行西方的民主议会制度了。也就是说，《临时约法》本身是一部脱离中国现实的法律。

受西方资产阶级革命的理论影响，我国开始把"法治"与"法制"区别开来，例如，梁启超主张"法治主义"，孙中山则进一步提出了法治思想和原则。这些主张除了提出"普遍守法、依法办事"的主张外，更强调法治政府、法律至上，要求政府及官员的行为要受法律约束、要有法律依据，要依法保护公民的平等权利、公民的合法权益，这就是近现代意义上中国最早的同民主相联系的法治。这一时期人们对"法治"的认识不仅仅局限于法律制度体系的完善及其实现过程，而且包括了亚里士多德所讲的"已成立的法律获得普遍的服从、所服从的法律又应该是良好的法律"。

思考题

1. 法治文化的核心价值是什么？
2. 近代中国的法治实践有哪些？

第二节 中国正在从法制走向法治

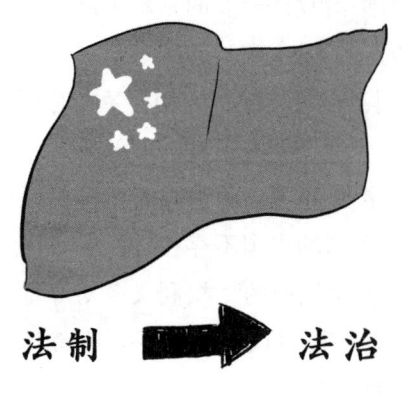

古往今来，以怎样的方式治国理政，是人类社会发展面临的共同课题。新中国成立后，在一穷二白、百废待兴的废墟上，党领导人民开始建设社会主义的艰辛探索。新中国成立70年来，特别是改革开放40年来，我们党在法治建设正反两方面经验基础上开辟的中国特色社会主义法治道路，既遵循法治普遍规律，又符合国情实际，为完善和发展中国特色社会主义制度提供了有力的法治保障。

一、现代法治观念在新中国的发展进程

新中国的法制建设可以溯源于新民主主义革命时期。在这一时期，中国共产党领导根据地的人民进行了一系列法治创建活动，为新中国法制建设和发展积累了丰富的经验。比较重要的宪法性文件有《中华苏维埃共和国宪法大纲》《陕甘宁边区抗战时期施政纲领》《陕甘宁边区宪法原则》等；比较重要的土地立法有1947年7月制定的《中国土地法大纲》等，这些法律对新中国成立后的法律制度产生了重要的影响。

（一）法治初建

新中国成立后，我们国家实现了民族独立，在经济发展的同时，我们党也同时领导着我们的国家在走向法治的道路上不断前行。

1949年中华人民共和国的成立，为社会主义法治建设奠定了政治基础，开启了法治国家发展的新篇章，"法治"的含义具有了更为稳定的价值取向。以毛泽东同志为核心的党的第一代中央领导集体，在新中国成立初期非常重视社会主义民主法制建设。在这一时期，国家制定了《中国人民政治协商会议共同纲领》和其他一系列法律、法令，对巩固新生的共和

国政权，维护社会秩序和恢复国民经济，起到了重要作用。1954年制定的《中华人民共和国宪法》，以及随后制定的有关法律，规定了国家政治制度、经济制度和公民的权利与自由，规范了国家机关的组织和职权，确立了国家法制的基本原则，初步奠定了中国法治建设的基础，使新生的人民民主国家政权获得了法律上的确认和保障。1956年9月，董必武在中国共产党第八次全国代表大会上提出并系统阐述了"依法办事、有法可依、有法必依"的问题。

（二）遇到挫折

中华人民共和国成立后，中国民主和法治建设一度有过长足的发展，但由于"左"的指导思想，而使民主法治建设的良好势头急转直下，最终酿成十年"文革"的历史性悲剧。

邓小平同志在回答外国记者如何避免类似"文革"那样的错误时说："我们这个国家有几千年封建社会的历史，缺乏社会主义的民主和社会主义的法制。现在我们要认真建立社会主义的民主和社会主义的法制。只有这样，才能解决问题。"

依法治国作为治国的基本方略，正是总结了"文革"的深刻教训才成为共识。今天，形成中国特色社会主义法律体系已经指日可待，但健全社会主义法治依然任重道远。

（三）法治重建

1978年12月，党的十一届三中全会召开，开创了新中国社会主义法治建设的崭新历史时期。20世纪90年代，中国开始全面推进社会主义市场经济建设，由此进一步奠定了法治建设的经济基础，也对法治建设提出了更高的要求。进入21世纪，中国法治建设沿着实施依法治国的方略继续前进。

1979年9月9日，《中共中央关于坚决保证刑法、刑事诉讼法切实实施的指示》颁布，首次提出了"社会主义法治"的概念。进入20世纪80年代之后，我国学者对"法治"和"法制"两个概念的内涵进行了研究，使"法制"的含义更加趋向于基础性的制度层面，在此基础上的"法治"则受到了更多的关注。1980年11月，《人民日报》发表的《社会主义民主

和法制的里程碑》一文中首次出现了"以法治国"的表述。1997年9月，党的十五大报告将"以法治国"改为"依法治国"，同时明确提出"建设社会主义法治国家"的目标，至此，法治的理念在我国得以确立。

在这一时期，我国确立了依法治国的基本方略，建设社会主义法治国家，称为国家基本方略和全社会共识；实现了领导干部职务和政治生活的法制化转变，是改革开放以来民主法治建设中的重要成果；中国共产党不断增强科学执政、民主执政、依法执政的自觉性和坚定性，党依法执政的能力显著增强；基本形成了以宪法为核心的中国特色社会主义法律体系；人权得到可靠法律保障，加强人权保障成为民主法治建设的主题；促进经济发展与社会和谐的法治环境不断改善，加强经济立法，完善宏观调控，依法禁止任何组织或个人扰乱社会经济秩序。依法行政和公正司法水平不断提高，具体表现在确立了依法行政原则、建立了行政诉讼制度、明确了建设法治政府的目标；对权力的制约和监督得到加强，不断建立健全决策权、执行权、监督权既相互制约又相互协调的权力结构和运行机制，建立起比较完善的监督体系和监督制度，监督合力和实效不断增强。

党的十八大以后，我国的法治建设进入了新的时期。

二、 法治道路的优越性

（一） 法治优于德治

1. 什么是德治

各个国家都或多或少存在以德治国的历史阶段，但是在中国，德治理念被发展的最为系统。德治是儒家学说倡导的一种道德规范，被封建统治者长期奉为正统思想。儒家的德治就是主张以道德去感化教育人。儒家认为，无论人性善恶，都可以用道德去感化教育人。这种教化方式，是一种心理上的改造，使人心良善，知道耻辱而无奸邪之心。儒家的德治对于维持封建社会的稳定起到一定作用。

"以德治国"是治国的最高境界。当国民的整体道德素质达到比较高的程度，形成良好的社会道德环境，良好的道德素质可以使国民丧失违法作乱的意识，从根本上斩断犯罪的源头。即使没有法律的约束，拥有良好

道德素质的人也不会做出扰乱社会的事情。"以德治国"可以实现社会的绝对安定与和谐。但纯粹的"以德治国"在现实社会中几乎是不可能实现的。

2. 德治的基本特点

道德，无论在古代还是在现代都具有规范人们生活秩序的作用。德治在古代和现代都是治理国家和社会的方法，只是内容和价值取向不同。古代德治与今天所讲的德治，根本的区别在于古代维护的是等级社会，而今天则强调人人平等。单一德治国家具有如下特征：

其一，强调德在社会政治生活中具有绝对优先性与支配性。经济学家托马斯·索维尔说过："人类的内在缺陷是最基本的问题，文明仅仅是努力克服人性问题的不完善办法。"就像我们今天所认识到的，现代人类使用制度和法律来维持秩序，只是向人性弱点的妥协，最彻底的办法是使人类都变成道德君子，可是这并不现实。我们不得不把一切规则量化，即建立明确的制度。

其二，要求国家最高元首必须是道德完人与政治权威的结合。例如中国古代对于国君道德的要求，严苛得简直有些过分，太子从出生到被册立，再到承继大统，期间受到良好教育，需要一生学习孔孟之道，这是一辈子的课程。由此看来，大部分君王虽然做不到圣人，但应该是具备了成为合格的国家元首的素质。但历史上皇帝离经叛道、昏庸无能的现象比比皆是，究其原因是皇帝与他的大臣们组成的官僚集团时刻都在权力角逐和内耗中，这就是依赖道德轻视制度化的弊病。这就是人治的问题。

其三，以道德感化为治国方略。孔子说："君子之德风，小人之德草，草上之风，必偃。"意思是说：我品德高尚，他人格卑劣，我一吹，他那乱七八糟的想法就没了。我们都知道这样的事情是很少见的，道德感化的力量极其有限，缺少了法治，社会将变得一团糟。

3. 法治与德治的关系

在中国历史上，法治和德治一直是治

理国家的两种根本手段，如同车之两轮、鸟之双翼，对调整社会关系、维护社会秩序发挥了重要作用。如果单纯地以法治国，忽视道德的约束作用，缺乏道德意识的人，会在贪婪的诱惑下有违法作乱的意识，为了满足自己的贪欲而又不受惩罚，就会想方设法地钻法律空子。这样，社会就陷入一种不断钻法律空子和不断完善法律条文的循环中，在出现"完美法律"之前，社会将不会安定。

首先，法治需要思想道德建设先行。

道德品格是法治的前提，法律的产生以道德为基础。重要的基本的道德规范是法律规范的主要来源之一。没有对道德理念的追求，法律就可能成为专制与奴役的工具。法治的关键在于善法或良法的存在。法的正义与否，在相当程度上取决于立法者的价值取向和道德水准。不体现道德，甚至背叛道德的不义之法，也许可以称为法制，却永远无法纳入法治的范畴，不可能得到有效的贯彻实施。不同的经济社会群体有着不同的法律愿望，立法主体的道德品质在一定程度上决定着把什么样的法律愿望上升为国家法律，从而决定法律的品质。对我国来说，立法主体只有把代表最广大人民根本利益的法律愿望上升为国家法律，才能获得绝大多数人的支持，这样，法律才具备了顺利运行的前提条件。因此，比起法治，德治更具有基础性和前提性。

其次，法治的运行需要道德支撑。

道德控制是法治的内在动力。法治的重点是人的外在行为，德治的重点是人的内心世界。法律不能自行，再好的法律也需要人来执行。法律的确立和实施，归根到底是人的活动过程，法治是靠人来实现的。见物不见人，法治也就无从谈起。法治的推行首先要依靠社会成员的普遍认同和自觉遵守。没有较高的道德水准，有了好的法律也不易执行，再严密的法律也有空子可钻。不可能设想法律和制度一旦建立，社会秩序就井然有序，失范现象就不攻自破或荡然无存。现实要求我们必须从思想道德上保证切实遵纪守法，同一切违法乱纪的思想和行为作斗争。要看到，一个社会如果大多数社会成员思想觉悟和道德素质低下，那么不论有多么苛刻严厉的法律，也不能从根本上解决社会秩序和管理问题，不能长治久安。法治是对全国人民最起码的要求，德治则是高层次的要求。没有德治支持的法治，是没有根基的。

第三，法治的完善离不开道德制约。

法律在实践中是动态的开放的体系，需要在面对新情况、总结新经验的基础上，不断延续、提升和发展。道德的自觉约束与法律的强行约束是互相制约的，也可以互相转化，某些道德规范需要适时提升为法律规范。在法律未涉及的领域，道德就在其中起到一个补漏的作用。厉行法治，必须辅以德治。某些危害社会的行为，法律可能束手无策，道德却可以有所作为，人们可以依据道德来评判、谴责一切危害社会的行为。道德不仅可以弥补法律条文的某些空隙或薄弱环节，而且可以深入人的灵魂。以德治国并非是要以德治来代替法治，而是要真正强化和实现法治。只有在实行法治的同时实行德治，以道德教育、道德自律和道德建设作为法治的后盾，提高全民族的道德素质，依法治国才能进入良性循环，社会发展才能进入较高层次。

(二) 法治优于人治

1. 人治的概念

人治，很大意义上指称的是君主专制，也称为绝对君主制、君主专制政体、君主独裁制、绝对君主专制、绝对主义王权、绝对王权，或君主专政，又称绝对主义，是一种专制君主制政体。

早期埃及、希腊、罗马至欧洲中古时代，君主作为世人与神之间的神圣角色，不仅是世俗的首领，而且也是宗教的首领；16~18世纪国家教会的建立使绝对君主制受到强化，出现政教合一的君主制国家，在这个主权国家中，身为国家元首与政府首脑的君主以独裁的方式行使权力，他拥有绝对的政治权力，不受到宪法或法律的限制，因此又被称为无限君主制，属于一种独裁政体，君位采用世袭方式产生。又如中国古代皇帝亲理国政，又有大臣生杀大权，故有历史家称之为中国的绝对君主制，明太祖朱元璋废除宰相集君权于一身，进一步增强了皇帝的绝对专制。

在西方历史中，采用绝对君主制的代表有法国国王路易十四与俄国沙皇彼得大帝。独裁的君主作为国家主权的唯一代表，对他的臣民与领土，有无限制的权力，其治权不受任何其他司法、立法、宗教、经济或选举的制衡或约束，像法国国王路易十四说的"朕即国家"。

2. 人治的基本特点

以中国古代君主专制制度为例，人治这种专制制度具有以下几个特点：

一是经济基础稳固。一方面采取国有土地制度，即"普天之下莫非王土"，另一方面采取以家庭为单位分配耕地，以户籍制、连坐法将农村人口固定在土地上耕作并便于收税，以郡县制建立遍及全国的等级官僚管理系统，如此形成自给自足的小农经济。经济制度是古代各朝的生存根基，秦始皇统一中国后，除宋朝外，各朝均以此土地制度为基本国策。

二是皇帝总揽天下大权，包括行政、财经、司法、军事的权力，同时以武力为先导，控制宗教势力。

三是皇帝拥有庞大的官僚办事机构。历朝的官僚机构都试图通过各种方式抑制皇权的无限扩大，力求建立完善的官僚制度以达到规范社会秩序的目的。然而受到压抑的皇权采取架空和分权的方式，制约正常的决策行政系统，以享有绝对的权利。

四是中央对人身控制严密。实行人口统计和户籍管理，如"什伍组织"，把百姓编入什伍之中（管仲制定，以10家为一什，以5家为一伍，什有会长，伍有伍长，对基层进行控制，有上报制度、惩罚制度）；再如商鞅"连坐法"，把伍、什通过户籍办法编制起来，相互告发和同罪连坐。

五是律法的实施具有很大随意性。皇帝既是最高立法者，又是最高行政长官和最高司法者，不受任何约束和监督。这种绝对君主专制，使皇帝的决策具有个人独断和随意性的特点，不可避免使政策出现失误；而为官者则畏首畏尾、唯命是从，助长了官场因循守旧、官僚主义、贪污腐败之风。

3. 法治取代人治彰显进步性

一个国家治理体系的基础是制度体系，制度体系的关键在于政治制度，而政治制度的灵魂在于民主和法治。民主取代专制，法治战胜人治，是现代政治文明的核心内容，也是制度软实力的根本来源。因此，从人治

走向法治是社会进步发展的一个必然趋势。

在人类历史上先后出现过几种不同的治国理念及模式，比如神治、人治、德治、礼治、法治等，实际上，它们都可以归结为两种模式，即人治和法治。人治是专制制度的产物，法治是民主制度的产物，它们是两种根本对立的政治制度。人治和法治的区别并不在于是否由人来治理，因为任何治理模式都不可能脱离人的执行，二者的根本区别在于是否有法、用法，在于"法"本身，在于一切治国的政策、决策、是非善恶标准等是否以统治者个人或少数人的意志为转移，落脚到个人的是人治，落脚到规则或契约的，是法治。法治和人治问题，是人类政治文明的一个基本问题，也是各国在实现现代化过程中必须面对和解决的一个重大问题。纵观世界历史，凡是顺利实现现代化的国家，无一不是以法治代替人治。相反，一些国家虽然一度实现快速发展，但并没有顺利迈进现代化的门槛，而是陷入这样或那样的陷阱，出现经济社会发展停滞甚至倒退的局面，很大程度上与法治不彰有关。

（三）法治与法制

1. 什么是法制

法制，一般而言是法律与制度的总称，既包括以规范性文件形式出现的成文法，如国家颁布的宪法、法律和各种法规，也包括经国家机关实施的政治、经济、军事、文化等各方面的制度。对法制内涵的解读，古今中外做法不一，含义也不尽相同，通常有狭义和广义之分。狭义的法制就是指法律与制度，广义的法制不仅包括法律与制度本身，还包括立法、司法、执法、守法、法律实施和法律监督等活动和过程。法制注重社会治理规则的普适性、稳定性和权威性，建立法律秩序是实行法制的重要体现。

2. 法制与社会制度

法制作为一个国家的规范制度体系，具有各自的政治属性。社会主义法制与资本主义法制不同，它是社会主义民主的制度化、法律化，并严格依法进行国家管理的一种方式。在社会主义国家，必须把社会主义民主制以法律形式确定下来，并使这种制度和法律具有稳定性、连续性和极大的权威，做到"有法可依，有法必依，执法必严，违法必究"。切实保证公

民在法律面前一律平等，不允许任何组织和个人有凌驾于法律之上的特权。法制与法律秩序关系极为密切。法律秩序是在严格遵守法律的基础上形成的一种社会秩序，它必须以实行法制为前提，而法律秩序的建立则是实行法制的重要体现。

3. 法治与法制的关系

法制与法治是既有区别又有联系的两个概念，不容混淆。

法制是法律制度的简称，属于制度的范畴，是一种实际存在的东西，可以在各个时代和国家产生，就如古罗马帝国创立的第一部较完整的成文法典《十二铜表法》，东亚最早的成文法之一，也是我国现存最古老、最完整的封建刑事法典《唐律疏议》，以及我们正在使用的各种法律制度；而法治是法律统治的简称，是一种治国原则和方法，是相对于"人治"而言的，是对法制这种实际存在东西的完善和改造。

法制的基本要求是各项工作都法律化、制度化，并做到有法可依、有法必依、执法必严、违法必究；而法治的基本要求是严格依法办事，法律在各种社会调整措施中具有至上性、权威性和强制性，不是当权者的任性。实行法制的主要标志，是一个国家从立法、执法、司法、守法到法律监督等方面，都有比较完备的法律和制度；而实行法治的主要标志，是一个国家的任何机关、团体和个人，包括国家最高领导人在内，都严格遵守法律和依法办事。

举个例子来讲，《中华人民共和国宪法》规定了国家的根本制度和根本任务，公民的基本权利和义务，国家机构的组织原则和职权；各现行法律如《中华人民共和国行政法》《中华人民共和国民法总则》制定了具体的条款内容对国家公权力和公民私权利进行明确，一方面限制了国家机关、公务活动的权力范围，同时也保障了公民的合法利益。法制是具体的条款内容，法治是用"法律条款"衡量是非、规范社会运行的方式。

无论是从历史的角度出发，还是从法的专业上来看，法制的历史都要久于法治，先有法制，而后才可能有法治，"法制"一直是"法治"的基础，要实现法治必须有较为完备的法律制度体系；法治是法制的立足点和归宿，是法制发展的方向，法制的发展前途必然是最终实现法治。

三、中国特色社会主义法治文化的建设

(一)中国特色社会主义法治文化内涵

1. 新时代依法治国的含义

党的十八大以来,中国特色社会主义法治走入新时代,"依法治国"有了新的发展。2012年党的十八大进一步明确"法治是治国理政的基本方式"。2013年中央提出全面推进"科学立法、严格执法、公正司法、全民守法"的新十六字方针,习近平总书记在党的十九大报告中强调:"全面依法治国是中国特色社会主义的本质要求和重要保障。"

"法者,天下之程式也,万事之仪表也。"意味着法律是治国之重器,法治是国家治理体系和治理能力的重要依托。依法治国,就是广大人民群众在党的领导下,依照宪法和法律规定,通过各种途径和形式管理国家事务,管理经济文化事业,管理社会事务,保证国家各项工作都依法进行,逐步实现社会主义民主的制度化、法律化,使这种制度和法律不因个人意志而改变。依法治国体现了我国社会主义人民意志,符合我国长期处于社会主义初级阶段的基本国情要求,而不是依照个人意志、主张治理国家;国家的政治、经济运作、社会各方面的活动通通依照法律进行,而不受任何个人意志的干预、阻碍或破坏。

依法治国是中国共产党领导全国各族人民治理国家的基本方略,我们可以从以下几个方面理解:

第一,依法治国的主体是中国共产党领导下的人民群众。

第二,依法治国的本质是崇尚宪法和法律在国家政治、经济和社会生活中的权威,彻底否定人治,确立法大于人、法高于权的原则,使社会主义民主制度和法律不受个人意志的影响。

第三,依法治国的根本目的是保证人民充分行使当家作主的权利,维护人民当家作主的地位。依法治国是一切国家机关必须遵循的基本原则。

第四,全面推进依法治国基本方略的新方针:"科学立法,严格执法,

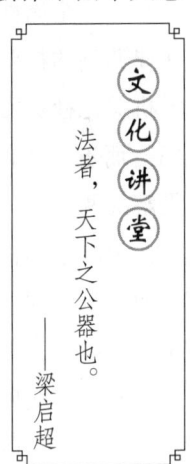

文化讲堂

法者,天下之公器也。

——梁启超

公正司法，全民守法。"

第五，立法机关要严格按照立法法制定法律，逐步建立起完备的法律体系，使国家各项事业有法可依。有法可依是实现依法治国的前提条件。

第六，行政机关要严格依法行政。依法行政就是要求各级政府及其工作人员严格依法行使其权力，依法处理国家各种事务。它是依法治国的重要环节。

第七，司法机关要公正司法、严格执法。总之，依法治国要求各级国家机关切实做到有法必依、执法必严、违法必究。

简而言之，依法治国就是依照宪法和法律来治理国家，是中国共产党领导人民治理国家的基本方略。依法治国，是发展社会主义市场经济的客观需要，也是社会文明进步的显著标志，还是国家长治久安的必要保障。

2. 新时代依法治国基本方略的特点

依法治国、建设社会主义法治国家，作为一项战略方针和战略目标，具有以下特点。

一是全局性。全国的经济、政治、文化和社会生活的各个方面应该由法律调整的都要实现法制化，都要依法治理。这一方针应成为执政党、国家机关、社会团体和广大公民的共同行为准则。那种认为法治主要是"治民"而不是"治官"的观点是不正确的。例如，宪法的内容很多，但主要是解决两个问题，一是确认和保障公民的权利，使其不受侵犯；二是设定和约束国家的权力，使其不被滥用。同时，那种认为法治只是一项具体工作而不是一项影响和决定全局的方针的看法也是不正确的。党的十一届三中全会以来，党和国家制定和实行了一系列完全不同于以往的方针和政策，其中有四项最具有根本性、全局性和深远战略意义，即：从以阶级斗争为纲转变为以经济建设为中心；从实行计划经济转变为实行市场经济；从实行闭关锁国转变为实行对外开放；从人治向法治过渡，实行依法治国，建设社会主义法治国家。

二是整体性。依法治国是一项从中央到地方，从地区到行业，从立法到执法、司法、护法、守法、学法的系统工程。应上下呼应，左右协调，前后衔接。那种认为依法治国只是中央的事情，"依法治省""依法治村""依法治水"等措施无意义的看法是不正确的。实行依法治国，首先是中央的事情,首先要从中央机关及其领导成员做起;制度改革首先要从中央一级的层次上实施,这是毫无疑问的,而且实行这一治国方略成败的关键也在中央一级。不强调这一点也是不正确的。但是,我们不应低估从1985年开始的、在全国范围内广泛和深入开展的"依法治理"工作的重要意义。依法治理包括区域治理(省、自治区、直辖市、地级市、县)、行业治理和基层治理,内容涉及立法(还有行业与基层的建章立制)、执法、司法、护法(法律监督)、普法和社会治安综合治理等方面,是一个多层次、全方位的系统工程。

它已经超越"学法必须用法"的视角和把依法治理仅仅当做普法的一个环节的眼界,发展成为一个把依法治国方针和措施从中央推向各级地方、各行各业和所有基层单位的宏伟局面。

三是目的性。战略目标是相对于策略手段而言的。法治国家作为现代一种最进步的政治法律制度的目标模式,其基本标志和要求是丰富的、具体的、确定的、可预测的。它不应是一个模糊不清的概念。八届全国人大四次会议和中国共产党第十五次全国代表大会报告中提出的"法治国家"概念,在以往党和政府的文件和领导人的讲话中从未出现过,是一个全新的概念(当然,学者早已提出过)。我们强调狭义上"依法治国"是方针,"法治国家"是目标,主要意义是说明"法治国家"有其具体的丰富的内涵,是一种国家在政治和法律上的类型与模式,它应具有一系列现代法治原则,不应简单地将它理解为只是"有法可依、有法必依、执法必严、违法必究"。它应有中国的一定特色,又必然具备现代法治国家的各种共同特征;它应有自身的性质和客观规律可循,又可以在总结实践经验的基础上发挥主观能动性予以创新。研究、发展、设计和明确其基本标志及具体内容,以作为前进的目标、努力的方向和行动的向导,是完全可能的和十分必要的。

> **文化讲堂**
>
> 法律是一切人类智慧聪明的结晶,包括一切社会思想和道德。
>
> ——柏拉图

四是长期性。法治国家的建成同整个国家的现代化是同步的。法的内容与形式,法律制度的模式选择及其实现,不可能孤立地存在与发展,而

必然受当时当地的政治、经济与文化的具体条件的影响与制约。同时，人们认识的提高和经验的积累也须有一个过程。特别是我国人口众多，幅员辽阔，情况复杂，历史包袱沉重。因此，建成社会主义法治国家，使其达到理想的境界，在我国大约还需要三十年以至五十年左右的时间。这一长期性决定了建设法治国家的历史性进程具有渐进性、持续性和阶段性的特点。在这个问题上，既不能不顾主客观条件而操之过急，也不能不去做那些可以做到的事情而停步不前。如何实现在观念更新尤其是制度变革上的持续性，以始终保持这一历史性进程的发展势头；如何在国家的不同发展阶段上选择某些重大改革措施，以影响和推动全局的进展，是需要解决的重要问题。

3. 实施依法治国的重要意义

法治与政治制度紧密相连，有什么样的政治制度就有什么样的法治体系。在社会主义新时代，实施依法治国具有重要的意义。

一是坚持和发展中国特色社会主义制度的本质要求。只有全面依法治国，建设中国特色社会主义法治体系，才能建设科学立法、严格执法、公正司法、全民守法的社会主义法治国家。近年来，西方敌对势力和社会上一些别有用心的人把法治作为"武器"，把法治作为"招牌"，大肆渲染西方法治理念和法治模式，目的就是企图从法治问题上打开缺口，否定中国共产党的领导和我国社会主义制度。

二是解决党和国家事业发展面临的各种突出矛盾和问题的紧迫需要。经过长期努力，中国特色社会主义进入了新时代，这是我国发展新的历史方位。我们要在继续推动发展的基础上，着力解决好发展不平衡不充分的问题，大力提升发展质量和效益，更好满足人民在经济、政治、文化、社会、生态等方面日益增长的需要。只有全面依法治国，才能解放和增强社会活

力、促进社会公平正义、维护社会和谐稳定、确保党和国家长治久安。

三是决胜全面建成小康社会、夺取新时代中国特色社会主义伟大胜利的必然要求。从全面建成小康社会到基本实现社会主义现代化，再到全面建成社会主义现代化强国，是新时代中国特色社会主义发展的战略安排，客观上要求必须坚持全面依法治国，创造更好的法治环境，为中国走向繁荣富强、中华民族实现伟大复兴提供法治保障。[1]

（二）中国特色社会主义法治建设新时期

2014年10月20日，党的十八届四中全会召开，大会以全面推进依法治国作为主题，提出"建设中国特色社会主义法治体系，建设社会主义法治国家"的总目标，明确将"必须弘扬社会主义法治精神，建设社会主义法治文化"写入全会决定，这意味着我国的法制建设转型为法治建设。法治已成为全党的意志，成为指导政府和司法机关行为的国家意志，成为国家与社会治理的基本方式，成为我国公民生活的基本样式。随着法治进程的推进，法治文化的建设也提上了日程。

1. 坚定不移推进全面依法治国

党的十八大以来，以习近平同志为核心的党中央坚定不移地推进全面依法治国，有法不依、执法不严的问题得到了显著改善，主要体现在以下方面：

一是把全面依法治国纳入"四个全面"战略布局协调推进，把依法治国作为党领导人民、治理国家的基本方略，把依法执政作为党治国理政的基本方式，开辟了全面推进依法治国的理论和实践新境界。

二是科学立法、民主立法取得重大进展，重点领域立法的步伐加快，《中华人民共和国国家安全法》《中华人民共和国反恐怖主义法》《中华人民共和国民法总则》等一大批法律法规相继制定、修订出台，对《香港特别行政区基本法》第104条作出立法解释，使中国特色社会主义法律体系更加完善。

三是法治政府建设稳步推进，依法行政制度体系不断完善，行政审批

---

[1] 毛公宁、董武："习近平关于民主法治的重要论述及其意义初探"，载《广西民族研究》2019年2月20日。

制度改革取得重大进展，决策科学化、民主化、法治化水平不断提高，对行政权力运行制约和监督机制不断健全。

四是司法水平和司法公信力进一步提升，司法管理体制和司法权力运行机制更加完善，一批冤错案件得到纠正，司法人员分类管理、司法责任制、司法职业保障制度以及以审判为中心的诉讼制度等司法改革全面展开并初见成效，保障依法独立公正行使审判权、检察权的制度进一步健全。

五是全民法治观念显著增强，法治宣传教育深入推进，依法维权和化解纠纷机制更加健全，法律服务体系不断完善，社会法治环境进一步改善。

六是依规治党驶入"快车道"，高度重视党内法规同国家法律衔接协调，以党章为根本遵循，制定《中国共产党廉洁自律准则》《中国共产党纪律处分条例》《中国共产党问责条例》《关于新形势下党内政治生活的若干准则》和《中国共产党党内监督条例》，使权力监督制约体系更加完善，全面从严治党取得新成效。

七是法治工作队伍建设取得明显成效，法治专门队伍正规化、专业化、职业化水平进一步提升，法律服务队伍进一步壮大，法治人才培养机制更加健全。

八是党领导依法治国的制度和工作机制更加健全，党员干部法治思维和依法办事能力显著提升，基层治理法治化深入推进。[1]

这些重大工作和重大成就，有效提高了国家机构依法履职能力，有效提高了各级领导干部运用法治思维和法治方式解决问题、推动发展的能力，有效增强了全社会法治意识，有效促进了社会公平正义，维护了人民群众合法权益，显著增强了我们党运用法律手段领导和治理国家的能力。

2. 中华法系的传承与创新

在人类法治文明史上，中华法系在世界五大法系中独树一帜，并占有重要地位。从古至今，它的创造力和影响力在世界法治进程中产生了不可磨灭的作用。新中国成立以来，70年的时间里，党领导人民不断探索新型法治文明的道路，并取得了历史性突破。当今世界，中国之治已成为中国

---

[1] "十九大精神"，载洛阳日报—洛阳晚报数字报刊。

代表性的名片之一，中国创造了经济长期健康发展、社会大局长期稳定的"两个奇迹"，成为世界上最安全的国家之一，从一个侧面反映了中国特色社会主义法治的优越性。

党的十九大以来，在世界法治文明发展的大潮流中，习近平总书记全面依法治国新理念新思想新战略为世界法治文明进程贡献了弥足珍贵的中国智慧，它既是对中华传统法律文明精髓的传承发展，又是对中国特色社会主义法治实践经验的理论升华，既是一种继承，又是一种创新。这一新战略总结了我国历史上的"礼法并重、德法共治"思想，明确提出"坚持依法治国"和"以德治国"相结合，推动法治和德治相得益彰，实现"法安天下、德润人心"；同时，它也总结了我们党治党、治国实践的成功经验，明确提出坚持依法治国和依规治党相结合，确保党既依据宪法法律治国理政，又依据党内法规管党治党。制度就是我们的底气所在，这样的一条综合性道路正体现了中国特色社会主义法治文化的独特性和优越性。

2019年"两会"期间，最高人民检察院检察长张军在工作报告中特别提到："坚持实事求是，全案错了全案纠正，部分错了部分纠正，既不遮丑护短，也不'一风吹'"，"法不能向不法让步"。体现了政法工作者对于法治建设的决心与信念。"努力让人民群众在每一个司法案件中感受到公平正义"，法治精神引领传播的正能量正日益融入我们社会生活的各个方面，我们所处的环境和身边的一切在法治进程中都有了新变化，因此，我们每一个人更应该着力培养自己的法治意识，从内心里尊重法律、推崇法律，从法治视角看待社会问题，并自觉地用法律约束自己的言论和行为，用法眼看事物，用法理辨是非。

3. 法治的精神形成文化深入人心

中国特色社会主义法治文化意指与中国特色社会主义法治密切关联的，充分体现中国特色社会主义法治精神和理念、原则和制度、运作实践和生活方式，与传统人治文化相对立而存在的一种与时俱进的进步文化形

态，其实质和核心是一种在中国共产党领导下、在建设中国特色社会主义法治实践中形成的当代中国人的法治文化共识、价值取向和行为方式。

中国特色社会主义法治文化既是具有人类法治文化共有属性的法治文化，又是从中国国情实际出发，具有中国特殊个性特点的法治文化。随着中国特色社会主义法治建设的全面推进，每一个人都意识到，法治不只是一种形式、一套法律规定，更是一种文明的精神、一种现代文明的生活方式，体现着人们追求的社会规范和理想。

"奉法者强则国强，奉法者弱则国弱。"我们要决胜全面建成小康社会，夺取新时代中国特色社会主义伟大胜利，必须按照党的十九大报告提出的要求，把党的领导贯彻落实到依法治国全过程和各方面，坚定不移走中国特色社会主义法治道路，完善以宪法为核心的中国特色社会主义法律体系，建设中国特色社会主义法治体系，建设社会主义法治国家，发展中国特色社会主义法治理论，坚持依法治国、依法执政、依法行政共同推进，坚持法治国家、法治政府、法治社会一体建设，坚持依法治国和以德治国相结合，依法治国和依规治党有机统一，深化司法体制改革，提高全民法治素养和道德素质。[1]

◉ 延伸阅读

宪法宣誓制度[2]

中华人民共和国宪法宣誓制度是指国家工作人员就职时应当依照法律规定公开进行宪法宣誓。

2018 年 2 月 24 日，全国人大常委会对宪法宣誓

---

〔1〕"十九大精神"，载洛阳日报-洛阳晚报数字报刊。
〔2〕参见 360 百科。

制度作出修订,新的誓词为:"我宣誓:忠于中华人民共和国宪法,维护宪法权威,履行法定职责,忠于祖国、忠于人民,恪尽职守、廉洁奉公,接受人民监督,为建设富强民主文明和谐美丽的社会主义现代化强国努力奋斗!"

2018年11月20日,国务院在中南海举行宪法宣誓仪式。国务院总理李克强监誓。

国家工作人员就职进行宪法宣誓是我国推进法治建设的一个重要举措。全面依法治国的中坚力量是各类国家工作人员,通过宣誓要求国家工作人员忠于宪法,捍卫宪法权威,从就职起点树立法治理念。

(三)正确认识社会发展进程中出现的法治问题

法治的含义非常丰富,时代的变迁不断赋予法治以新的内涵。但无论社会发生什么样的变化,法治所体现的限制国家权力、保障人权的基本价值是不会改变的。法治国家的实质要素,包括人的尊严、自由和平等。

党的十八届四中全会全面推进依法治国方略,明确走中国特色社会主义法治道路、建设中国特色社会主义法治体系。如果说只有坚持中国特色社会主义才能发展中国,那么,也只有坚持社会主义法治理论才能带给人民真正的公平正义。

我们也应清醒地认识到,建立和完善一种社会制度和司法制度具有长期性和艰巨性,不会一蹴而就,也不会一帆风顺,走中国特色社会主义法治之路,必须坚持从中国实际出发,同推进国家治理体系和治理能力现代化相适应,既不能罔顾国情超越阶段,也不能因循守旧,墨守成规。既要突出中国特色实践特色时代特色,也要学习借鉴世界上优秀的政治文明成果,以我为主,为我所用,认真甄别,合理吸收,不能搞全盘西化,不能搞全面移植,不能照搬照抄。[1]

1. 发挥立法对改革的引领和推动作用

维护和实现社会公平正义构成良法善治的基本价值准则。现代化的良好法律通常是与诸如自由、平等、权利等价值要素内在地联结在一起的,

---

[1] 刘俊海:"营商环境法治化的关键",载《中国流通经济》2019年8月9日。

从而构成良法善治的基础与价值尺度。当代中国社会正处在一个权利发展的新时代,社会的转型变革进程与社会主体的自主性发展过程交织为一个不可分割的有机整体,维护社会正义、实现人民福祉已经成为当代中国立法发展进程中面临的一项重大议题。在新时代的立法发展领域,必须紧扣社会主要矛盾的新变化,深刻把握维护和实现社会公平正义对于制定良好的法律的根本性与基础性的价值意义,进而体现良法善治对于维护和实现社会公平正义的核心价值要求,以良法促进发展、保障善治。

在全面深化改革与全面推进依法治国的进程中,一个十分重要的方面就是处理好立法与改革的关系。在经济社会发展中,改革提供动力,法治提供保障,而立法是法治的前提和基础。

发挥立法对改革的引领和推动作用,关键是实现立法与改革决策相衔接。目前,中国特色社会主义法律体系已经形成,国家经济社会各个方面基本实现了有法可依。与此同时我们也应看到,改革越是全面深化、依法治国越是全面推进,就越需要加强、改进和创新立法工作。我国的经济体制改革、政治体制改革等是法律进行立改废释的动力源泉,立法的目的正是为了适应改革发展的需要。在法治框架内推进改革,更加注重从制度上、法律上解决改革发展中带有根本性、全局性和长期性的问题,有利于把顶层设计同先行先试、探索创新有机结合起来,保障改革顺利进行。

2. 强化司法在社会治理中的作用

司法是法治社会处于核心地位的纠纷解决机制。从社会秩序维护的意义上说,司法的最基本功能是对社会纠纷进行裁决,但并不仅限于此。司法在推动社会公平正义理念的确立,实现法律价值等方面的功能也不能忽视。换言之,增强司法的社会公信力,司法在发挥化解社会矛盾、解决纠纷作用的过程中,还要确立司法的社会价值引领功能。因为随着民众法治意识的提高,越来越多的司法判决受到关注,法院的判决不仅仅是对纠纷的解决与矛盾的化解有着约束力,而且也会在社会大众对法律的功能和作用以及对法律价值理念的认识上产生重要影响,并将其作为自己的行为指南。[1]

司法的价值引领功能主要有引领惩恶扬善的正义观;树立司法权威

---

[1] 李桂芳:"从烈士申报案看司法裁判的效果和价值",载《法制博览》2019年3月15日。

性；激励民众的积极行为；引领社会道德。司法的功能不仅在于纠纷的解决和矛盾的化解，更重要的是在司法过程中，秩序、公正、平等、安全和利益等法的价值得到了实现。为人们向善提供力量，推动社会道德的进步，也是司法裁判义不容辞的责任。

3. 提高行政管理建设和谐社会的能力

行政管理是指国家各级政府部门在执行法定职能及其具体运作的过程中一系列的管理活动。随着社会的发展，行政管理的对象日益广泛，包括经济建设、文化教育、市政建设、社会秩序、公共卫生、环境保护等各个方面。国家行政管理行为的优劣直接关系到社会的稳定与否和健康发展与否，治理一个国家、一个社会，关键是立规矩、讲规矩、守规矩。法律是治国理政最大、最重要的规矩。政府是法律实施的重要主体。行政机关必须根据法律法规的规定设立，并依法取得和行使其行政权力，对其行政行为的后果承担相应的责任。依法行政也是市场经济体制条件下政治、经济及法治建设本身发展到一定阶段的必然要求。

社会主义法制归根到底是维护人民群众根据利益，保障人民当家作主，法律一旦离开了人民群众的根本利益，就不是立法意义上的法律。行政主体在行使权力时必须坚持全心全意为人民服务的宗旨，把维护绝大多数人的利益作为根本原则，依法行政是将着眼点放在代表广大人民根本利益上，把提高人民生活水平作为出发点和归宿的基本保证。

中国要建成全面小康社会，就必须依法行政，同时依法行政也是当今社会解决基层建设问题特别是农村各类问题的关键。依法行政的目的是保护干部本身，更重要的是保护广大人民群众的根本利益，有利于带动全社会尊重法律，遵守法律，维护法律，推进社会主义民主法制建设。切实推进社会主义和谐社会建设。

出现困难挫折，甚至被人误解是难以避免的，就像高铁事业的起步阶段，也曾遭遇巨大的阻力。"千淘万漉虽辛苦，吹尽狂沙始到金。"只要我们坚信，中国梦中的法治梦是人民的选择、历史的选择，我们就能坚定理想，不忘初心，对具有中国特色的社会主义法治道路就会充满道路自信、理论自信、制度自信。

● 延伸阅读

百年探索才找到中国特色法治道路[1]

近期,一部分人曲解司法改革和"依法独立行使审判权",将其偷换概念为"司法独立",希望某种权力可以雄踞国家治理体系的宝塔顶端,不受任何力量制约和监督。持这种观点的人没有意识到作为社会上层建筑的法律和法制是建立在一定经济基础之上的,割裂了法治与社会环境、历史文化的关系,将其片面理解为空中楼阁,无视普遍联系规律,既不符合中国的历史土壤,也不符合法治中国的现实环境和未来发展方向,注定是一条行之不远的死胡同。

一个国家、一个民族选择什么样的社会制度、走什么样的法治道路、建设什么样的法制体系是由这个国家的基本国情决定的,是其历史发展和社会现实决定的。可以说,中国之所以选择社会主义道路,中国法治建设之所以要走社会主义法治道路,是历史的已然选择,也是现实的必然要求。

从中华民族近现代斗争史看,社会主义是中国人民无悔的选择。

1840年鸦片战争以后,为挽救危亡、复兴国家,不同的阶级、阶层和政治集团以不同方式进行了艰难的探索。在中国共产党的领导下,社会主义中国迅速地恢复了国民经济,完成了对农业、手工业和私营工商业的社会主义改造,消灭了剥削制度和剥削阶级,建立了社会主义经济制度。党的十一届三中全会掀起中国社会主义建设事业蓬勃发展的新高潮,改革开

---

[1] 李晓梅:"百年探索才找到中国特色法治道路",载《人民法院报》2017年1月16日。

放使中国走上了繁荣富强的金光大道。一个真实的中国，一个自信、开放的中国，经历百年屈辱之后重新昂首自立于民族之林。

近年来，汶川地震的众志成城、高铁事业的蓬勃发展、中国制造的瞩目成就，更以无可辩驳的事实印证着"集中力量办大事"的优越性，最大限度保障人民群众利益，体现出社会主义制度的强大生命力和先进性。

这是社会主义制度的伟大胜利，靠的是中国共产党的领导，靠的是社会主义制度在中国的建立、巩固和发展。这就是社会主义法治理论产生的历史和现实土壤。

从近现代法治历史看，只有社会主义法治才能保证人民真正当家作主。"宪政民主""三权分立""司法独立"等资本主义法治理念，中国不是没有探索过，但无一例外，都没有带给中国人民福祉。

新中国1954年宪法确定的人民代表大会制度是我国人民当家作主的重要途径和最高实现形式，代表了人民的利益，集中了人民的意志，广泛调动了全体人民以国家主人翁的地位建设社会主义的积极性、主动性、创造性。实行人民代表大会制度是近代以来中国社会发展的必然选择，是中国共产党把马克思主义基本原理同中国具体实际相结合的伟大创造。

个人的守法行为受自然环境、历史环境、社会环境、个人需求、个人社会角色、行为主体的行为意识、认知能力、行动能力等多重要素的影响。自"法治中国"提出以来，我们国家各个社会群体都能从不同的平台接收到此类法治内容的学习。同时，政府通过多种方式不断地扩大与深入普法教育，将活动推进到学校低年级、推进到农村，"法治政府""依法行政"等口号的实施，体现出公民不断提高的法律知识和法律意识。

但是，看到进步的同时不能忽略问题。实际上，我们中的大多数人在法律知识上仍是欠缺的，对法的价值、对权利与义务的关系等认识不够深刻，"法不责众"的想法依然存在，遇到事情容易选择约定俗成的解决方式，习惯于从众，习惯于依附，没有主动运用法律的意识和能力。这样的现实使得我们的"守法行为"变成了一种"消极守法"，认为一切行为只要不违反法律规定、不受制裁就可以了。这种既定的思维方式是需要极力去改变的，真正的守法行为是内化而成的一种"积极守法"，是人们在对法律制度有清晰和理性的认识的基础上，将守法作为一种行为习惯，自觉

履行义务,积极享受权利,追求法的价值。单纯地要求权利或单纯地追求利益都是片面的。

思考题

1. 法治与德治的关系是什么?
2. 如何正确认识社会发展进程中出现的法治问题?

第三节　在心中树立法治信仰

法治的目的不仅是为人们提供一个寻求公正的平台和框架,而行政、立法、司法这些政府权力也和人民一样,受到法律的拘束和控制。法治的内涵,与其说是要求所有人民守法,毋宁说是更侧重于法律对政府权力的控制和拘束。在心中树立法治的信仰,按照法治的原则和规定工作和生活,才能够享有自由和幸福。

一、自觉学法,规范守法行为

一个人从出生开始一直到死亡,所做的所有事都是与法律相关的,我们无时无刻不受法律的制约,不受法律的保护。如果不懂法律,就很可能在无意中侵犯他人的权利,当然在他人侵犯我们权利的时候,我们也就不知道怎么保护自己了,到时候只能感叹社会的不公,殊不知并不是社会的问题,只是自己懂的太少,不知道怎么保护自己。

学习法律,具备必备的法律素养,已成为现代市民立足社会的基本条件。

(一) 以宪法为根本,弘扬宪法精神

2018年12月4日是第五个国家宪法日。宪法,是国家的根本大法,是治国安邦的总章程,具有最高的法律地位、法律权威、法律效力。作为一国法律体系的根本纲领,宪法被尊崇为"法律的法律"。习近平总书记指出:"我们要更加自觉地恪守宪法原则、弘扬宪法精神、履行宪法使命。"

1. 宪法至上原则

正确理解"宪法是国家的根本大法",最重要的是学习和理解"宪法至上原则"。宪法至上原则是指一个国家法律制度和法律体系的核心和基础,具有最高的法律效力,国家的一切法律和法律制度都不得与宪法和宪法制度相冲突,其他法律和法律制度间的关系,包括法律效力等级均由宪法予以规定。

现行《宪法》在序言中明确指出:"本宪法以法律的形式确认了中国各族人民奋斗的成果,规定了国家的根本制度和根本任务,是国家的根本法,具有最高的法律效力。"这是宪法至上作为现行《宪法》基本原则的依据。

按照现行《宪法》的规定,我国现行法律体系由宪法、基本法律、法律、行政法规和地方性法规组成,它们都不得同宪法相抵触。《宪法》规定,行政法规不得与法律相抵触,地方性法规不得同法律和行政法规相抵触。这些规定都是宪法至上原则在宪法中的具体表现。此外,"全国各族人民、一切国家机关和武装力量、各政党和各社会团体、各企业事业组织,都必须以宪法为根本的活动准则,并且负有维护宪法尊严、保证宪法实施的职责"等规定也体现了宪法至上的精神。

2. 弘扬宪法精神

列宁说:"宪法,就是一张写着人民权利的纸。"可以说,一个国家的宪法是人民权利的保证书、宣言书。我国现行宪法,是一部集中体现党和人民意志,充分维护人民根本利益,符合中国国情和时代发展要求的好宪法。我国宪法精神,具有鲜明的社会主义本质特征,体现的是对人的尊严、价值、权利的最高法治保障。这种法治保障,就是通过依法治国、依法执政、依法行政共同推进,法治国家、法治政府、法治社会一体建设,科学立法、严格执法、公正司法、全民守法得以实现。建设法治中国,必须以宪法为根本,培育宪法信仰,维护宪法权威,弘扬宪法精神。

弘扬宪法精神，就是要坚持习近平新时代中国特色社会主义思想，就是要坚持中国共产党的领导，就是要坚持人民主体地位，就是要坚持法律面前人人平等，就是要坚持依法治国和以德治国相结合。

（二）拿起刑法武器，保卫人民民主

1. 刑法的保护功能

在我们的印象中，刑法常常与"镇压""打击"一类动词联系在一起，与涉及国家安全、社会秩序、人身健康的案件联系在一起。归根结底是为了实现其保护的功能。在社会生活中，国家、团体、社会、个人均享有各种权利，不同主体根据自己的权利与其他主体发生联系，形成有序的社会关系。这种有序的社会关系又是社会发展的必要条件，作为一种对社会关系进行维护和保护的法律，对于破坏这种关系的人予以制裁，从而保证社会关系的良好运作，便是刑法的一个重要功能。刑法还保护没有犯罪的人不受刑法追究以及保护犯了罪的人不受法外追究，从而对国家的刑事追究权力予以适当限制，以保障公民合法权利不受国家的非法侵犯。

刑法的保护功能，是刑法的原始使命决定的。刑法从产生那天开始，就是以惩罚犯罪为其使命的。刑法完全是因为惩罚犯罪而存在，其内容也完全是围绕犯罪而展开。因此可以说，没有惩罚犯罪的需求，就没有刑法存在的必要，通过惩罚犯罪而维护社会安定，是刑法的首要功能，也是最主要的功能。

刑法的保护功能，是通过依法惩罚犯罪行为予以实现的。通过对实施犯罪行为的人进行惩罚，也满足并进一步激发人们的正义感，向公众昭示权利的不可侵犯性和法律秩序的不可破坏性，从而产生警诫、教育作用，维护社会关系的安定。

2. 我国刑法保卫人民民主专政

对于一个社会主义国家而言，最重要的就是要保卫国家主权、领土完整和安全，保障人民民主专政政权和社会主义制度，保护社会主义经济基础，保护公民人身权利、民主权利和其他权利，维护良好的社会秩序。以上各项国家、社会、人民的权益综合起来就是宪法所规范的人民民主专政的内容，刑法最根本的作用在于保卫人民民主专政。

《中华人民共和国刑法》是我国法律体系中重要的部门法，通过以下

方式来完成其保卫人民民主专政的功能作用。

一是规定犯罪和刑罚。刑法是我国唯一规定了犯罪和对犯罪的惩罚措施的部门法。我国其他一些法律也规定了对违法行为的惩罚（如《治安管理处罚条例》等），但这些法律规定的只是一般的违法行为和法律后果。

二是调整、保护相当广泛的社会关系。法律规范都是调整社会关系的规范文件，但一般的部门法通常只调整某一类社会关系；而刑法所保护和调整的社会关系非常广泛，涉及各个领域。

三是规定了最严厉的强制方法。法律的实施都要依靠国家强制力来保障，一般法律规范也规定了强制措施，但就其严厉程度和处罚力度，刑法无疑是最强的。它包括可以剥夺人身自由的徒刑，剥夺政治权利的管制、监视居住等，甚至还包括剥夺生命权的死刑。

四是刑法具有补充性。刑法只有在其他法律都不足以禁止社会危害行为时才适用，从而为处罚、禁止严重危害社会的行为提供了法律保障。[1]

二、依法办事，形成法治思维

法治思维是一种综合运用法治知识、法治原则和其他法治要素来认识问题、分析问题、处理问题的理性思维方式，也就是说法治的观念和逻辑在解决问题中占据了指导地位，它要求拥有这种思维的人崇尚法治、尊重法律，自觉将法律付诸实践，善于运用法律手段来解决问题。

也许有人会觉得，"解决问题是律师和法官的事，他们有这样的思维就可以了，我一个普通百姓，不需要"。这种想法是不正确的，法治思维是一种整体性的思维，是一种国家治理的理念、视角和思路，它不仅是一种治国方法、手段，更是一个法治社会的整体价值追求。

（一）依法享有权利

1. 权利从何而来

权利一般是指法律赋予人实现其利益的一种力量，从通常的角度看，权利是法律赋予权利主体作为或不作为的许可、认定及保障。权利与义务

---

[1] 马秀娟：''论犯罪控制的刑法功能、限度及其对策''，载《中共山西省委党校学报》2019年4月1日。

相对应，是在家庭、社会、国家、国际关系中隐含或明示的最广泛、最实际的一个内容。

马克思主义认为，权利并非人生而有之，特定的社会生活条件决定了权利的范围和内容。权利归根结底是由社会经济关系所决定，即权利只不过是社会经济关系的一种法律形式。统治阶级利用法律确认人们的某种权利，并赋予它以法律上的保护，其目的是维护有利于本阶级的社会关系和社会秩序。剥削阶级的法往往公开剥夺被剥削者的权利，或者使法律上确认的权利对劳动者徒具形式。社会主义国家不仅在法律上确认公民具有广泛的权利，而且为公民行使权利提供政治上和物质上的保障，体现了权利的真实性。

从根上讲，权利是从道德义务里推导出来的，经由法律规定，形成我们日常所理解的权利和义务的对应关系。"人权"就是从每个人对同类所必须承担的相互尊敬、平等相待的道德义务中推导出来的一种制度理性。

2. 权利是有边界的

我国公民的基本权利是公民依照宪法规定在政治、人身、经济、社会、文化等方面享有的主要权利，也叫宪法权利。它是公民最主要的、也是必不可少的权利。

但是在实际生活中，我们一定要知道这样一个词语，即"禁止权利滥用原则"。它是世界各国实践中使用的一个民法原则，作为现代社会中调整权利分配的一项重要原则，在社会生活中占据了重要的地位。在法权观念的变迁过程中，它由一项一般法观念发展到成文法上的一项基本原则，贯穿于人们生活的方方面面，成为人们日益关注的焦点，其产生和发展是"社会本位"权利观的重要体现。

我国《宪法》第51条规定:"中华人民共和国公民在行使自由和权利的时候,不得损害国家的、社会的、集体的利益和其他公民的合法的自由和权利。"社会主义国家的民法典也规定了禁止权利滥用原则。因此我们在日常生活中一定要注意权利行使的有限性。

3. 权利与权力的关系

"权力"的含义有两种,一种是政治上的强制力量,如国家权力;另一种是职责范围内的支配力量。权利,指法律上的权利,是宪法和法律赋予公民享有的某种权益。这种权益,可以表现为权利享有者有权自己作出或不为一定的行为,财产所有人在法律允许的范围内,可以占有、使用和处分自己的财产;也可以表现为权利享有者有权要求他人作出一定的行为或抑制一定的行为。比较权利和权力而言:

首先,两者行为主体与行为属性不同。权利主体一般是公民与法人和其他社会组织。权力主体则只能是被授予权力的国家机关及其特定的工作人员。按其行为属性来讲,权利行为一般是民事行为与社会政治行为;权力行为则一般是立法行为、行政行为、司法行为等属于公务的行为,又称"职权",是一种公共权力。

其次,两者强制性不同。权利和权力都对相对人具有强制性。法律上享有权利的主体可以依法要求相对人为或不为一定的行为,这也是一种强制性,但它与权力的强制性不同。权力具有国家的直接强制力。权利则只是以国家强制力为后盾。当权利不能实现或遭到侵犯时,权利人可以请示国家行使权力予以保护或救济,但权利人不得自行对相对人施以强制力。如不得因为讨债而拘留、殴打债务人。

第三,两者法律地位不同。权利可由权利人独自享有,可以是一种有特定相对人的权利(如债权),也可以是有一般相对人的权利(如财产所有权)。在存在与其相对应的义务人的双边关系的条件下,双方的法律地位是平等的。权利主体对其享有的某些权利还可以转让或权力则只存在于与具体相对人的关系中。单独的主体无法行使其权力,因权力须以对方的服从为条件,是管理与服从关系。[1]

---

〔1〕"权力与权利",载博慎智库。

(二) 依法履行义务

1. 义务因何而生

什么是义务？一般说来，法学上的义务是一个与权利相对应的概念。说某人享有或拥有某种利益、主张、资格、权利或自由，是说别人对其享有或拥有之物负有不得侵夺、不得妨碍的义务。若无人承担和履行相应的义务，权利便没有意义。故一项权利的存在，意味着一种让别人承担和履行相应义务的观念和制度的存在。如果说权利表示的是以"要求""获取"或"做"为表现形式的"得"，那么，义务所表示的就是相应的以"提供""让与"或"不做"为表现形式的"予"。

2. 义务先定论

义务先定论，就是义务先定、权利后生。每个人因遵守初始的义务规则、承担最基本义务而产生基本权利、享有基本权利。就是说，法律制度，特别是那些解决社会问题的单行法，它不是要给我们每个人主张权利的，而是首先要附加义务。例如，从食品安全法、产品质量法、广告法等等法律中可以看出，法律首先规定应该怎么作，不能怎么作。无论是生产商还是销售商，都是对产品质量负源头责任的，国家行政权力的介入，强制其义务，约束其权利。

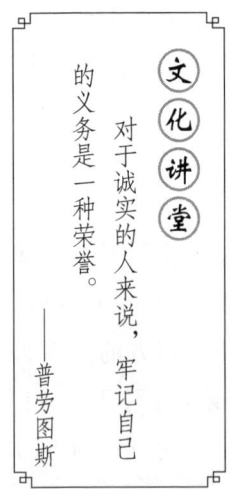

文化讲堂

对于诚实的人来说，牢记自己的义务是一种荣誉。
——普劳图斯

义务先定论，其根本在于以追求社会整体利益为目的，牺牲个人利益而保全社会利益。这是以追求秩序、实现社会最大的功利价值为权衡标准的取向。这种以保全社会利益为最高宗旨的理念在国内外的刑法学理论中得到一致的体现。[1]

3. 权利与义务的关系

法律是对公民或法人能够作出或不作出一定行为，并要求他人相应作出或不作出一定行为的许可。在社会主义社会，权利与义务是一致的，不可分离，在法律上一方有权利，他方必有相应的义务，或者互为权利义务；任何公民不能只享有权利而不承担

---

[1] 李兰英："义务冲突下的正确选择"，载《法学评论》2002年3月15日。

义务，也不会只承担义务而享受不到权利。

权利和义务是密切相联的。任何权利的实现总是以义务的履行为条件。例如根据合同法规定，成立合同关系的双方当事人相互享有权利并承担义务。

(三) 依法解决争端

1. 矛盾的起因

毛主席说过，有进步就会有矛盾产生。我国近些年来经济建设的飞速成长，经济总量已经渐渐赶上世界发达国家水平。但是伴随着经济的高速发展，一些矛盾也渐渐显露出来。

我们生活中常说的矛盾纠纷主要包括民事纠纷、行政纠纷、涉法涉诉纠纷。其中民事纠纷，是指平等主体之间发生的、涉及人身关系或财产关系的纠纷。包括婚姻家庭、邻里关系、房产物业、人身损害、合同、借贷等民事行为引发的纠纷。民事纠纷分为两大内容：一类是财产关系方面的民事纠纷，另一类是人身关系的民事纠纷。其解决机制有自力救济、社会救济、公力救济。行政纠纷，是指各级行政机关在履行职责过程中与公民、法人或者其他组织之间发生的行政争议和纠纷。包括土地、山林、水利、资源权属、医疗卫生、治安管理、城市管理等行政行为引发的争议和纠纷。涉法涉诉纠纷，是指当事人对刑事执法、行政执法等权力部门对案件或问题处理不满而引发的矛盾纠纷。涉及刑事、民事和行政诉讼判决或裁定，有些是历史遗留问题，有些是现实问题，主

消费者　　　　法官　　　　商家

要是当事人对已经生效的法律判决或行政裁决表示不满。

而随着科技的迅速发展，境内外敌对势力、邪教势力、社会恶势力想方设法地从多种渠道渗入人民内部，对不知情的老百姓进行蛊惑、煽动、

操纵，企图通过制造社会动乱来颠覆政权。这也是部分新型社会矛盾产生的原因。

综上，因为社会的进步，多方面的原因造成了社会矛盾迭起。

2. 依法解决矛盾

社会矛盾是引发案件的主要因素，案件是各类矛盾发展的结果，是最突出、最严重的矛盾。社会中的每一个人都参与进来，共同营造遵法学法守法用法的浓厚氛围；不仅自觉参与普法教育，学法守法，更加自觉抵制和反对以言代法、以权压法、逐利违法、徇私枉法，使执法者严、用法者明，不断夯实法治中国建设的社会文化基础。习近平总书记在党的十九大报告中指出："加大全民普法力度，建设社会主义法治文化，树立宪法法律至上、法律面前人人平等的法治理念。"我们的国家已进入新时代，社会主义法治文化的建设对于建设法治中国具有基础性的作用和持久性的功效。

健全依法化解纠纷机制。以往要求政法机关发挥职能作用更多的是强调依法办案，现在进一步要求把执法办案工作向化解社会矛盾延伸、向社会管理工作拓展。依法有效化解社会矛盾纠纷，使公民、法人和其他组织的合法权益得到切实维护，构建公正、高效、便捷、成本低廉的多元化矛盾纠纷解决机制，构建对维护群众利益具有重大作用的制度体系，建立健全社会矛盾预警机制、利益表达机制、协商沟通机制、救济救助机制。

充分发挥行政机关在预防、解决行政争议和民事纠纷中的作用，通过法定渠道解决矛盾纠纷，促进社会和谐。[1]

● 延伸阅读

法治意识提升，群众越来越习惯用法治方式解决问题[2]

党的十八大以来，群众法治意识全方位提升。近日，记者在采访中发

---

〔1〕王由海、曾刚："试析我国行政复议中止制度"，载《行政与法》2019年6月20日。
〔2〕杜晓、张希臣："群众越来越习惯法治方式解决问题"，载《法治日报》2017年10月18日。

现，越来越多的群众习惯于运用法治方式维护自身权益、表达自身诉求。居民法治意识普遍提高，"我觉得大家法治意识提升，最重要的一点就是遇到问题时，首先想到的是通过法律途径维护自己的权益。"北京市海淀区的姜女士对记者说。"我觉得大家的法治意识比以前提高了。比如，遇到什么事，不是大吵大闹，而是找有关部门去调解。这个小区住的都是老街坊，大家在内心里都不愿伤了和气，过去有的人不太懂，现在有点摩擦就会去找居委会协调。"姜女士说。宣传教育是提高人民群众法治素质和法治意识的重要途径。据姜女士介绍，街道和小区会不时举办一些活动进行法治宣传教育。

"这些活动让我们知道了不少。比如，小区里租房子的挺多，也会发生一些纠纷。后来，居委会办了一个活动，普及与租房子有关的一些细节和法律问题，大家逐渐习惯通过合法合理的途径处理这些问题。"姜女士说。

群众法治意识的提高不仅仅发生在城市。务工人员李大姐来自河北张家口，她告诉记者，今年"十一"回家后，她发现家里人的法治意识有了明显变化。

"在农村，以前是人少受欺负，人多了就没人敢欺负。以前要是有个矛盾，会发生打架之类的事。现在，有了矛盾不是斗狠比谁人多，而是会走调解或者其他法律途径。"李大姐说。

放弃"闹一闹" 选择法律途径[1]

记者在走访中国政法大学研究生法律援助中心时发现，群众法治意识的提高不仅体现在懂法守法上，更体现在当自己的合法权益受到侵犯时，能够利用法律武器进行维权。

张先生来自山东，在北京从事挖掘机租赁工作。2014年，张先生将自己的挖掘机租给包工头王某，在其工地上进行挖沟、破碎等工作。完工后，王某需要交付租金5万元。

"他们没完工，钱也没批下来，让我等等。"张先生说，"可谁想，这

---

[1] 参见"遇事不再大吵大闹逞强斗狠 个人照片被滥用依法维权"，载中国普法网，最后访问时间：2019年5月15日。

一等3年过去了。3年里,我也没少找过他。一开始说钱没下来,后来说钱紧,一直拖着没给。"

"今年春天的时候,我想找几个人去吓吓他,让他还钱。后来没去,觉得这也不合法。"张先生说,现在正考虑起诉王某。"孩子上大学了,正是用钱的时候,最近正考虑走法律途径解决。"

中国政法大学研究生法律援助中心成立于2004年,是中央专项彩票公益金法律援助项目实施单位。主要针对老年人、妇女、残疾人、未成年人以及农民工等弱势人群提供法律援助服务,如法律咨询、代写文书、案件代理等。

"我们每天能接待20个人,多了也忙不过来。我们中心实行预约排号接待,有时候人比较多,多到挤在外面进不来。"法援中心主任田俊英告诉记者。

"现在老百姓的法治意识比以前强了,之前普通人哪有为自己的名誉权打官司来咨询的,现在我们就遇到了这样的事情,因为别人用了他的照片,老百姓现在已经有这种意识了,放在以前可能都不会在意。"田俊英说,老百姓现在还有了证据意识,之前有个医疗纠纷的案子,当事人留存了各种票据,用来维护自己的权益。

法治思维是将法律知识内化于心,外化于行的过程,注重法律方法和手段的运用。每一个人都学会用这种思维来解决问题、化解各种社会矛盾,整个社会才能够更加良好地发展。我们国家的法律制度正在逐步完善,作为中国公民,也应该在这种环境下不断加强学习,确立规则意识和契约意识,在对待各种涉及自身利益的纠纷时学会寻求理性的解决手段。监狱作为司法机关,更是这样一个规则至上的场所。

作为服刑人员,在狱内要把握好法治课堂的学习机会,充分利用资源学习法律知识；遇到事情要按照规章制度寻求解决的办法，不可因为讲求"哥们儿义气"犯"二"耍"愣"。而这些知识最终都会成为大家的财富，为今后回归社会良好地解决问题打下基础。

三、敬畏法律，增强法治意识

（一）遵循法律程序

法理学在研究法律和法律现象的过程中，依据不同的标准，将法律分为不同的种类。根据法律规定内容的不同来进行划分，可以分为实体法与程序法。

一般情况下，实体法是规定和确认权利和义务以及职权和责任的法律，如宪法、行政法、民法、商法、刑法，等等；而程序法是以保证权利和职权得以实现或行使，义务和责任得以履行的有关程序为主要内容的法律，如民事诉讼法、刑事诉讼法、行政诉讼法、行政程序法、立法程序法，等等。

程序法是以保证权利和职权得以实现或行使，义务和责任得以履行的有关程序为主要内容的法律，是正确实施实体法的保障。审判活动则是实体法和程序法的综合运用。[1]

在我国长期的法律传统中，普遍存在着重实体法轻程序法的观念。即使在今天，我国法律体系中的程序性法律规范也没有受到应有重视，表现为至今立法程序法、行政程序法、违宪监督程序法等重要程序法尚未出台。应当进一步有针对性地加强法治宣传教育，尽快转变人们重实体法轻程序法的观念，努力强化人们的程序法意识。

程序法的主要意义在于及时、恰当地为实现权利和行使职权提供必要的规则、方式和秩序。为了描述程序的重要性和公正性，美国当代著名伦理学家罗尔斯在《正义论》一书中形象地把公正程序喻为"切蛋糕"的规则。蛋糕是权力和利益的象征，一个人负责分配蛋糕，如果程序性规则允许他在为别人分配蛋糕时也可以不加限制地为自己留一快，则他将有可能

---

〔1〕 李林："实体法与程序法"，载《人大工作通讯》1999年6月 CNKI 科研诚信管理系统研究中心 - 572 - 01。

尽量少地分给别人，而尽可能多地留给自己；如果程序性规则规定只有在把蛋糕均等地分配给其他人以后，切蛋糕者本人才能最后领取到自己的那一份蛋糕，那么他就会尽最大努力来均分蛋糕。可见，程序性规则对于实现实体性权利是至关重要的。[1]

（二）尊重法律权威

1. 法律权威的来源

波斯纳曾说："法律具有权威不在于它们统帅着与科学家的共识相对应的律师们的共识。"当人类放弃"以眼还眼，以牙还牙"这种解决彼此纠纷的私力救助方式时，便产生了对权威的渴求，他们期望社会中有一种能使双方都能服从的权威，以达到纠纷的最终解决，尽快制止无休无止的无序状态。当国家出现以后，司法便以权威者的身份出现了。

权威有三种类型，在司法中体现为来源于信仰的权威；来源于传统的权威；来源于理性的权威。现代社会中，司法的权威是一种制度性权威而非个人权威；现代司法的权威被限制在适度的范围内。

立法和司法都是社会控制手段，前者通过提供一般规范，主要是法律条文，来发挥作用，后者则是通过解决具体纠纷完成其对社会的影响。它们在各自的领域里都享有权威地位，不存在谁依附于谁的问题。司法的权威来自于司法本身，而不是来自于立法的权威。如果不承认司法的权威，就是不承认司法独立于立法的价值。[2]

2. 自觉维护法律权威

党的十八大以来，随着全面推进依法治国的深入实施，群众法治意识显著提升。记者通过采访发现，群众法治意识显著提升主要体现在两个方面：群众在遇到矛盾或者纠纷时，习惯通过法治途径寻找解决问题的方式；群众在权益受损时，学会运用法治手段维护自身的合法权益。

群众法治意识显著提升还体现在，越来越多的群众对于一些法律常识、法律细节日益熟悉，比如重视名誉、学会搜集证据。《中共中央关于全面推进依法治国若干重大问题的决定》提出，"必须大力弘扬社会主义

---

[1] 李林："实体法与程序法"，载《人大工作通讯》1999年6月 CNKI 科研诚信管理系统研究中心 - 572 - 01。

[2] 汪建成、孙远："论司法的权威与权威的司法"，载《法学评论》2001年7月15日。

法治精神，建设社会主义法治文化，增强全社会厉行法治的积极性和主动性，形成守法光荣、违法可耻的社会氛围，使全体人民都成为社会主义法治的忠实崇尚者、自觉遵守者、坚定捍卫者"。党的十八大以来，群众法治意识显著提升为培育全社会共同的法治信仰打下坚实基础，必将会有越来越多的人遵循法治、信仰法治，沿着法治的道路前行。[1]

(三) 遵守法律规定

1. 生活在法律规定的范围

我们所追求的法治社会，应当是一个民主与自由的社会，是一个公平与正义的社会，这是我们建设法治社会所不懈追求的目标。在法律规定的范围内活动，就是要对自己的行为负责。

法律的出发点就是对公民、法人和其他组织的权利全面、有效、合理地保护，保护的是最大多数人的最大利益，一个人在行使自己的权利时，不得影响他人和社会公共利益。法律责任，一方面指任何组织和个人均负有的遵守法律，自觉维护法律尊严的义务。另一方面指违法者对违法行为所应承担的具有强制性的法律上的责任。法律责任区别于道德责任的主要一点就在于法律责任的认定和归结是由国家特设并授权的专门机关依照法定程序进行的。

法律责任是法律义务履行的保障机制和法律义务违反的矫正机制，在整个法律体系中占有十分重要的地位，切实关系到依法治国，建立社会主义法治国家目标的实现。

法律责任分为：刑事法律责任、民事法律责任、行政法律责任、经济法律责任、违宪法律责任。追究法律责任的原则包括：个人负责；不株连原则；重在教育原则；依法追究法

---

[1] 杜晓、张希臣："群众越来越习惯用法治方式解决问题"，载《法制日报》2017年10月18日。

律责任原则。

人们对法律的遵守就是要树立法律至上的原则。法律至上就是指法律的规范作用、强制作用是不可替代的，当权利的运作和法律运行相悖时，权利应让位于法律；当道德、政策规定和法律相悖时，应以法律规范为准；当法律有明文规定时，不得违背法律；当法律无明文规定时，不得违背法律原则。即，一切违反宪法和法律的行为，必须予以追究，任何组织或者个人都不得有超越宪法和法律的特权。

如今，我们国家正处在全面深化改革和全面推进依法治国的阶段，这是国家治理领域一场广泛而深刻的革命，根本目的在于完善和发展中国特色社会主义制度，推进国家治理体系和治理能力现代化，完善我国的法治体系，建设中国特色社会主义法治文化。当然，"天下之事，不难于立法，而难于法之必行"。在法治中国建设的道路上我们已经取得了一些成绩，但仍需要继续努力。我们需要明白，全民守法是中国特色社会主义法治文化建设的归宿。要达到这一目标，最基础的是要确立公民规则意识，即在对法律信仰、认同的基础上，积极主动、自觉地遵守和服从法律规则，包括权利正当行使的意识、权利的节制意识、自觉守法意识、社会公德意识。

2. 正确应对信息时代

早在1978年，钱学森就预言："沟通全世界，形成全球性的情报体系是大势所趋"，"恐怕不久的将来，全世界总是要建立情报资料网，这个网络与全球的计算机网络、卫星系统、资料库、通信线路、用户终端等设施都要互联互通"。钱学森所说的这个沟通全球的数据基础设施，在今天已经成为了现实。

今天，互联网已经成为人们生活中重要的组成部分，人们表达观点和意见的渠道更为畅通和丰富，在民主、监督、表达民意、信息公开等方面起到了举足轻重的作用。但是同时，信息的获得、言论的输出变得简单而廉价，因此滋生了许多类似"网络键盘侠"这样的专业"喷子"，他们抓住人们的猎奇心理，散播不实的言论，制造事端，引发公众心理恐慌，导致社会管理秩序混乱，以此来发泄对社会的不满，有些不明真相的网友还会附和点赞。

在网络时代，令人更为忧虑的是那些以互联网为工具所实施的信息犯罪，如常见的黑客攻击、病毒入侵；利用互联网侵犯他人隐私，甚至捏造犯罪记录，编造各种丑闻，篡改他人的电子邮件来损害他人的名誉权、隐私权和肖像权；还有的犯罪分子利用网络信息煽动民族仇恨、民族歧视，破坏民族团结；更有一些犯罪分子利用网络信息造谣、诽谤或者发表、传播有害信息，煽动颠覆国家政权、推翻社会制度或煽动分裂国家、破坏国家统一，等等。这些现代信息犯罪所波及的范围及造成的危害已远远超出人们的想象。因此，在互联网已发展成为人们生活一部分的今天，信息犯罪早已超越了传统的范畴，其内涵和形式都已发生了极大的变化。

信息犯罪之所以多发，与人们的信息安全意识淡薄是密切相联系的，信息的芜杂使我们常常失去对事件真相的判断能力，舆论更需要理性和负责任的表达。面对涉法事件，我们在表达观点时，同样需要尊重客观事实，尊重法律权威，而普通民众在诉讼中因为缺乏较强的法律思维，容易把由于知识、证据等方面的劣势所带来的败诉结果，归咎于法官个人以权徇私、不为百姓主持公道等方面。一味地发泄不满，诋毁司法机关是不可取的。

重点还是要对人民群众进行信息法治教育。信息犯罪是一种高智能犯罪，无论是黑客入侵，还是设置逻辑炸弹、制造电脑病毒，没有相当的专业知识，没有作案的方便条件是不可能实施这种犯罪的。有关资料显示，当今信息犯罪的主体是35岁以下的年轻人，其中很多是高校在读的大学生和研究生，以及专业技术人员。这些人有较好的信息科学技术基础，掌握新知识、新技术特别快，其中不少人根本不把信息犯罪看做是犯罪，而仅仅把它看做是一种智力游戏。尤其要在青少年中加强法治教育，使他们划清罪与非罪的界限，自觉地用信息安全规范约束

预防信息犯罪维护信息安全

自己，减少信息犯罪的发生。加强信息安全意识和能力，才能正确应对信息时代的风险、享受信息的便利。

服刑人员在监狱各个角落都能感受到法治文化的氛围。学习宪法及各项法律法规；参加法治大讲堂；法律从业者对服刑人员进行法律问题解答；楼道里张贴的法治宣传报等等都是法治文化的渗透。当然，从法律知识到守法理念再到守法行为，是一个长期且渐进的过程。作为服刑人员，应在监狱营造的良好的法治氛围中积极主动学习法律知识，充实思想，规范行为，让法治文化成为引领改造之路的一盏明灯。

"勿以善小而不为，勿以恶小而为之"，法治文化能进一步改进、改造服刑人员的世界观，进而内化为思想自觉、行动自觉，最终使服刑人员回归社会，做守法公民。监狱加强普法宣传，通过弘扬法治精神，牢固树立宪法法律至上、法律面前人人平等的理念，努力在监狱形成崇尚宪法、维护法律的良好风尚。服刑人员要不断坚定法治信仰，把宪法和法律视作神圣不可侵犯的戒条，把对宪法和法律的崇尚和敬畏作为修身理政、立言立行的标尺，将法治信仰融入精神世界、价值观念、生活方式，让法治成为规范行为的强大力量。

思考题

1. 刑法的保护功能是什么？
2. 如何做到敬畏法律、增强法治意识？

文化改造分册

第五章

北京文化

站在当前这个时间节点建设北京城市副中心，要有21世纪的眼光。规划、建设、管理都要坚持高起点、高标准、高水平，落实世界眼光、国际标准、中国特色、高点定位的要求。不但要搞好总体规划，还要加强主要功能区块、主要景观、主要建筑物的设计，体现城市精神、展现城市特色、提升城市魅力。

——习近平总书记2014年视察北京时的讲话

北京的历史、北京的风貌和北京的精神，蕴含在我们日常生活的方方面面，我们作为北京一员感到自豪；罪犯在感受北京迅速发展步伐、享受北京现代化生活的同时，要自觉将建设首善北京、维护安定有序环境作为自我责任，将对家人的愧疚、对政府的感激化为踏实改造的行动。

第一节 首善之都

2014年2月26日，习近平总书记在北京市考察工作时强调："要明确城市战略定位，坚持和强化首都全国'政治中心、文化中心、国际交往中心、科技创新中心'的核心功能。"把北京建设成为国际一流的和谐宜居之都，即首善之都。

北京实在很大、很老、很深。因为很大，总是看不全。因为很老，处处有历史，有传统，有故事。因为很深，老看表面可不成，还得钻进去，细细深究。北京是没有"底"的，越挖越多。发现北京是个过程，而过程就是故事。

1949年10月1日，中华人民共和国成立，北京成为中华人民共和国的首都。开启了北京这座古城历史的新纪元，北京这座六朝古都成为历史和现代的缩影。

作为国家政治和文化中心的北京，全球罕见。《不列颠百科全书》将北京形容为"全球最伟大的城市之一。这座城市是中国历史上最重要的组成部分。在中国过去的8个世纪里，几乎北京所有主要建筑都拥有着不可磨灭的民族和历史意义"。

北京有着数不胜数的古迹，例如故宫、天坛、颐和园、北海、地坛等，这些古迹为北京这座城市增添了缤纷又神秘的色彩。而中国国家大剧院、北京首都国际机场3号航站楼、中央电视台总部大楼、"鸟巢"、大兴国际机场等建筑又是北京的现代符号。经过几十年的发展，北京已经成为一座现代化的国际大都市。金融街早已成为名副其实的金融管理中心；北京商务区随着中国40年改革开放的发展而成为北京对外开放和经济实力的象征；北京的胡同小巷之间，来自世界各国的友人比比皆是。古老与现代融合，北京这座开放与包容兼并的城市，正以它古老而崭新的步伐，走在世界舞台的前沿。

一、政治中心

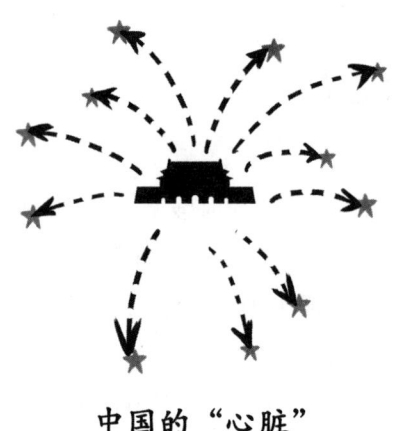

中国的"心脏"

北京是我们伟大祖国的首都，不仅是全国各族人民心向神往的地方，也是世界各国观察中国的主要窗口，为世界各国所瞩目。因此，在全国的城市群中，北京是地位最高、影响最大、最具特殊性的一个城市，在国际上也享有很高的声誉。北京的一举一动、一言一行对于全国具有很强的示范效应。近年来，党中央、国务院又赋予北京一个新的历史使命——"四个中心"城市战略定位。政治中心作为首都特有的属性，是位列第一的城市功能。

北京作为全国的"心脏"有着悠久的历史，走到哪儿，都没有一个城市的人们像北京这样爱谈论国家大事，这是北京人独有的历史使命感和时代责任感。这里的一举一动也牵系着国家的安危和成千上万人的命运。

北京地理位置优越，是世界历史文化名城和中国四大古都之一。70万年前，北京周口店地区出现了原始人群部落"北京人"；公元前1045年，北京成为蓟、燕等诸侯国的都城；公元前221年秦始皇统一六国后，北京一直承担着中国北方重镇和地方中心的重要地位；公元938年以来，北京又先后成为辽陪都、金中都、元大都、明、清国都。1949年10月1日，北京正式成为中华人民共和国首都。[1]

北京是中国共产党中央委员会、中华人民共和国中央人民政府、全国人民代表大会、中国人民政治协商会议全国委员会、中华人民共和国中央军事委员会所在地，也是中部战区司令部驻地，是全国性的政治中心。

---

〔1〕 选自《不列颠百科全书》。

(一) 都城文化，历史悠久

北京被称为六朝古都，虽然久远的燕国对于现在来说可以说是无迹可寻，但北京却是中国历史上最后期的五个朝代建都之地，这五朝指的是辽（公元 916~1125 年）、金（公元 1115~1234 年）、元（公元 1279~1368 年）、明（公元 1368~1644 年）、清（公元 1644~1911 年）。当初辽时，只把北京作为陪都，北京只不过是辽代"五京"之二，而真正在这里建成中央都城的，不是始于辽而是始于金。据《金史·海陵纪》记载，燕京，是北京当时的名称，金建都之后改称中都。公元 1153 年 4 月 21 日，金正式将燕京定为首都。

元代在辽金的基础上建立大都，这是蒙古贵族认识到北京位于东西地势的交汇点上，又君临南方，进可以扼控全国（事实也是如此，从北京南进的军事、政治行动基本上都是成功的：蒙古铁骑的南下，燕王朱棣的南下，清兵的南下，袁世凯的南下等），退可以依托故地漠北，卷起财物，骑上马，一溜烟就会遁入故地，这是以地利人和的建都原则为依据的。

明代迁都北京，在老北京人的传说中是一件有神秘色彩的事，徐达在刘伯温的授意下以射箭定都的传说，仿佛说明北京成为首都是很偶然的。其实，明代迁都北京，有极为充分的历史、文化、政治、军事、经济、个人情感的原因，是中国文明从西向东迁移变动的结果。明开国定都南京，赖以推动全国，是符合明代人定都原则的，但蒙古势力返回并峙持于漠北，随时可以卷土重来，如不全力守卫边疆，可能成为北宋第二。北京的地缘位置属交通要冲，占住北京，就挟制了西北到东北、北方到南方的四条关口（这是四条生命线），北京城外有太行山、军都山、燕山，地势高峻，明代人认为"以燕京而视中原，居高负险，有建瓴之势"，"形胜甲天下，层山带河，有金汤之固，诚万古帝王之都"。明成祖朱棣在永乐十九年（1421 年）正式迁都北京后，开创了"天子守国门"的王朝骨气。[1]

清朝建都北京，自是出于弹压中原、雄霸九州的胸怀和眼光，也是出于退可出关的战略考虑。以多尔衮为首的清廷的远见卓识者，认为要"以图进取"，必迁北京。皇太极迁都北京是要占据这个关口从而统一全国，

---

[1] 选自《北京成为政治文化中心的原因》。

"以建万年不拔之业"。1644年8月20日开始,清朝大迁都,10月10日正式定都北京。[1]

三百多年以后,当中国革命取得伟大胜利的时候,中国共产党和毛泽东同志代表全国人民的意志,决定把北京作为新中国的首都。

● 延伸阅读

北京为何能成为千年帝都?[2]

公元1世纪今北京一带,由于地处中原边缘,长期以来还只是一个州郡级的首府而已。更早时期也只做过燕国的都城,燕起先只是西周的一个诸侯,后来只是战国时期的一个弱国。

北京地处中原王朝的边缘,既不可能被选择为中原王朝的首都,也不可能作为占据半个中国政权的都城。北京作为中原王朝的陪都以至首都,是边疆少数民族入主中原后逐渐形成的。

契丹族崛起东北,后建立契丹国,势力逐渐进入中原。五代后晋石敬瑭把幽云十六州的土地割让给契丹,遂使契丹国的南界直到今河北中部一线。幽州政治中心即今北京,公元938年契丹改国号为辽,并改幽州为南京幽都府(后改析津府),建为陪都,又称燕京。这是今北京作为中原王朝之一的辽的陪都之始,北京作为有影响的都城可以从这一年算起,比南京晚了7个世纪。

12世纪初,辽的部属女真族继起于东北,十几年后即灭辽灭北宋,建立金朝。金的南疆一直到秦岭淮河一线,远过于辽。金仍建辽南京为陪都,改称燕京。1153年,为加强对中原地区的统治,金朝将首都从上京会宁府(今黑龙江阿城)迁至燕京,改称中都大兴府。这是北京成为中原王朝之一的金朝首都之始。

---

[1] 选自《北京城风水内涵揭秘》。
[2] 周振鹤:"东西徘徊与南北往复——谈谈中国历史上五大都城定位的政治地理因素",载《华东师范大学学报(哲学社会科学版)》2009年。

从此以后，北京就从半个中国的首都到全中国的首都直到今天，其间虽有迁往南京的往复，但相对而言都比较短暂。13世纪初，蒙古人崛起于北方草原，元朝建立以后不久的1267年，忽必烈即从开平府（今内蒙古自治区正蓝旗东）迁都金中都城，后改称大都。金、元的情况相同，既然要统治中原，就不可能将首都设在民族的发祥地，但又不能和发祥地离得过远。于是北京就成为最合适的地方。

北京成为建都最合适的地方，还有一个重要的原因，那就是由于边疆民族入主中原，带来了东北与北方的辽阔版图，使得原来天下之中的位置有了新的解释，从洛阳位移至燕京了。

就自然条件而言，北京山前小平原处于华北平原的最北端，从北方而下，既已进入中原，可以控扼天下，又紧紧背倚边疆民族的发源地。往北可通过燕山山地诸山口，进入蒙古草原，往东北可沿渤海边缘大路进入松辽平原，往南可经太行山山麓通道直达中原地区核心。这种形势十分理想。

所以金人梁襄说过很有名的一段话："燕都地处雄要，北倚山险，南压区夏，若坐堂奥，而俯庭宇也。又居庸、古北、松亭诸关，东西千里，险峻相连，近在都畿，据守尤易。"这说的就是一种地理上的气势。

（二）革命传统，土壤丰沃

北京在中国革命进程中所起的先导作用，在中国所有的城市中都是非常独特且具有指引意义的。正是北京的革命传统带来了历史的天翻地覆。这里出现过戊戌变法，在黑漆漆的封建旧制度的天空中划过一道亮光；这里发生过反帝反封建的滦州起义；发生过影响深远的新文化运动；五四运动产生于此；创立中国共产党的思想土壤也存在于此。在北京定都，是革命发展的合理结果。

20世纪中国政治的许多大事都发生在北京，这也是北京政治性的一个具体表现。

1919年，在天安门前爆发的五四运动掀开了中国新民主主义革命的第一页。这场革命取得了胜利，北京作为这场革命的发祥地，在人民的心中成为精神指引一般的存在。此后，北京经历过从卢沟桥传来的炮火，也经

历过学术史上的"南渡"与"北归",30 年后,中国共产党将一个古老而崭新的北京交还到人民手中。

1949 年 10 月 1 日下午 2 时,30 万群众、5 万解放军官兵齐聚天安门广场,举行中华人民共和国开国大典。在天安门城楼上,毛泽东主席向全中国、全世界庄严宣告"中华人民共和国中央人民政府今天成立了!"在雄壮的国歌声中,毛泽东亲手按下电钮,升起第一面五星红旗,接着举行了盛大的阅兵式和群众游行。中国人民从此站起来了,成为了国家的主人。

1978 年 11 月、12 月,在北京召开了中央工作会议以及十一届三中全会,邓小平在会上作了主题报告《解放思想,实事求是,团结一致向前看》。这是改革开放新时期的历史起点,是新中国成立以来党的历史上具有深远意义的伟大转折点。

1992 年 10 月,中国共产党第十四次全国代表大会在北京人民大会堂召开。首次把社会主义市场经济作为中国改革的目标模式,在中国历史、世界历史上成为彻底突破传统计划经济的苏联僵化模式,探索中国特色社会主义的伟大里程碑。

进入 21 世纪以来,北京作为中国的政治中心逐渐走向世界舞台中央。从近年来北京承办的一系列重大国际活动中就能窥见一二,从 APEC 领导人会议到纪念中国人民抗日战争暨世界反法西斯战争胜利 70 周年,从携手张家口获得 2022 年冬奥会和冬残奥会举办权到两届"一带一路"国际合作高峰论坛,再到 2019 年中国北京世界园艺博览会等。北京作为社会主义大国首都,正在成为备受关注的政治交往和政治活动中心。[1]

● 延伸阅读

北京成为新中国的首都[2]

当中国革命取得伟大胜利的时候,中国共产党和毛泽东同志代表全国

---

[1] 选自《以首善标准建设大国政治中心》。
[2] "毛泽东如何决定新中国定都在北京?",载中国网 2007 年 9 月 6 日。

人民的意志，决定把北京作为新中国的首都。

选定北京，这里边有着太多的理由和依据。而一代伟人毛泽东以其见微知著的远见卓识，对新中国首都的选定起了至关重要的作用。

> 为什么新生的共和国把首都定在北京？

> 北京有着千年的建都历史。而且，党和国家把首都定在北京，也有着深远的政治考虑。

北京在中国历史上所起的统一全国的作用，是以毛泽东为首的中共领导人所考虑定都的历史背景。毛泽东熟悉中国的历史，熟悉北京的历史，从历史的作用来看，定都北京无疑是历史发展的必然。

北京在中国革命进程中所起的先导作用，是以毛泽东为首的中共领导人考虑定都的现实背景。1949年3月25日，毛泽东进北平城，由涿县乘火车到北平清华园。火车经过北平城墙时，毛泽东看了看窗外萧条的景象，对身边的同志说："你们来过北平吗？我来过，整整三十年了！那时，为了寻求救国救民的真理，我到处奔波，在路上连裤子都被人偷走了，吃了不少苦，现在三十一年后还旧国，真是'玄都观里桃千树，尽是刘郎去后栽'，翻天覆地，翻天覆地哟！"

当然，定都北京最重要的原因是政治上的考虑。蒋介石反人民政权定都南京，毛泽东把人民的政权定都北京，这种针锋相对既反映出毛泽东的伟人个性，更反映出两种不同政权的根本对立。毛泽东明确地讲过："蒋介石的国都在南京，他的基础是江浙资本家。我们要把国都建在北平，我们也要在北平找到我们的基础，这就是工人阶级和广大的劳动群众。"

从政治上考虑定都北平，毛泽东是经过深思熟虑的。1948年9月8日，中共中央在西柏坡村召开了"九月会议"，这是从日本投降以来到会人数最多的一次中央会议。这次会议上，毛泽东根据中国革命的进程，提出了大约用五年左右的时间（从1946年7月算起），从根本上推翻国民党政府的日程表。对彻底推翻国民党政府后，中共要建立一个什么样的国家政权，毛泽东在会上作了明确阐述："我们要建立的，是无产阶级领导的以工农联盟为基础的人民民主专政。这个政权不仅仅是工农，还包括小资产阶级，包括民主党派，包括从蒋介石那里分裂出来的资产阶级分子。政权制度采用民主集中制，即人民代表会议制，而不采用资产阶级的议会制，各级政府都要加上'人民'二字，各种政权也要加上'人民'二字，如法院叫人民法院，解放军叫人民解放军，以示与蒋介石政权的根本对立。"人民民主专政的国家政权不同于蒋介石独裁专制的国家政权，所以，在国都选择上不能将中华民国的首都南京作为新的中华人民共和国的首都。

北京一方面地理位置优越，靠近苏联和外蒙，短期内没有战争的威胁，而且扼守东北和关宁的咽喉地带，战略位置很重要，另一方面北京曾是明清两代500年的首都，心理上百姓也乐于接受。

(三) 具有深厚政治气息的标志性建筑

北京的许多代表性建筑、地点都具有深厚的政治气息，比如天安门、中南海、人民大会堂等。

1. 天安门

如果说，北京是中国的象征，那么天安门则是北京的象征，中华人民共和国的象征，中华民族与中华文明的象征。

天安门始建于明代永乐年间的1417～1420年，原名"承天门"，意在昭示"受命于天""奉天承运"的神圣地位。1645～1657年，清代顺治年间重修承天门，并定名为"天安门"，整改形制沿用至今。1949年10月1日下午2时，中华人民共和国中央人民政府成立的开国大典，会场就选在天安门广场，大会主席台就选在天安门城楼。毛泽东主席宣布了中央人民政府第一号公告，亲手升起了第一面国旗，朱德为总司令，周恩来为政务院总理。三十万群众载歌载舞，通过天安门，五万官兵举行了阅兵式……

在天安门城楼二层的正中上方，端挂着一枚中华人民共和国的巨幅国徽。而其中心的主体内容之一，整个国徽的下半部分恰恰就是天安门。正如《国徽图案说明》中所说的那样：国徽的内容为国旗、天安门、齿轮和麦稻穗，象征中国人民自五四运动以来的新民主主义革命斗争，工人阶级

领导的、以工农联盟为基础的、人民民主专政的新中国的诞生。

天安门城楼正前方,是一个国旗基座,基座是钢筋混凝土构成的三层墩台,高两米多,外包汉白玉石;上面四周是三米见方的汉白玉雕栏,不锈钢制的旗杆足有22.5米高,五星红旗在上面迎风飘扬。在1949年10月1日开国大典上,在毛泽东主席亲自主持下,这里举行了首次升旗仪式,中华人民共和国第一面国旗就从这里升起。现在,天安门广场的升旗仪式已经成为北京的一处著名人文景观。每天早上旭日东升时,太阳上缘与天安门广场所见地平线相切时,即为升旗时间;每天傍晚,太阳上缘与天安门广场所见地平线呈水平时即为降旗时间。

在天安门广场南面,与天安门城楼遥相对应的,是人民英雄纪念碑,1949年9月30日奠基,1952年正式动工,1958年建成。整个纪念碑呈长方形,碑高38米,比天安门还高4米,共用去17000块花岗岩和汉白玉石,重量上万吨。石料多取自山东泰山、北京房山,唯中间一块碑心石取自青岛浮山,长14.4米,宽2.72米,重60吨,上面有毛泽东手书的鎏金大字:"人民英雄纪念碑"。纪念碑四周镶嵌着八幅汉白玉浮雕:虎门销烟、太平天国、武昌起义、五四运动、五卅运动、南昌起义、抗日战争、胜利渡江,是中国历史上最大的一个纪念碑。

2. 中南海

中南海古称西苑、太液池,为辽、金、元、明、清五代皇帝的行宫御苑,新中国成立后成为中共中央和国务院的主要办公要地。当年毛泽东、刘少奇、周恩来、邓小平等党和国家领导人,都曾在此办公和居住。

中南海主要有新华门、怀仁堂、紫光阁、瀛台等建筑。1949年9月21日,毛泽东正是在怀仁堂郑重宣告:"占人类总数四分之一的中国人从此站立起来了。"中南海菊香书屋,是毛泽东故居,他在这里工作生活了18年(1949~1967年)。南海瀛台之北有丰泽园,主体建筑为颐年堂(原称崇雅殿、惇叙殿),其东有一个四合小院,原为康熙书房,即"菊香书屋",有康熙题联"庭松不改青葱色,盆菊仍靠清净香",毛泽东住北屋"紫云轩"。

中南海西花厅,是周恩来总理故居,他在那里工作生活了25年,从1951年一直到1976年逝世为止。这是一个典型的北京四合院,地点在南海西北角,中占岸的紫光阁西边。北屋中间是起居室和餐厅,西屋是周恩

来办公室，东屋是他和邓颖超的卧室。室内陈设极为简朴，甚至可以说是相当简陋。

新中国成立后，党和国家领导人在中南海作出了众多关乎国家发展的重大决策，领导中国人民建设自己的国家。

3. 国务院、各部委

中南海西门，又称西华门，国务院及其总理的办公地就在这里面。

在明清时代543年间，中央政府各个主要部门，几乎都集中设在天安门到前门之间，T字形广场两侧，东边是吏部、户部、礼部、兵部、刑部、工部六部，西边是主军都督府，所谓"列六卿于左肩，建五军于右隅"，便于集中办公。后来的现代中国，则走向中央政府各部委分散办公。

在西长安街的西边，在中国革命军事博物馆的东面，有一座雄伟大厦，这就是中央军委与国防部的办公大楼。主楼12层，高66米，带有民族特色的屋檐，镶着碧绿的琉璃瓦，雄伟庄严，蔚为壮观。

在北京东城，朝阳门内，有一座气势恢宏的现代化大厦，这就是中华人民共和国外交部大楼。

默默耸立的西华门见证着中国共产党不忘初心、执政为民的风雨兼程；见证着中国的独立发展之路；见证着中国站上新的历史起点，中华民族伟大复兴展现出前所未有的光明前景；2018年12月18日，习近平主席在庆祝改革开放40周年大会上的讲话中指出："我国日益走近世界舞台中央，成为国际社会公认的世界和平的建设者、全球发展的贡献者、国际秩序的维护者。"[1]

二、文化中心

(一) 文化源头——源远流长

1. 人类文明，东方源头

北京文化的起源，在世界历史上占有独特的地位，北京是原始人类、原始文化的东方源头之一，也是人工用火技术创新的重要源头之一。

1929年12月2日，中国考古学者裴文中在周口店龙骨山山洞里，发

---

[1] 摘自《习近平主席在庆祝改革开放40周年大会上的讲话》。

掘出第一个完整的头盖骨化石，他兴奋地断定，这是远古人类的遗骨。此后，考古工作者在周口店又先后发现五个比较完整的"北京人"头盖骨化石和一些其他部位的骨骼化石，还有大量的石器和石片等物品，共十万件以上。"北京人"遗址是世界上出土古人类遗骨和遗迹最丰富的遗址。[1]

通过对"北京人"遗址的研究，学者们发现，"北京人"生活在距今约七十万年至二十万年的时代，保留了猿的某些特征，使用打制石器，已会使用天然火，过着群居的生活。有些学者认为，"北京人"当时已会制造骨角器。在"北京人"住过的山洞里有很厚的灰烬层，最厚处达6米，灰烬堆中有烧过的兽骨、树籽、石块和木炭块，表明"北京人"已经会使用火和保存火种。依据这些推断，"北京人"除狩猎外，可

食的野果、嫩叶、块根，以及昆虫、鸟、蛙、蛇等小动物也是他们日常的食物来源。

那时的周口店一带，深林茂密，野草丛生，猛兽出没。"北京人"用锤击、砸击的方法，将石块敲打成粗糙的石器，出土的有砍砸器、刮削器、雕刻器等，把树枝砍成木棒，凭着极原始的工具同大自然进行艰苦的斗争。只靠单个人的力量，无法生活下去，因此，他们往往几十个人在一起，共同劳动，共同分享劳动果实，过着群居生活，形成了早期的原始社会。

2. 人文地理，天然优势

北京，是华夏文化的北端地带，"一墙之外，逼近大房"。北京南靠广阔的汉文化区域，北视北狄，西拒西戎，东抗东夷。每个朝代都有自己的北京优势论，金元明清定都北京都是依据了各自的北京优势说。燕都"地处雄要，北依山险，南压中原，若坐堂隍，俯视庭宇"，金人选择建都北

---

[1] 引自《一条河的历史深度》。

京时，也是看中了北京优越的地理环境。

北京在地理位置上的确独特，它为中原北方门户，有人讲它是中国的"龙眼"所在。它"面平陆，负重山，南通江淮，北连溯漠"，称得上是"财货骈集，天险地利，实为汴（开封）、洛（洛阳）、关中（西安）、江左（南京一带）皆不及也"。[1]

除自然生态外，万里长城与京杭运河的双龙交汇，是北京最大也是最为独特的一道人文景观，这是支撑北京古都地位的两大支柱。

长城运河，双龙交汇北京，使古都北京成了中国与世界历史上的最大历史文物。中国古代民族文化、民族精神的两个重要物化象征，一是万里长城，二是大运河，二者聚焦于北京，更无可比拟地强化了北京文化中心的独特功能。横贯东西的长城城市带，与纵穿南北的运河城市带，交汇于北京，更增添了北京作为中心城市的历史地位与历史作用。

万里长城本身，就是中国历史、世界历史上的重要历史文物，北京长城体系的六个区段、十大景点，也足以构成举世罕见的特大文物。京杭运河本身就是中国历史、世界历史上的重要历史文物，北京地区的三个河段、十大景观，也完全称得上是重要的历史文物。

(二) 文化底蕴——得天独厚

1. 都市文化，由来已久

北京不仅有距今 50 万年至 1 万年间连续进化的古人类文化遗迹，而且有源远流长的城市文化历史渊源。

"北京人""山顶洞人"的历史源头在北京西南 50 公里以外的永定河、桑干河上游的泥河湾盆地。北京城市文化起源的母亲河是永定河，北京城址变迁的历史轨迹，经历了沿永定河河谷与冲积扇移动的三个阶段：

第一步，5000 年前，始建于永定河谷地带上游的古涿鹿城，5000 年前"皇帝邑于涿鹿"，是北京城市的最初源头。

第二步，3000 年前，移至永定河下游以西的古燕都城——今日北京房山琉璃河，三四千年前的夏商时代，北京文化在青铜时代展现雏形，3000 年前召公封燕，使得北京文化得以连续发展。

---

[1] 摘自《历史的归宿 毛泽东为何决定新中国定都在北京》。

第三步，距今约2600年前，从燕国都蓟开始，逐步移至永定河下游东岸的北京湾平原地带。2600多年前的春秋战国时期，北京地区作为燕国都城蓟，实现了统一的城市文化，并移至现今永定河东岸，1000年前辽在此建立陪都，最后成为金中都，北京成为近千年来中国主要都城的源头，公元1271年忽必烈在北京建大都城，标志着北京成为全国性大都市。

北京城传承的千年文明，从城市的建设与变迁中可见一斑。

2. 古老建筑，东方神韵

"南朝四百八十寺，多少楼台烟雨中。"北京作为东方皇家文化、市井文化的中心，以及东方祭祀文化、宗教文化的中心与集大成者，荟萃了自古至今许多东西方建筑文化的精粹。民间曾经流行一种说法叫"东单西四鼓楼前，九坛八庙颐和园"，其中最具有代表性的有九大皇家祭坛、十大佛寺、十大道观、五大清真寺、九大教堂。

（1）九大皇家祭坛。

北京是中国古代祭坛文化的集大成者，尤其是皇家祭祀文化的集大成者。北京以前有"九坛八庙"，其地理位置都是经古代的风水学说测量而选择的，不过随着时间的流逝，有一些坛庙逐渐不再启用。现存的"九坛"分别是：天坛（位于北京城正南）、地坛（位于北京城正北）、社稷坛（现天安门西侧中山公园）、朝日坛（位于北京城正东）、夕月坛（位于北京城正西）、先农坛（在天坛西面）、先蚕坛（北海东北角，颐和园北角）、太庙祭祖坛（天安门东侧劳动人民文化宫）、孔庙（祭孔坛，在北京城东北国子监东侧）。

（2）十大佛寺。

北京佛寺非常多，数不胜数，这里主要根据旅游观光与文化研究需要，十大佛寺最为有名，即：潭柘寺、戒台寺、云居寺、法源寺、卧佛寺、广济寺、智化寺、雍和宫、大钟寺。其中潭柘寺已经有300多年的历史。这些古老的佛寺或掩映于苍松翠柏间，或伫立在北京市区，每个寺庙都有一段优美的传说故事，是中国的瑰宝，也是世界文化的珍贵遗产。

（3）十大道观。

北京不仅有许多佛家寺庙，而且有许多著名道观，其中影响较大的或可称为"十大道观"：白云观、东岳庙、妙峰山金顶、什刹海火神庙、京

东碧霞元君祠、凤凰岭道观、都城隍庙、大型城隍庙、宛平城隍庙、江南城隍庙。

这十大道观不是对北京道教文化遗产的严格分类排序，而是主要根据旅游观光和文化研究需要，让人们注意到北京道教文化遗产的丰富性、多样性、兼容性、独特性，反映出北京地区道教体系的兼收并蓄、无所不包。

（4）五大清真寺。

北京地区现存清真寺68座，几乎遍布全市。其中建立较早、影响较大的首推官家兴建的四大官寺：牛街礼拜寺，东四清真寺，锦什坊清真普寿寺，德胜门外法名寺。其他大部分清真寺，多半是由信教群众集资修建的。

（5）九大教堂。

明清以来，随着西方文化的传入，北京还兴建了许多教堂，其中较为有名的是天主教、基督教九大教堂：宣武门天主堂——南堂；西什库天主堂——北堂；王府井天主堂——东堂；西直门天主堂——西堂；东交民巷天主堂——法属租界中的天主教堂；房山景教十字寺——北京地区最古老的基督教教堂；崇文门教堂——北京现存最大的基督教新教教堂；缸瓦市教堂——基督教西堂；珠市口教堂——建在前门大街闹市区的基督教教堂。

北京建筑富含其城市的包容性、多样性，而正是这样的北京才不断延续传承着多元的中国文化基因。保护城市文化，让我们的精神家园永葆生机；保留城市记忆，让人类文明永远千帆进发。

（三）文化精神——一脉相承

1. 北京胡同，文化缩影

胡同，是北京特有的一种古老的城市小巷。胡同原为蒙古语，即小街巷。由于北京古时城建就有严格规划，所以胡同都比较直，星罗棋布，约有7000余条。北京的胡同大多形成于13世纪的元朝，到现在已经经过了几百年的演变发展。北京胡同的走向多为正东正西，宽度一般不过九米。

北京胡同文化绝不仅仅是城市的脉络、交通的衢道，它更是北京普通老百姓生活的场所，京城历史文化发展演化的重要舞台，承载了历史的变

迁。北京人对胡同有着特殊感情，胡同不仅是人们出入家门的通道，更是一座座民俗风情博物馆，烙下了许多社会生活的印记。乍一看，北京的胡同都是灰墙灰瓦，一个模样。其实不然，只要你肯下点功夫，串上几条胡同，再和那里的老住户聊上一阵子，就会发现，每条胡同都有个说头儿，都有自己的故事，都有着传奇般的经历，里面的趣闻掌故，时代的风貌，都蕴含着浓郁的文化气息，好像一座座民俗风情博物馆。

从一个个大大小小的胡同院落中可以了解北京市民的生活，包括他们的生活方式、生活情趣和邻里关系。胡同这种北京特有的古老的城市小巷已成为北京文化的载体。老北京的生活气息就在这胡同的角落里，在这四合院的一砖一瓦里，在居民之间的邻里之情里。只有身处其中才有最深的体会。

● 延伸阅读

北京胡同[1]

胡同里的建筑几乎都是四合院。四合院是一种由东西南北四座房屋以四四方方的对称形式围在一起形成的建筑物，象征和谐团圆。大大小小的四合院一个紧挨着一个排列起来，它们之间的通道就是胡同。

别看这胡同从外表上看模样都差不多，但它们的特色却各不相同。在北京城西部有个胡同叫九道弯，原因是一个小小的胡同竟要拐九个弯。有的胡同如果曾住过一个有名的人，那这条胡同就会以这个人的名字命名，

―――――――
[1] 参见360百科。

比如石老娘胡同和王皮匠胡同。还有的胡同是按照形状命名的,像羊尾巴胡同和耳朵眼胡同,听起来就这么生动形象。北京的胡同真是数也数不尽,有句俗话不是这么说吗:"有名的胡同三千六,没名的胡同赛牛毛。"

北京胡同的名称五花八门,有的以人物命名,如文丞相胡同;有的以市场、商品命名,如金鱼胡同;有的以北京土语命名,如闷葫芦罐胡同等。北京最长的胡同就是东西交民巷,全长6.5公里;最短的一尺半大街,长不过十几米;最窄的胡同要数前门大栅栏地区的钱市胡同,宽仅0.75米,稍许胖点的人得屏住呼吸才能通过。在北京,胡同浩繁有几千条,它们围绕在紫禁城周围,大部分形成于中国的元、明、清三个朝代。

胡同一般都距离闹市很近,打个酱油买斤鸡蛋什么的很方便。胡同里没有车水马龙的喧闹,有的是亲切融洽的邻里关系。

2. 四合院落,和谐家居

四合院,又称四合房,是中国的一种传统合院式建筑,其格局为一个院子四面建有房屋,从四面将庭院合围在中间,故名四合院。

四合院就是三合院前面又加门房的屋舍来封闭。若呈"口"字形的称为一进院落;"日"字形的称为二进院落;"目"字形的称为三进院落。一般而言,大宅院中,第一进为门屋,第二进是厅堂,第三进或后进为私室或闺房,是妇女或眷属的活动空间,一般人不得随意进入,难怪古人有诗云:"庭院深深深几许"。

四合院至少有3000多年的历史,在中国各地有多种类型,其中以北京四合院为典型。四合院通常为大家庭所居住,提供了对外界比较隐秘的庭院空间,其建筑和格局体现了中国传统的尊卑等级思想以及阴阳五行学说。

四合院的大门一般开在东南角或西北角,院中的北房是正房,正房建在砖石砌成的台基上,比其他房屋的规模大,是院主人的住室。院子的两边建有东西厢房,是晚辈们居住的地方。在正房与厢房之间建有走廊,可以供人行走和休息。四合院的围墙和临街的房屋一般不对外开窗,院中的环境封闭而幽静。

北京有各种规模的四合院,但不论大小,都是由一个个四面房屋围合

的庭院组成的。最简单的四合院只有一个院子，比较复杂的有两三个院子，富贵人家居住的深宅大院，通常是由好几座四合院并列组成的。

四合院具有中式设计结构，其典型特征是外观规矩，中线对称，而且用法极为灵活，往大了扩展，就是皇宫、王府，往小了缩，就是平民百姓的住宅，辉煌的紫禁城与郊外的普通农民家可以说都是四合院。

四合院的构成有它的独特之处。它的院落宽绰疏朗，四面房屋各自独立，又有游廊连接彼此，起居十分方便；封闭式的住宅使四合院具有很强的私密性，关起门来自成天地；院内，四面房门都开向院落，一家人和美相亲，其乐融融；宽敞的院落中还可植树栽花、饲鸟养鱼、叠石迭景，居住者尽享大自然的美好。

四合院虽为居住建筑，却蕴含着深刻的文化内涵，是中华传统文化的载体。四合院的营建极讲究风水学说，实际是中国古代的建筑环境学，是中国传统建筑理论的重要组成部分；四合院的装修、雕饰、彩绘也处处体现着民俗民风和传统文化，表现出人们对幸福、美好、富裕、吉祥的追求，如以蝙蝠、寿字组成的图案，寓意"福寿双全"；以花瓶内安插月季花的图案寓意"四季平安"；而嵌于门簪、门头上的吉辞祥语，附在抱柱上的楹联，以及悬挂在室内的书画佳作，更是集贤哲之古训，采古今之名句，或颂山川之美，或铭处世之学，或咏鸿鹄之志，风雅备至，充满浓郁的文化气息，有如一座中国传统文化的殿堂。

在现代，随着家庭结构和社会观念的变迁，传统四合院的宜居性受到了挑战。而在城市规划过程中，传统四合院也面临着保护和发展的矛盾，一些四合院被列为文物保护单位，同时也有一些被拆除。随着老城区保护的开展，许多四合院进行了改造，例如1990年由清华大学吴良镛教授主持的对北京菊儿胡同四合院的危改项目，在保留院落结构的基础上，将原有四合院的平房改为楼房，增加了厨房、卫生间等设施。该改造工程获得了联合国的世界人居奖。北京南池子危改中，也将部分四合院房屋改成两层，并修建了地下车库。2006年，北京市公布了《北京四合院建筑要素图》，作为对四合院保护、修缮、翻建、改建的参考依据。[1]

---

〔1〕 选自《四合院（中国传统四合院）》。

无论时代如何变迁，四合院所蕴含的中国伦理观念、传统文化气息和人们对幸福美好生活的向往，都将永远传承下去。

● 延伸阅读

四合院的历史沿革（节选）[1]

四合院历史悠久，早在3000多年前的中国西周时期就有完整的四合院出现。陕西岐山凤雏村周原遗址出土的两进院落建筑遗迹，是中国已知最早、最严整的四合院实例。

元朝是北京传统四合院住宅大规模形成时期。20世纪70年代初，北京后英房胡同出土的元代四合院遗址，可视为北京四合院的雏形。后经明、清完善，北京特有的四合院建筑风格逐渐形成。

四合院

3. 老字号文化，继往开来

北京老字号是古都历史文化的宝贵遗产，有着浓郁的民族特色，已经成为北京这座历史文化名城的重要标志。在新的时代条件下传承和弘扬北京老字号文化，不仅是北京老字号继续发展壮大、实现基业长青的重要保证，而且对于形成良好的营商文化和市场环境具有积极意义。

北京老字号是数百年商业和手工业竞争中留下的精品，都各自经历了艰苦奋斗的发家史而最终统领一行，其品牌也是人们公认的高质量品牌。

在这些闻名遐迩的老店中，有始于清朝康熙年间提供中医秘方秘药的同仁堂，有创建于清咸丰三年（公元1853年）为皇亲国戚、朝廷文武百

---

[1] 参见360百科。

官制作朝靴的"中国布鞋第一家"内联升,有1870年应京城达官贵人穿戴讲究的需要而发展起来的瑞蚨祥绸布店,有明朝中期开业以制作美味酱菜而闻名的六必居……这些老字号是中华悠久历史的一部分,在这里经历的是传统,体验的是百年不变的服务。[1]

北京老字号不仅是一种商贸景观,更重要的是一种历史传统文化现象。过去老北京人普遍有句口头禅:头顶马聚源,脚踩内联升,身穿八大祥,腰缠四大恒。这里说的"脚踩内联升",是说能穿上内联升做的鞋,是对身份的一种炫耀。"不到长城非好汉,不吃烤鸭真遗憾",使全聚德成为北京的象征。而京城民间歇后语,如东来顺的涮羊肉——真叫嫩,六必居的抹布——酸甜苦辣都尝过,同仁堂的药——货真价实,砂锅居的买卖——过午不候等,都生动地反映了这些老字号的品牌特色。

北京的老字号历经数百年变迁发展,有着深厚的历史文化底蕴,既是古都北京的宝贵遗产,也是现代北京的特色名牌,是北京历史文化名城的重要标志之一。老字号秉承的传统文化,内涵极为丰富,尤其是诚信经营、注重质量、周到服务以及独特技艺等,支撑老字号几百年来的生存和发展,是商家宝贵的精神财富,其无形资产价值弥足珍贵,对北京展现世界历史文化名城和现代化国际大都市风貌,有不可低估的重要作用。

在当今社会变革转型期,东西方文化相互碰撞交融,人们物质、文化生活需求日趋多样,市场竞争更加激烈,老字号面临种种新的挑战和机遇,新一轮的兴衰起伏不可避免。有些老字号由于旧城改造、旧体制制约等客观因素和缺乏创新意识等主观因素逐渐走向了衰落。有些老字号解放思想,实事求是,锐意进取,既发扬优良传统,坚持以人为本,诚信营商,又敢于善于在体制机制、经营管理、产品开发、服务方式、环境设施等方面不断创新,并在申报非物质文化遗产、海外开拓、商标维权等方面跟上时代步伐,将传统文化与现代文化结合,传统技艺与现代科技结合,传统经营管理与现代经营管理结合,迸发出新的生机与活力。如北京饭店、同仁堂、全聚德、荣宝斋等久已驰名海内外,是当之无愧的金字招牌,其经验对促进北京经济、文化发展和社会和谐都有重要的现实意义。

---

[1] 选自孟剑:《"伤"标》。

● 延伸阅读

老字号的牌匾[1]

老字号牌匾上的字也有讲究，通常商家铺户的匾额以饱满端庄的楷书为佳。一来，楷书容易辨认；二来饱满厚润的楷体字，象征着物阜年丰，财源茂盛。纵观京城老字号的牌匾多以楷书为主。那些笔走龙蛇的草书或干瘪枯瘦的字体不宜用于匾额。

北京老字号匾额多出于寿石公、陆润庠之笔。现代名人题匾较多的是郭沫若、赵朴初、董寿平、溥杰、启功。保存下来有名的老字号牌匾有：大栅栏"乐家老铺"为寿铠所书。"瑞蚨祥鸿记"为吴春鸿所书，"稻香村南货店"为寿石公所书，琉璃厂的"荣宝斋"为陆润庠所书。"商务印书馆"为郑孝胥所书，"韵古斋"古玩铺为宝熙所书，"中华大药房"为冯公度所书，"亿兆百货店"为张伯英所书，"静文斋南纸店"为徐世昌所书，"步瀛斋"鞋店为毛昶熙所书，"西鹤年堂"的匾相传是严嵩之子严世藩所书，"都一处"烧麦馆的虎头牌匾为乾隆所题。

北京的许多老字号牌匾，在"文革"时被砸，有的已失踪。能保留下来的实在是凤毛麟角，许多匾额是后来由名人题写的。

现存的老字号匾额由郭沫若题写的很多。在当代书法家中，郭老的字堪称翘楚。郭老题匾从没收过"润笔"。他为人比较随和，有时请他吃顿饭就能讨块"匾"。当然，郭老也看字号的名气大小，不是随便乱题的。"都一处"的匾就出自郭老之手。有一次，郭老和夫人到"都一处"品尝烧麦，跟经理栾寿山和几位职工聊起乾隆写的

北京的老字号烤鸭，不仅好吃，还具有深刻的历史文化底蕴呢！

---

[1] 参见360百科。

虎头匾的故事。

国务院2005年批复的《北京城市总体规划（2004-2020年）》要求"发掘、整理、恢复和保护丰富的各类非物质文化遗产，如……老字号等，继承和发展传统文化精髓，焕发古都活力"。富有古都特色的老字号，经过长期历史洗练，目前有经营活动的有200多家，其中百年以上历史的超过百家。商业老字号将被依法列入文物认定对象。国家商务部2006年12月公布的首批重新认定的430家中华老字号，北京占了67家，居全国之首。

（四）文化熔炉——古今中外

马克思、恩格斯曾指出，"城市起源在世界文明起源史上起了破旧立新、开天辟地的两大功能；设防城市的壕沟深陷，是旧的氏族制度的墓穴；而它们的高高城楼，已经耸入新的文明时代"。

北京的城市功能表现出极大的世界历史特点，这就是它作为一个多元文化的大熔炉，起着多元文化综合创新的催化作用。

北京地区是原始多元文化的熔炉地带，北京作为城市的出现与发展，则使这种多元文化的熔炉功能大大增强了；如今，北京作为现代中国政治、文化、交往中心，其多元文化熔炉功能更加突出，在中国乃至世界都独树一帜。

（五）文化标志——特征显著

1. 文化、教育、科技领导机构

位于北京景山东街的文化部是主管中国文化事业的中央国家机关，地址在景山之东。教育部是主管中国教育事业，包括小学、中学、大学、成人教育的中央国家机关，地址在北京商业中心西单大街西边的大木仓胡同。科技部是主管中国科学技术发展的中央国家机关，地址在西长安街路北。

作为北京学术气息最为浓郁的学院路坐落着北京大学、清华大学等百年老校和一系列

北京大学

高等院校，是全国学子心神向往的圣地。坐落在海淀区的中科院更是引领着全国科技发展的方向和速度，代表着中国科技发展的最新高度，不断充实航空和国防力量，惠及普通百姓的生活。

2. 国家文化、艺术中心

中国国家博物馆集中了国家文化的精髓。它坐落在天安门广场东侧，原来由中国历史博物馆和中国革命博物馆两个部分组成，建成于1959年，当时被评为北京十大建筑之一。整座建筑宏伟壮丽，东西宽约150米，南北长313米，高近40米，建筑面积6万平方米。花岗石大台阶宽约140米，大厦门前有12根富于民族风格的巨型石柱，每根高达33米。近年来又有二期扩建工程。

国家大剧院、中国美术馆、中华世纪坛这三个建筑可以说是中国国家艺术中心的精华。国家大剧院在天安门广场的西面，人民大会堂西侧。占地12万平方米，建筑面积15万平方米，投资35亿元人民币。看起来像一个巨蛋，外面碧水环绕，里面设备齐全。中国美术馆建于1959年，被评为20世纪50年代北京十大建筑之一，富有中华民族风格，是中国文化艺术中心之一，共有14个展厅，展出面积6000多平方米，后增西侧二期建筑面积4万平方米。中华世纪坛在长安街复兴门西边，是中华民族跨进新世纪的标志性建筑。这里常举办各种文化艺术展览，展示中华文明与世界文明的艺术瑰宝与文明成果。

3. 国家信息媒体中心

中央电视台在西长安街延长线上，建于1983~1986年，主楼32层，建筑面积11万平方米，顶端高高矗立着电视发射天线。整个建筑巍峨秀丽，高耸入云，气势不凡。

2008年奥运会前，中央电视台又在东三环中路东侧，建成新大厦。占地18.7万平方米，建筑面积55万平方米，投资50亿元。2008年北京奥运会的电视信号，就是从这里传遍全中国、全世界。

（六）文化风俗——丰富多彩

北京不仅有数不胜数的历史文物，而且有丰富多彩的非物质文化遗产。

其中有十来种民俗活动，最集中、最鲜明、最生动地体现了北京文化精神，尤其是对身心和谐、心物和谐的价值追求。

北京人有自己的生活方式。北京人要求活得有滋有味，有文化、有品位、有情趣、有闲情逸致。

甚至可以说，北京是个"好（hào）玩"的都市，也是一个"好（hǎo）玩"的都市，这里的生活有无限乐趣，很有意思，自在悠闲，韵味无穷。

1. 歌舞乐趣，古今交融

（1）唱京剧。

京剧可谓北京特色、中国国粹。有不少业余爱好者，称为"票友""玩票"，闲暇时、节假日，这些票友经常在公园或街头自发地组织演出。有拉二胡的，有打鼓的，有扮演老生、小旦等各种角色的，也有观看喝彩、欣赏捧场的，好不热闹！

（2）扭秧歌。

近年来国际社会的年轻人很流行街舞，北京也有其流行的特有街舞，就是扭秧歌。参加者多为老年人，老太太居多，也间或有老先生和年轻人。有敲锣打鼓伴奏的，随着乐曲人们成群结队地扭起秧歌，成为北京街头的热闹景观。

（3）泡茶馆听相声。

老北京人讲究生活地自由自在，轻松愉快，找乐解闷。因而泡茶馆、听相声，成了老北京的重要民俗。老舍有出名剧就叫《茶馆》，实为北京民俗文化的一个缩影。相声也与北京民俗有不解之缘，不要道具，就凭口说，与台下观众互动交流，极富幽默感。近年来，相声小剧场通过互联网再一次走进大众的视野，越来越多的人开始关注起这门传统艺术，尤以京津地区为最。

2. 多彩民俗，老少咸宜

（1）放风筝。

放风筝是北京特别流行的一种活动，上至白发飘飘的老人，下至年幼好动的儿童，都有放风筝爱好者；大到郊区野外，小到房前屋后，都可用作放风筝的场地。清代人褚维垲曾写《燕京杂咏：放风筝》："槐榆舒绿柳含青，阵阵东风拂面生。最是儿童行乐事，置身檐瓦放风筝。"

（2）抖空竹。

抖空竹也是北京特别流行的一种活动。空竹有大有小，小的如纽扣，大的如车轮。抖空竹有各种动作，有作转圈动作的，有抛向空中的。有的全家男女老少一齐出动，抖空竹者使尽全身解数，观者如潮不断发出叫好声，成为北京街头巷尾一大景观。

（3）踢毽子。

踢毽子在北京也挺流行，不仅有女孩子踢，而且有男孩子踢。在天坛、北海等公园里，我们还会碰上成年人乃至老年人在一起踢毽子，围成一个圆圈，做出各式各样的动作。小小的鸡毛毽子飞来飞去，传递着欢声笑语，有时候还能看到一些外国朋友，也融进了这一游戏活动。

3. 户外天堂，尽享人情

（1）户外春游。

每年春天三四月间，春暖花开、风和日丽之时，正是北京人春游赏花的大好时光。小学、中学、大学乃至机关、企业，不少单位都组织春游。可踏青，可赏花，可做游戏，美不胜收，实为北京人的人生一大乐事。

（2）野游登山。

北京人特别喜欢野外游玩，尤其喜欢爬山。许多人把登香山作为"每周大事"，有的人甚至每天都去登一次香山。西山诸峰，北部燕山诸峰，都成为北京人的登山对象。参加这一活动的北京人，既有朝气蓬勃的年轻人，也有不少业已退休的老年人。

（3）爬长城。

北京人还流行一种特有的户外活动，那就是爬长城。由于北京地区共有长城600多公里，公开游览的长城景点十来处。此外还有各式各样未开发的"野长城"，不计其数。因而，许多长城爱好者、旅游爱好者、登山爱好者，常常在节假日去长城攀爬，乐趣无穷，许多外国友人也加入其中。

（4）逛庙会。

北京人爱凑热闹，逢年过节赶庙会，把生活消费与祭祀文化活动结合起来，成了北京市井文化、生活方式的一大特点。在清代时，北京庙会有36处，最出名的是"东西南北，四大庙会"：东城隆福寺，西城白塔寺，南城土地庙，北城护国寺。人们扶老携幼，全家出动，逛庙会，买年货，实为北京年节文化一大特色。人们拿着庙会上买回的风车，大串糖葫芦，各色各样年货，其乐融融，美不胜收。老北京人对逛庙会的日程表有个说法："初一东岳庙，十五逛花灯，燕九白云观，三十雍和宫。"对庙会的内容，也有

北京庙会

个说法："财神庙里借元宝，觉生寺里砍打钟，东岳庙里拴娃娃，白云观里去顺星，城隍庙里看火判，崇元观里看花灯，火神庙里瞭宝盆，庙会最盛是帝京！"

三、 国际交往中心

北京作为国际交往中心，主要有铁路交通中心、航空交通中心、电视媒体网络交往中心、国际政治交往中心、由重点大学支撑的国际文化交流中心、国际会展中心六个标志。

（一）铁路交通中心

北京是全国的铁路交通枢纽之一，大大小小客运货运火车站共计109座，这个数字实际上还在更新中。其中，特等站4个，分别是：北京站，北京西站，丰台西站，北京南站；一等站5个：北京北站，丰台站，北京东站，双桥，广安门。"北京站"建筑面积8万平方米，内设6个站台，18个候车室，能同时容纳近1.5万名旅客候车，每天可进出列车80~100对，上下车旅客30万人。"北京站"3个大字是毛泽东主席所题，曾被评为20世纪50年代北京十大建筑之一。

北京西客站建成于1996年，坐落在北京市区西南莲花池东路，主楼高90米，有民族气派。占地51万平方米，建筑面积17

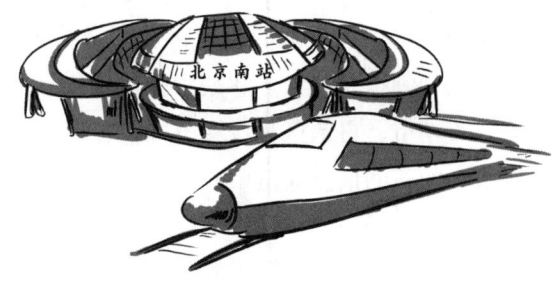

万平方米,内设9个站台。从北京往中南、华南、西南、西北四个方向的客运列车,多从这里进出京城。这是中国与亚洲最大的客运站。

北京不仅是国内铁路交通中心,还是国际铁路交通的重要枢纽,从这里发出许多国际列车,形成了连接中国与其他国家的运输脉络。

(二) 航空交通中心

首都机场在城区东北40公里的顺义,是中国最大、最现代化的民用航空港之一,现开辟国内航线800多条,航班每年起降达50万~60万架次,年旅客吞吐量为6000万人次。

"首都机场"是个简称,其全称为"北京首都国际机场"。这是一个名副其实的称呼,它已有海外地区航线40多条,国际航线100多条,已有50多家外国航空公司在北京设立了办事处,北京机场的航班已连通了100多个国家和地区。

北京新机场设立在大兴,根据规划,北京新机场工程投资799.8亿元,规划建设7条跑道,满足年旅客吞吐量1亿人次需求。一期工程按2025年旅客吞吐量7200万人次,货邮吞吐量200万吨,飞机起降62万架次的目标设计,建设4条跑道,70万平方米航站楼及相应的货运、空管、航油、市政配套、综合交通枢纽等设施。与北京大兴国际机场同步规划的北京新航城以南中轴为发展的主线,辐射范围包括礼贤镇、榆垡镇、安定镇、魏善庄镇以及庞各庄镇五个主要地区。2025年北京新航城建成后规模相当于一个中等城市。北京大兴国际机场建成后将成为世界最大空港,成为展现中国国家形象的新国门。[1] 2019年5月13日,新机场完成了首次试飞,9月25日,大兴国际机场正式投入运行,国家主席习近平亲临现场为运行剪彩。

(三) 电视媒体网络交往中心

新华通讯社简称新华社,在北京南城的宣武门西边,前门东边。总部是一座现代化气息很浓的大厦,造型奇特,如一座高塔矗立在天地之间,又像一把利剑指向苍穹。它是中国传媒报刊的主要新闻信息来源,在全国各省、直辖市、自治区都设有分社,在联合国及许多国家也有记者站,是中国最大的新闻信息通讯中心,也是世界上最大的新闻通讯机构之一。

---

[1] 选自《北京新机场将是什么样》。

中央电视台坐落在西长安街的延长线上,是中国影视新闻中心,并设有国际部。新华通讯社和中央电视台是我国最大、最现代化的通讯与信息中心。

(四) 国际政治交往中心

北京是137家外国驻华使馆、17家国际组织代表处所在地,还包括190余个外国常住媒体机构。北京作为首都,见证了新中国的外交发展历程,接待过世界上许多国家元首、贵宾与国际友人。

人民大会堂是中国领导人接受各国大使递交国书的地方。中国是联合国五大常任理事国之一,并同100多个国家及地区保持着外交关系。

钓鱼台国宾馆在北京西郊,阜外大街甘家口十字路口西南,因金代名士王郁及金章宗曾在此钓鱼而得名。这里有东西方不同国家、不同风格的别墅15座,专门接待外国元首或贵宾,因而又称"国宾馆"。

目前,北京市与72个国家的124个首都和大城市有友好往来关系,其中已与37个国家的41个城市建立了友好城市关系。

(五) 国际学术交流中心

2019年6月15日,教育部发布了最新的全国高校名单。截至2019年,全国高等学校共计2956所,北京市共有普通高等院校93所,其中包括北京大学、清华大学、中国人民大学、北京师范大学等全国最为著名的学府。2017年招收全日制留学生11 500余人,比2016年增长65.2%。2017年我国与28个国家和地区举办高职高专层次的合作办学机构和项目达960个,占高等教育总数的41.8%。[1]

北京吸引着来自世界各地的留学生,在学术交流的同时创新着国家交往形式。留学生的到来让大学校园学术气息更加浓厚、文化活动更加丰富多彩,同时也让全世界的文化在大学内产生交流与碰撞。留学生在中国学习生活、感受北京文化,更感受着中国文化,进而再将这些文化带回自己的国家,这是一种文化交流,也是一种国际交往形式。就拿北京语言大学来说,学校会开展"文化交流节",通过品尝美食、各国特色节目表演等让多元文化相互交流。

---

〔1〕 选自《2019高职教育质量年报出炉》。

（六）国际展览中心

中国国际展览中心在北京东北的西坝河，三环东路西侧，是一片乳白色的现代化的巨大建筑群，1985年建成，占地15万平方米，被评为20世纪80年代北京新十大建筑之一。

北京国际会议中心、奥林匹克公园、水立方、鸟巢、国家大剧院、雁栖湖国际会展中心等，都成为架起国际交流与沟通的桥梁，让中国更多地了解世界，让世界更多地了解中国。例如雁栖湖国际会展中心就举办过首届APEC峰会，成功举办过八届北京国际电影节，又在2019年3月承办了第二届"一带一路"国际领导人峰会。

随着中国国力的增强和文化的传播，我国在国际舞台上发挥着越来越重要的作用，北京承办了多个国际盛会，展示出大国首都的风采和魅力。

四、科技创新中心

北京这座中外瞩目的"科技创新"之城，在经济转型升级的过程中也面临着人才资源聚集的新问题。如何吸引海外优秀人才，创新创业需要什么样的政策，是近年来北京市思考的问题。

（一）建立科技创新激励机制

"实施更具吸引力的海外人才集聚政策，积极引进全球顶尖科学家及其创新团队"作为全面实施《北京加强全国科技创新中心建设总体方案》的要求，写进了北京市十二次党代会的报告。北京市按照"一城一策"的原则为"三城一区"量身定制人才引进办法，为顶尖科学家创新团队开通了人才引进"绿色通道"。

（二）建设科技创新基地

"三城一区"已成为北京建设全国科技创新中心的主战场。2017年以来，北京市领导不断到"三城一区"视察，分别到怀柔科学城、中关村科学城、未来科学城和北京经济技术开发区视察，对建设全国科技创新中心提出具体部署。

如今，中关村科学城集聚全球高端创新要素，形成一批具有全球影响力的创新型领军企业、技术创新中心、原创成果和国际标准。怀柔科学城

聚集一批大科学装置，建设国家重大科技基础设施和前沿科技交叉研究平台。未来科学城打开院墙搞科研，打造全球领先的技术创新高地。

"科技创新中心"城市功能定位的明确，带来的还有北京产业发展的结构性变革。当前北京已规划八大高精尖产业，包括新一代信息技术、智能装备、新材料、人工智能等。新兴前沿领域不断涌现，成为我们的第九、第十个前沿领域。

北京经济技术开发区位于北京亦庄地区，属明清时期北京城皇家园林南苑境内。这是北京市唯一同时享受国家级经济技术开发区和国家高新技术产业园区双重优惠政策的国家级经济技术开发区。

(三) 打造科技孵化产业

说起中关村就会想到"中关村电子一条街"，鼎好电子批发市场就集聚于此。以前，这里的电子商品质量鱼龙混杂，甚至出现强买强卖的现象。然而，现在的中关村科技园区覆盖了北京市科技、智力、人才和信息资源最密集的区域，园区内有清华大学、北京大学等高科技院校39所，在校大学生约40万人，以中国科学院为代表的各级各类科研机构213家，[1]其中国家工程中心41个，重点实验室42个，国家级企业技术中心10个。如今，中关村成功转型，建立起科技孵化产业基地，将发展的新重点定位在科技成果向生活应用的转化上，是科技改变了中关村，也是创新使中关村焕然一新。

◉ 延伸阅读

以"三城一区"为主平台　优化科技创新布局[2]

聚焦中关村科学城，突破怀柔科学城，搞活未来科学城，加强原始创新和重大技术创新，发挥对全球新技术、新经济、新业态的引领作用；以创新型产业集群和"中国制造2025"创新引领示范区为平台，促进科技创

---

[1] 选自《团结积聚力量 协作开创未来》。
[2] 参见《北京城市总体规划（2016年-2035年）》。

新成果转化。建立健全科技创新成果转化引导和激励机制,辐射带动京津冀产业梯度转移和转型升级。

中关村科学城:通过集聚全球高端创新要素,提升基础研究和战略前沿高技术研发能力,形成一批具有全球影响力的原创成果、国际标准、技术创新中心和创新型领军企业集群,建设原始创新策源地、自主创新主阵地。

怀柔科学城:围绕北京怀柔综合性国家科学中心、以中国科学院大学等为依托的高端人才培养中心、科技成果转化应用中心三大功能板块,集中建设一批国家重大科技基础设施,打造一批先进交叉研发平台,凝聚世界一流领军人才和高水平研发团队,做出世界一流创新成果,引领新兴产业发展,提升我国在基础前沿领域的源头创新能力和科技综合竞争力,建成与国家战略需要相匹配的世界级原始创新承载区。

未来科学城:着重集聚一批高水平企业研发中心,集成中央企业在京科技资源,重点建设能源、材料等领域重大共性技术研发创新平台,打造大型企业技术创新集聚区,建成全球领先的技术创新高地、协同创新先行区、创新创业示范城。

创新型产业集群和"中国制造2025"创新引领示范区:围绕技术创新,以大工程大项目为牵引,实现三大科学城科技创新成果产业化,建设具有全球影响力的创新型产业集群,重点发展节能环保、集成电路、新能源等高精尖产业,着力打造以亦庄、顺义为重点的首都创新驱动发展前沿阵地。

第二节 北京精神

毛泽东说"人总是要有一点精神的",一个城市有一个城市的特色,更要有一个城市的精神。这种精神体现在它当下的风貌里,融汇在它传承千年的古老文明中,更是由每个处在城市中的人血管里流淌的元素组成的。在社会思想、价值观多元化的今天,每一个城市更应有属于自己的价值取向和精神。北京精神是北京正在迈向中国特色世界城市、文化软实力已然成为共识的背景下提出的。这就要求北京精神的提炼必须要以发展的眼光,按国际大都市的标准与要求去归纳总结,不是把北京精神仅仅当成一个口号,而是当成每个人的行为准则并化为城市发展的内在动力。

"爱国、创新、包容、厚德"包括了北京的政治品格、精神追求、襟怀气魄和道德水准,较好地反映了北京的精神风貌。

● 延伸阅读

"北京精神"的诞生

2010年5月,来自中国社科院、北京大学、清华大学、中国人民大学等20余所高校、科研院所的大批知名学者对"北京精神"的内涵和外延进行研讨,并总结凝练出30余条"北京精神"备选表述语。2011年9月16~25日,292.97万名公众对五条候选表述语进行投票评选、意见征询,投票的人群中包含老北京居民、来京务工人员、专家学者、长住北京的外国友人。每一个人都怀着对北京的热爱,投下了自己负责任的一票。投票,也是每个北京人沉静下来,细细品味这座城市的时刻。最终2011年11月2日,8名北京市民代表扳动手柄,"北京精神"表述语正式向社会发布。这8名北京市民代表分别是首都道德模范孙茂芳、奥运冠军邓亚萍、新浪首席执行官曹国伟、总政歌剧团演员戴玉强、房山区法官厉莉、北京市伊斯兰教协会会长薛天利、朝阳区八里庄街道保洁员李高峰、中关村一小学生冯悦平。他们是北京市民的缩影,是"北京精神"的具体写照,在他们身上充分彰显着"爱国、创新、包容、厚德"的具体意义。

"北京精神"表述语的诞生，凝聚着每一个北京市民的认知、投票、参评的过程更让北京市民真切地感受着北京这座城市。北京精神凝聚着北京共识，为北京未来发展指明方向，更体现着文化自觉与文化自信。每一名北京市民都应将北京精神内化为自身精神力量，从而更好地推进北京前进发展。

一、爱国

"爱国"是北京精神的核心，更是中国传统文化的核心和中华民族的精神支柱。"天下兴亡、匹夫有责"的民族气节，"共同团结奋斗、共同繁荣发展"的民族团结情感，"先天下之忧而忧、后天下之乐而乐"的忧患意识，"天行健，君子以自强不息"的民族精神，共同构成了爱国精神的内涵。

（一）爱国精神的历史渊源

在中国，爱国传统绵延数千年，爱国精神亘古不变，就像一根红线贯穿着中华民族的历史。

封建时代，维护国家的统一、维护本民族利益以及忠君、治国、安邦都是爱国精神的主要表现。"爱国"一词最早在《战国策》中就已出现，《战国策·西周》中曾写道，"周君岂能无爱国哉？"这是中国古代的半封闭的大陆性自然环境和以土地、家族为中心的"农业宗法"式社会结构，造就了中国人特有的整体意识、群体观念及保家爱国的精神品质。中国传统文化视"大统一"为社会最高理想，以"治国平天下"为人生最高目标，强调群体价值，把国家、民族的整体利益称为"公"或"义"，并放之首位，反对把个人私利置于国家、民族利益之上。当个人与群体、民族、国家发生利益冲突时，宁舍小利而取大利（义）。[1]

自近代以来，中国饱受侵略，爱国精神主要体现为维护民族独立与国家主权，寻求和探索救国强国之路。"以义为先、保家爱国"就是这个阶段爱国的主题。当代中国的爱国精神，是对传统爱国精神的积淀与凝练。

（二）首善之都的爱国担当

中华民族历经5000多年，经历无数次的兴衰变化，依然保持民族的生

---

[1] 选自《"北京精神"的深厚文化底蕴》。

机和活力,乘风破浪、勇往直前,爱国精神就是其凝聚力与向心力。"北京精神"中的"爱国"传承了中国几千年的爱国优良传统,又增添了新的时代特征和北京特色。北京人民心系国家发展、忧国忧民、勇担时代使命的向心力、凝聚力和强烈的家国情怀,在五四运动、七七事变、开国大典、抗震救灾、奥运盛会等重大历史事件中都体现得淋漓尽致。爱国不仅是每个北京人应做到的,更是每一个中国人应做到的。每一名北京人、中国人无论在何时、何地,都应以振兴中华为己任,促进民族团结、维护祖国统一、自觉报效祖国。

国防大学公方彬教授这样说道,"北京是一个最能彰显中华民族爱国传统的城市。不管是五四运动高扬的爱国旗帜,还是卢沟桥那拉开中华民族抵抗外辱帷幕的枪声;不管是新中国成立之初北京掀起的社会主义建设高潮,还是北京奥运会上广大市民的热情参与,都显现出这座城市特别强烈的爱国热情和精神品质"。

正是由于北京积淀着深厚的爱国情愫,激荡着强烈的爱国热情,并由此创造出了一个个辉煌,市民才能在回顾中获得精神的洗礼,同时获得走向未来的精神支撑。进一步说,由于北京精神不仅凝结着过去,同时昭示和引领着未来,当爱国作为北京精神的首义,已经深刻地反映出首都的担当和责任,彰显出北京精神的高度与大义。

(三)在改造中践行爱国情怀

以政治改造为统领,统筹推进监管改造、教育改造、文化改造、劳动改造的"五大改造"工作要求中,将政治改造放在首位,起着引领性作用。政治改造最显著的特征就是爱党、爱祖国、爱社会主义。在服刑改造期间服刑人员应如何践行"五大改造"呢?首先要认罪悔罪,明确罪行,端正身份。认罪悔罪不仅体现在认罪书中,更渗透在服刑期间的各个方面,人只有在看清、明确自我之后,才能走好今后的路。其次要认真学习,关心国家大事,提高素养。每天收听收看新闻是最重要的学习环节,也是了解社会、国家动态的最好途径。学习是永无止境的,政治学习更是当下的首要任务,在学习中认罪悔罪,在学习中重塑新生。最后,爱国是要真诚的、发自内心的、由内而外的。热爱祖国和政治改造不是空喊口号,服刑人员应在日常改造中强化认识,形成思想自觉和行动自觉。

● 延伸阅读

臧克家——用诗歌表达爱国精神[1]

臧克家在一个热爱诗歌的家庭里成长,他的祖父和父亲都对诗歌有着极大的兴趣,家庭文化氛围十分浓厚。他的祖父对诗特别喜欢,尤其喜欢白居易的诗,常常以激扬澎湃的情感高声朗诵《长恨歌》,接着又是《琵琶行》。1919年五四运动爆发时,臧克家14岁,就读于"第一高等小学"。大学生丘纪明,是北京学生运动派来的代表,和臧克家是一个县的。丘纪明关于宣传五四运动及其伟大精神的演讲,每一句话语都充满深深的爱国情怀,令人热血沸腾,深深拨动了臧克家年轻的心。在听完这次演讲后臧克家以一名小战士的身份第一次投入到这场爱国运动中,和同学一起组成"反日会"组织,扛着小旗子去街头巷尾宣传"五四"爱国精神,每每讲到令人悲痛的地方,听众们都会流下眼泪。

1937年,日军大举侵略中国。我们的国土逐渐被日寇占领,人民苦不堪言。望着失守的河山,臧克家十分悲痛。抗战爆发后,他奋不顾身地投向充满动乱的战场,奔向硝烟弥漫的战场,以满腔的爱国热情投入到抗日救亡的运动中。

"抗战!抗战!将敌人的脚跟,从我们的国土上斩断。诗人们呵!请

---

[1] 参见"臧克家——用诗歌表达爱国精神",载中国青年网,最后访问时间:2019年2月27日。

放开你们的喉咙,除了高唱战歌,你们的诗句将哑然无声!"在《血的春天》里臧克家怒斥敌人。

台儿庄战役在第二年4月燃起了炮火。臧克家一身戎装,带着坚定的信念深入到战地采访。日军不断的敌机炮轰,并没有吓倒他,不畏惧死亡的他三次来到战区前线。在采访中,他目睹了日寇惨绝人寰的疯狂行为,看到了中国人民的奉献和牺牲,更看到了中国军人慷慨激昂的战斗力和意志力……通过连续七天不休不眠坚持不懈地创作,臧克家完成了《津浦北线血战记》这部长篇通讯报告集,它用铁铮铮的事实和悲痛而壮烈的爱国之情,非常迅速地向世人揭露了中华民族和中国人民的拼死抗战、与日军血战到底的民族气概和精神。

五年的时间里,臧克家一直跟随着部队待在前线战地。一直以来,他始终怀着对祖国的一颗赤子之心和保家卫国的责任感,用自己的作品,履行着一份人民战士应尽的责任。《泥沼集》《走向火线》《随枣行》《淮上三千里》等著作,都是他在五年的战地生活中为世人留下的。

新中国成立后,臧克家始终秉持着当初热爱文学的心,继续坚守在文学阵地上,他陆续创作了很多有关古典诗文的评析鉴赏文章,在中国文学界产生了很大影响。后来这些文章结集为《臧克家古典诗文欣赏集》出版。"自沐朝晖意葱茏,休凭白发便呼翁。狂来欲碎玻璃镜,还我青春火样红。"臧克家之所以是一位伟大的时代诗人,不仅因为他的一生饱经磨炼,留下了不朽的文学作品,更因为战乱锻炼了他的意志品格,坚定了他的爱国信仰。2000年1月20日,在人民大会堂,中国诗歌学会授予"世纪诗翁"臧克家"中国诗人奖终身成就奖"。

二、创新

革故鼎新、自强不息是中国传统文化基本精神之一,也体现了北京人民与时俱进、积极进取的精神状态。"创新"即突破常规、推陈出新,是北京精神的精髓,它主要体现在理念创新、工作创新、政策创新、体制创新等多个方面。只有创新,

个人才能有发展、城市才能更加有活力、民族才能不断前行。面对经济、科技、社会等多方面的发展，唯有创新，北京才能紧跟时代步伐，赢得机遇。

(一) 创新精神的历史渊源

《周易》首卦《乾卦》曰："天行健，君子以自强不息。"中国古代先哲认为：人应该效仿天道刚毅坚卓，自立自强，积极进取，永不停息，奋斗不止。而天宇运行不息之源就在于革故鼎新，在于"变"与"新"，也就是"创新"。创新是刚健有为、自强不息的根本与不竭动力，是中华民族生生不息的力量之源。[1]

近代思想家、政治家魏源在《筹蹉篇》中写道："天下'无穷极不变之法，无不除弊而能兴利益之法，无不易简而能变通之法'"，指出中国唯一的出路在于社会变革，只有变法才能结束危机四伏的局面。维新派领袖康有为、梁启超宣扬变法图强，高倡中国社会变则存，不变则亡的改良主张。这些都反映了中国传统文化除旧布新、吐故纳新的创新精神。

"北京精神"的"创新"不仅是北京发展的动力之源，活力之所在，而且是中华民族生生不息之本。今天的北京发展改革更加需要持续的创新精神，依靠创新赢得主动，赢得优势，赢得未来。

(二) 创新精神引领发展

1. 昨日北京——文明之城

30年前，"中关村电子一条街"悄然兴起，所谓"一条街"，其实只是有几家民营企业、几所零星小店。然而，如今的"中关村"已无可置疑地成为中国科技创新的代名词、战略性新兴产业的策源地，一批批心怀梦想的人从世界各地汇聚到中关村，中关村创新、创业、与时俱进的时代精神不断地对世界产生影响和辐射。

100年前，北京城内，统治中国几千年的君主专制制度轰然倒塌，五四运动的一声怒吼打破了思想的桎梏。新思想、新文化、新青年，马克思主义的思潮从北京传遍中国大地。历览北京3000余年的建城史和850余年

---

[1] 选自《"北京精神"的深厚文化底蕴》。

的建都史，从元代天文学家郭守敬，到"近代工程之父"詹天佑；从明代徐光启的《几何原本》《农政全书》，到当代华罗庚的解析数论、矩阵几何；从自然与人文交相辉映的历史景观，到科技与文化融为一体的奥运盛会，一代代北京的开拓者和建设者们将创新精神传承光大，创造了世人瞩目的科技成就，积累了熠熠生辉的文化成果，使科技与文化犹如车之双轮、鸟之双翼，推动北京以厚重的文化底蕴，向世界诠释一个城市的创新精神。[1]

2. 今日北京——活力之城

北京是我国教育、科技、人才资源最为密集的地区，90多所高等院校和300余家国家骨干科研院所星罗棋布，86所国家重点实验室和32所国家工程实验室荟萃京师，全国半数以上的两院院士在北京工作和生活；北京拥有的中央企业总部数量位居全国第一，中国500强企业中96家总部选址北京，世界500强企业中41家在北京设立总部、187家设立分支机构。北京得天独厚的创新资源、开放包容的创新环境，形成了全国任何一个地区和城市都无法比拟的创新优势，最有可能率先进入以人才为第一资源、以科技创新为第一驱动力的科学发展新阶段。[2]

3. 未来北京——希望之城

未来，北京将统筹各类创新资源，鼓励各类创新政策先行先试，进一步推进科技自主创新，转变经济发展方式，实现创新驱动、内生增长，打造为国际活动聚集之都、世界高端企业总部聚集之都，以及创新体系趋于完善、创新活力竞相迸发的具有国际影响力的科技创新中心。

(三) 将创新融入生活实践

当今监狱工作与信息技术相结合，逐步发展成为"智慧监狱"。在服刑改造期间，不少服刑人员在自身专业技能的基础上不断创新。罪犯李某入狱前是某电子公司高级工程师，服刑期间他观察到监狱原消防通道门为普通插锁式门，如遇紧急情况需要人工钥匙开启，浪费逃生时间。罪犯李某向警官申请成立研发小组，将原消防通道普通插锁式门换为电插锁，历

---

[1] 选自《中科院院士怀进鹏解读北京精神之创新》。

[2] 选自《解读北京精神》。

时一年五个月研制成功。在监狱的支持下，消防通道门实体部分申请国家专利，其中锁栓装置获得实用新型专利。

对于广大服刑人员，高墙电网限制了每个人的自由，但并不会限制每个人的才华。就个人层面来讲，提高自身创新能力，才能拥有竞争力，使自己价值得到提升。创新能力的培养需要日常一点一滴的积累、深入的钻研探索，并永远保持好奇心。小到生活点滴，大到科技发明。创新没有捷径，拥有创新思维，并化作行动，更是一种积极进取、不断进步的精神追求。

三、包容

"包容"即宽容，是海纳百川的非凡气度，是"北京精神"的特征，是"北京精神"中体现北京文化底蕴和文化胸怀的重要内容之一，也是北京文化形成和发展的活力之源。中国传统文化中以"和"为最高价值，"贵和""尚中"是中国人的普遍追求，认为"中和"是天下之大本和天下之大道，只有"致中和"才能"天地位焉，万物育焉"，主张"天人合一"，人与人和谐。而要达到"和"的途径就是"包容"。[1]

（一）北京文化因包容而生

翻开北京的历史，从诞生之时至不同历史时期的发展进程中，始终以它特有的博大情怀而接纳着不同地域、不同民族、不同社会阶层甚至不同

---

〔1〕 选自《"北京精神"的深厚文化底蕴》。

国度的文化养分，融合着不同地域、不同民族的文化理念和生活方式，形成了具有北京鲜明城市特色的文化体系。

朱自清在《南行通信》中写道，"一个人到北平来住，不知不觉中眼光会宽起来，心胸就会广起来；我常想小孩子最宜在北平养大，便是为此。北平之所以大，因为它做了几百年的首都；它的怀抱里拥有各地各国的人，各色各样的人，更因为这些人合力创造或输入的文化"。可以说，北京的独特魅力就在于它的包容。

从辽金到唐宋，北京从中原农耕政权的北方军事重镇向北方少数民族南下的前沿城市转换，是以儒家文化为主体的汉族农业文化与北方少数民族所拥有的游牧文化的结合部和融合点，中原汉族农耕文化与北方少数民族的游牧文化在碰撞中逐渐融合。到了元代，大都不仅是蒙古族与汉族文化融合之地，还成为国际化交流的大都市，马可·波罗的日记、尼泊尔人阿尼哥主持修建的大圣寿万安寺白塔就是这种文化交融的标志。[1]

民国以来，新旧文化冲撞融合，逐渐形成了现有的文化基调。中国第一家电影院、最早的近代报纸业，以及现如今的"798"艺术创意园区、什刹海酒吧区、南锣鼓巷景区，都是北京在继承传统文化的基础上，融合吸收、博采众长的缩影。

包容从北京城市兴起开始就成为北京文化前行的原动力，并且在各个不同时期、各个不同文化融合中施展着无穷的吸纳、融合以及升华的能量，是北京历史进程和文化发展中贯穿始终的古城精神风貌，它造就了北京古都文化丰富多彩的博大体系。

现在的北京依旧以包容的心态欢迎着各民族、各国的优秀文化，为各地区、各国家人才提供就业机会，给予世界各地、各民族在北京展示的舞台。正是因为包容才有了今天的北京，正是有了今天的北京才让北京更加包容。

北京对来京工作、学习、生活的人们都能够包容，并感谢他们对北京的贡献。这些"新北京人"们用自己的勤奋与努力，为北京创造财富、带来活力，是北京文化新的建设者。北京是"新北京人"梦想起航的地方，

---

〔1〕 选自《北京精神的特征》。

"新北京人"的到来同时丰富着北京的文化内涵。

（二）包容精神下的融合发展

作为中国古代都城的北京，集天下之大成、荟萃四方之精华也是北京都城文化的主要特点之一。由于都城人口的汇集和不断的流动，各地的生活习俗、饮食习惯、社会时尚乃至商品品种的丰富汇集等，均在北京这座都城中反映出来，这使得北京在其文化的包容上，更具有吸纳的能量和创新的基础。

从具有北京特色的饮食上看，人们通常津津乐道的北京烤鸭，实际上是从南京烧鸭传到山东，经过改良后再传入北京。有人说，北京菜就是鲁菜，并以旧时的八大楼东兴楼（萃华楼）、泰丰楼、致美楼、鸿兴楼、正阳楼、新丰楼、安福楼和春华楼为代表。但是从严格的意义上看，旧时八大楼的北京菜是根据北京人的口味、爱好加以改良，形成了新的菜品——北京菜。颇具北京风味特色的北京涮羊肉以及烤肉苑、烤肉季的烤肉，来源于北方游牧民族。北京丰富的小吃艾窝窝、驴打滚、豌豆黄、面茶汤等多来源于西北地区少数民族的小吃。[1]

京剧在它的发展过程中，所形成的特有的艺术体系就是构筑在文化包容的过程中，通过吸收各个方面的文化营养，逐渐发展成为具有典型北京特点的新戏剧形式，并被冠以"京剧"，成为我们的国粹。乾隆五十五年

（1790年），为乾隆皇帝祝寿，浙江盐务奉闽浙总督觉罗伍拉纳之名，将在杭州演出的三庆徽班选调进京演戏。随后到嘉庆年间，苏州的四喜徽班、扬州的春台徽班、武汉的和春徽班又先后进京，形成在京城的四大徽班。徽班进京后，要想长期在北京立住脚并且发展下去，自然要竭力地适应北京的文化环境，符合京城观众的欣赏趣味，与京师各个阶层观众的观赏需求形成和谐的氛围。因此，在戏曲的唱腔

---

[1] 选自《北京精神的文化胸襟》。

念白的语言上,在剧本、表演形式、舞台体制等方面,京剧不断地吸纳各个不同剧种的养分,经过由杂到纯的提炼、由博到精的矫正,逐步形成和谐一致的艺术表演形式及其戏曲文化体系。[1]

(三) 在生活中如何做到包容

服刑生活中我们应学会包容,但这种包容并不是容纳所有,不分优劣。面对监狱中存在的黑恶势力、亚文化等不良现象,如果选择忍让、掩护,这就不叫"包容",而是"包庇"。包容与包庇大有不同,对于他人的过错,我们可以选择包容,允许他人犯错,但绝不是放纵。任何人和事都有不足的一面,十全十美是我们永恒的追求,因此我们要常怀一颗包容的心。包庇是袒护坏人、坏事,掩护他人不正当的行为。这并不是"包容",而是对别人的溺爱、伤害。在不阻碍、损害集体利益的前提下,我们要学会包容他人的过错和伤害……所以,包容是有前提的,有条件的。在服刑改造中,大家处于集体生活,免不了磕磕绊绊,这时就需要每名服刑人员学会包容,学会忍让。多对自身进行反省,多学习他人长处,严于律己,宽以待人。包容是一种胸怀,一种情怀,一种自信,一种境界。一个人有了包容心,就会变得豁达、大度、充满活力;一个城市有了包容心,就会变得阔大、宽广、充满朝气;一个民族有了包容心,就会变得自信、深沉,生生不息。"海纳百川,有容乃大。"包容是中华民族的传统美德,更是北京精神的集中体现。

● 延伸阅读

"新北京人"的新年"新"愿[2]

长期"漂"在北京的张晓雅,因为北京的新政策实现了安居梦;海外归来的刘欣宇,在北京将海外所学用于推动国家科技创新;拿到"绿卡"

---

[1] 选自《北京精神的文化胸襟》。
[2] 吉宁、鲁畅、盖博铭、樊攀、孔祥鑫:"'新北京人'的新年'新'愿",载新华网,最后访问时间:2018年2月13日。

的也门小伙阿哈迈德，开始他在北京的创业之旅……今年春节，3位找到"家"的感觉的"新北京人"，将与家人朋友团聚在北京，迎接中国农历新年的到来。新的一年，他们又许下新的愿望。

"新北京人"实现安居梦

2017年9月底，张晓雅拿到了乐活雅苑公租房的钥匙，结束了长达5年的北漂生活。即将到来的新春佳节是张晓雅一家在北京度过的第一个春节。

2012年大学毕业后，张晓雅来到北京，在房山区的一家企业从事会计工作。刚来北京的时候，她住在单位的宿舍里，结婚成家以后，开始了四处租房的生活。

"以前租房子心里很不踏实，不仅房租贵，而且要随时准备搬家。"张晓雅说，大儿子的出生使得居住条件更加紧张，能有一个稳定的住所成为张晓雅最迫切的期盼。

2017年，北京市住建委发布了在公租房、自住房中为"新北京人"开展专项分配试点的消息，让长期漂泊的张晓雅看到了希望。

2017年6月，位于西南六环的房山区乐活雅苑公租房项目开始面向京籍无房家庭、"新北京人"进行专项配租，张晓雅通过层层审核，顺利分到一套两室一厅59平方米的新房。

"这次搬进新居，小儿子也刚刚出生，第一次在北京有了'家'的感觉。"张晓雅说。

春节将至，张晓雅的父母专程从老家保定赶到北京，与孩子们共度新春佳节。"这是我们第一次与女儿、女婿在北京过年。以前都不常来，她租住的地方太小。现在女儿有了自己的家,我心里头特别高兴、特别踏实!"张晓雅的母亲陆金英谈起新房,笑得合不拢嘴。

"'新北京人'为北京发展作出了很大贡献。"提起新年的愿望,张晓雅说,"真的希望北京的保障房能分给更多的'新北京人',让他们也能像我一样,和家人团聚在北京。"

"我要给宝宝取个中文名"

19岁高中毕业便来到中国求学,最爱看的中国电影是《神话》,手机里保存着《2002年的第一场雪》《朋友》……来自也门的27岁小伙阿哈迈德去年在北京开始了创业生涯。

阿哈迈德的团队致力于利用人工智能技术,将中国的技术和互联网商业模式传播到阿拉伯国家,并帮助中国公司开拓阿拉伯市场。

"北京拥有浓厚的创新创业氛围,并以创新为荣。"阿哈迈德认为,自己选择北京一方面因为这里的创业政策具有针对性,另一方面这里可以接触到最适合的应用技术。

据北京市科学技术委员会统计,在北京,已有662位外籍人才办理了"绿卡",成为"新北京人"。2017年底,阿哈迈德正式拿到了"绿卡"。

"证件拿到手的时候我真是太激动了。"阿哈迈德说,"那一刻让我有了'家'的感觉。"

阿哈迈德日常办公地点在中关村国际孵化园,来自世界各地的创业者和海归人才聚集于此。春节前两天,园内的共享办公区里,工作人员依然在电脑前忙碌着、为梦想拼搏着。

今年过年,阿哈迈德将和妻子一起去合伙人家里过年。"春节时一定要拜年,还要拿红包。"阿哈迈德开心地说,他自己很喜欢这种感觉。"还要和大家一起看春晚。"

"新的一年我们想要一个小宝宝。"阿哈迈德说,"我正在考虑给孩子取个好听的中文名字。"[1]

---

[1] 新华社北京2019年2月13日电。

四、厚德

"厚德",是北京人传统精神、北京人首善精神之魂。北京有着建城3000多年、建都800多年的历史,培育了北京人崇德、尚德、重德、厚德的品格。"厚德"这个理念,最早见于我国传统经典著作"十三经"之首的《周易》,《易·坤·像》说:"地势坤,君子以厚德载物。""厚德"就是要用像大地一样宽厚的德性德行来容载万众、万象、万事、万物。做人德为上,做事德为先。这正是过去、当代和未来"北京精神"的品格。[1]

(一) 厚德精神的由来

北京人的厚德,源远流长。古书说,燕地"民尚气节""人性多敦厚",燕民"耐劳苦"。杜牧称赞幽并之人"重许可",苏东坡赞云:"劲勇而沉静,燕之俗也。"讲的就是燕赵人民重气节、讲信义、质朴厚道、勤劳勇敢。古书还记载,幽燕之人"轻死急人""其相赴生死亦出于仁义""闾巷佣贩之夫,亦莫不坚悍不屈,草然以急人为务。"可知在幽燕古民风中,见义勇为、助人为乐以至自我牺牲,是常见的厚德风尚。[2]

"厚德"既有历史传统,又有时代特点。既是日常道德修养,也是高远博大胸怀。

日常道德修养是北京人厚德精神的一个展现。俗话说"北京老礼儿多"。北京是古都,形成了厚德风范:重仁爱、讲友善,重情义、讲互助,重礼仪、讲孝敬,重诚信、讲承诺,重奉献、讲公益,重群体、讲谦让,重开拓、讲拼搏,重自强、讲勤奋。

(二) 厚德精神的内涵

北京人的道德修养源远流长,历久弥新,孕育了这座城市德泽化人、容载万物的城市精神品格。

高远博大的胸怀是北京人厚德精神的又一个展现。君子以厚德容载万物,要有高远博大的胸怀。过去北京以"北京湾"为地域载体,先承载燕都城蓟的责任,又承载北方重镇的责任,继而承载北中国的责任,进而承

---

[1] 选自《厚德是品质》。
[2] 参见《北京精神的品质》。

载全中国的责任。在中华统一多民族国家形成和壮大的过程中,北京以高远博大的胸怀,承载、吸引、融合、发展各地区、各民族的文化——古典的、现代的、民族的、世界的、京腔京韵的、五湖四海的……今天的北京,成为不同国度、不同民族、不同区域、不同语言、不同宗教、不同肤色的人,交流融通的文化平台。

儒家以"大学之道,在明明德"为《大学》的开篇和纲领,道家以"道德"为《道德经》的篇名和总纲,都重德、厚德。厚德是中华文化的精神之魂,也凝练在北京人的精神品格之中。念念厚德,事事厚德,时时厚德,处处厚德。爱国、创新、包容、厚德的精神,使北京成为中华精神的首善之区。

第三节　北京榜样

"榜样"一词出自《俯镜亭》,原义指样子,模样。现在"榜样"常指一种理想人格,如雷锋,被社会公认为学习的榜样。

"榜样"二字都带"木"字,原来"楷"和"模"是两种树木的名字,《广群芳谱》《西阳杂俎续集》曾记述过这两种树。相传有这样一个故事,楷树,树身挺拔,枝繁叶茂,巍然矗立,木材可做器物,这种树最早生长在孔子墓旁。模树,树叶随季候变动,春季青色翡绿油油,夏天赤红如血,秋日变白,冬日变黑,因其颜色光泽淳正,"不染尘俗",亦为诸树之楷模,这种树最早生长在周公墓旁。

楷树成长在留名千古的孔圣人墓旁;模树成长在先智先哲的周公墓旁,以树喻人,故称那些品质道德高尚的楷模人物为榜样。

榜样是人格化的价值观、看得见的正能量,具有示范引领、化风成俗的强大力量。自2011年以起,"北京榜样"选举8年来,北京全市举荐的身边榜样已达26万人。他们是北京优秀代表,在他们身上彰显着北京人的良好品德,体现着北京地方特色。"北京榜样"不仅仅是北京的榜样,更是全国的榜样。

他们有的勇攀科技高峰,致力关键核心技术自主创新,在重大科技领

域实现原创性突破；有的扎根城乡基层，服务一方百姓，办了许多暖民心、解民忧的好事实事；有的身残志坚，以永不言弃的精神拼搏奋斗，在人生的赛场上取得了骄人成绩；有的见义勇为，危急时刻挺身而出，用大无畏的行动保护了国家和他人生命财产安全；有的热心社会公益，积极参加岗位学雷锋和志愿服务，用爱和奉献帮助了群众、温暖了京城。他们是新时代奋斗者的杰出代表，是美好幸福生活的创造者、守护者，有力诠释了习近平新时代中国特色社会主义思想在京华大地的生动实践。他们在平凡的工作岗位上、普通的日常生活里，默默无闻地引领社会文明风尚，谱写时代赞歌。

2018年11月，中共北京市委印发《关于开展向"北京榜样"优秀群体学习活动的决定》。2019年2月20日，中共中央宣传部向全社会发布北京榜样优秀群体的先进事迹，授予他们"时代楷模"称号。[1]

一、扎根基层，奉献北京

（一）居民的"解难书记"

殷金凤，朝阳区呼家楼街道呼家楼北社区党委书记，被群众称为"解难书记"，是群众眼中的"好闺女"，更是群众的"主心骨"。殷金凤18年来扎根社区，把居民的难事当作自家事儿，想居民所想，解居民所难。社区工作细琐繁杂，她却从未有过抱怨、推脱，正是有了殷金凤，才有了社区稳定和谐。2018年，殷金凤命名的社区工作室正式揭牌成立。在这里，基层党建工作不断延伸、扩展；在这里，为社区工人培训授课，提供就业帮扶；在这里，引导居民共同参与社区治理，提升社区环境，确保居民生活便利。

基层是直接接触、了解群众的地方，能切实、及时为群众解决问题。基层工作常常是"5+2""白+黑"的模式，辛苦不言而喻。但在艰苦的环境中，正是有许多像殷金凤一样扎根基层的好领导，才有了群众小家的和谐，才有了北京的稳定。

---

[1] 选自《北京榜样的精神内涵和时代价值》。

（二）电商与顾客的"连接员"

随着经济的发展以及互联网的普及，网购因其方便快捷、价格优惠风靡时下，快递员更是电商时代的基础。宋学文，北京京东世纪信息技术有限公司快递员，投送22万件包裹零误差，总里程绕地球8圈之多。快递工作看似不起眼，宋学文却把它当作事业，是满满的付出，是责任与担当。他的工作时间从每天清晨持续到夜幕降临，完成工作后他才踏实回家；他根据客户时间、包裹紧急程度选择优先配送，耐心与细致赢得了客户对他的信任；"客户为先"是他的口头禅，他用温暖的胸怀、极致的态度赢得尊重，用自己的实际行动树立了行业标杆。

他们"从群众中来，到群众中去"，在平凡的工作岗位上彰显着不平凡，在细微的点滴中见证着品格。他们扎根基层，见证着北京的成长，北京给了他们实现自我价值的一方土地。今天的北京离不开他们的奉献，正是有了他们添砖加瓦，北京这座城市才可以称之为"伟大"。

二、不懈奋斗，敬业为美

（一）让孤独不再孤独

刘宝中，北京"最孤独"公交线路313路的专职司机，313路公交车之所以称为"最孤独"，是因为它只有一名专职司机和一辆公交车。然而20平方米的车厢却充满着温情，刘宝中在车内配备了爱心坐垫、雨伞、遇到腿脚不便的乘客给予特殊照顾、遇到转弯提醒乘客坐稳扶好，313路公交车被大家称之为流动的"四合院"。工作之余刘宝中还会无偿地为老年人提供服务，利用休息时间陪伴孤寡老人、自掏腰包为孤寡老人买药送药，在多年的公交驾驶生涯中，刘宝中与无数的乘客打过交道，很多乘客和刘宝中成为了朋友，这一份缘来源于刘宝中的真情与爱心。一份耕耘，一份收获，刘宝中在自己平凡的岗位上诠释着奋斗与敬业。

让孤独不再孤独

只有每个人认真负责地完成工作，尽忠职守、爱岗敬业，国家才能正常高效地运转，不断繁荣进步。正是有了像刘宝中这样兢兢业业做好本职工作，并在此基础上开拓创新的劳动者，才有了北京的正常有序、安定团结。"空谈误国，实干兴邦"，将自身的真挚、热情、严格、忠诚融入自己的本职工作中，这不仅是敬业，更是爱国主义的具体表现。

（二）"长城站"第一任站长

作为我国首个南极科考站"长城站"第一任站长，郭琨一生7赴"寒极"。目前我国建成的四座南极科考站当中，有两座都是由他指挥建设而成。

1984年，郭琨担任中国首任南极洲考察队队长，率领591人的队伍进军南极。此后他又担任第三次、第五次科考队队长，领导建设了中国南极长城站和中山站，并担任两站首任站长，被视为中国南极科考事业的开拓者和奠基人。此后他又六下南极开展科学考察，同时领导建设了我国第二座南极考察站——"中山站"。但由于常年在极寒条件下工作，郭琨落下了腰椎和腿部的病根，曾经穿越大洋、远赴南极的他，晚年再难离开轮椅。

不久前，他因病辞世，告别了一生惦念和不舍的南极科考事业。翻开这位"老南极"的日记，20世纪80年代我国首次南极考察艰苦卓绝的场景扑面而来：人们跳入寒冷刺骨的海水搭建登陆码头；用身躯压住差点被暴风雪掀开的屋顶；长期野外工作，脸、耳朵冻肿，嘴唇裂了口子，但没有人叫一声苦……在严酷的地球冷极，几代南极科学事业开拓者的敬业献身精神让人感佩。郭琨曾说："南极考察的生涯，历尽了千艰万险，经受了严峻的考验和严格的磨炼，甚至是生与死的考验，尝尽了酸甜苦辣。但是，我更感受到了成功的欣慰和欢乐。"[1]

"亦余心之所善兮，虽九死其犹未悔。"热爱自己的岗位，尊重自己的职责，专心致力于自己的事业；不仅仅把自己的工作当成一份职业，更重要的是当成一份事业，干一行，爱一行。因为，"习之不如好之，好之不如乐之"，只有热爱自己的行业、专业和岗位，才能够全身心投入工作，

---

〔1〕 选自《科学离不开献身精神》。

才能干出成绩，成为"大匠"。在实际工作中，敬业就是脚踏实地，埋头苦干，不计得失，兢兢业业做好本职工作；就是淡泊名利，甘于奉献，咬定青山不放松。我们常说的吃苦耐劳、默默无闻、一丝不苟、精益求精、呕心沥血、诲人不倦、鞠躬尽瘁、孜孜不倦、恪尽职守都是对敬业与奉献的最好提炼。[1]

(三)"高铁领跑者"贾利民

20世纪90年代，绿皮火车是中国铁路客运的主力，是中国旅客列车的代名词。深绿色的车身，低廉的票价，给不少人留下了深刻的印象。而今日中国的高铁见证着中国速度、中国奇迹。从绿皮火车到高铁，出行工具的变迁悄然改变着人们的生活，更见证了改革开放40年来中国经济与科技的变革。这一切都离不开贾利民这样的高铁人，从上海铁道学院，到中国铁道科学研究院，再到北京交通大学，贾利民的求学与科研始终聚焦铁路；从铁路运行控制、铁路智能自动化、铁路安全测控到铁路运输与国民经济关系，贾利民经历了中国高铁的一次又一次飞跃。

2004年，青藏铁路建设进入攻坚期，贾利民带领3位青年教师和6名硕士研究生，往返于北京、西宁两地，历时一年半，成功开发出"青藏铁路运营与安全综合监控系统"。2008年《中国高速列车自主创新联合行动计划》发布，中国高铁开启大规模体系化自主创新之路，贾利民和专家们在集体攻关之下，拥有自主知识产权、享誉世界的CRH380系列高速列车上路；国际首套智能化高速列车系统和高速列车谱系化技术平台也成功研制。

现今，时速600公里的高速磁悬浮交通系统和时速400公里的跨国互联互通高速列车系统总体方案都已确定；在空天车地信息一体化的铁路运营与安全保障系统中，静态制空平台原型已经研发出来，空天车地一体化的网络系统原型机已完成联调。[2]

从一无所有到世界第一，中国高铁，何以领先？靠的是爱国为民的情怀。贾利民回忆，那是一段激情燃烧的岁月，所有参与者都憋着一股劲

---

[1] 选自《大国工匠精神是什么》。
[2] 选自《北京日报》。

儿，非整出中国人自己的高铁不可。这背后是铁路人为国争先的情怀，更是科技工作者勇于创新的担当。靠的是稳扎稳打的实力。高铁汲取中国几代铁路人的集体智慧，和谐号的火箭造型既符合空气动力规律又兼具设计感，"立硬币不倒"的奇迹代表中国高铁极致的稳定性……一流技术打造领先优势，靠的更是咬定青山不放松的定力。从联合行动计划到后续国家科技计划的各个重点专项，一拨拨高铁人久久为功，步步为营，攻克了一个又一个难关。

在他们身上深刻践行着社会主义核心价值观，集中展现了勤劳、坚持、奋斗、敬业的北京良好风貌。

在服刑改造期间，每一个你都可以成为榜样。改造岗位罪犯在自己的岗位上认真履职，配合警官工作就是一种敬业；出工劳动现场遵规守纪、完成劳动份额就是对勤劳最好的解读；在服刑生活中勇于与不良风气做斗争，传递正能量诠释着勇敢与坚持。榜样在平凡中，平凡中有榜样，人人皆可成为榜样。

三、积善成德，诚信友爱

（一）弯下腰撑起天

被称为"环保奶奶"的贺玉凤，是延庆妫水河的守护者。20多年如一日，贺玉凤每天迎着清晨的第一缕阳光到家附近的河边义务捡拾塑料袋等白色垃圾。贺玉凤说，自己这个年纪做不了什么惊天动地的大事，能捡捡垃圾，为环保做一点贡献，也很知足、快乐。延庆这片热土养育了贺玉凤，家乡的山水见证了她的成长。如今贺玉凤用自己的实际行动守护着家乡的一山一水，贺玉凤的家人也参与了她的志愿环保活动，她还组织了有百余人参与的"夕阳传递"环保志愿服务队，定期到妫河两岸、各大景区、海坨山冬奥会赛场等地开展志愿环保活动。[1]她捡起的不仅仅是垃

---

[1] 选自《担负使命 躬身前行》。

圾，更是一种美德。

"勿以善小而不为，勿以恶小而为之。"我们平日随手捡拾垃圾、对他人的一句安慰，看似微不足道，却在无形中影响着他人，为自己积攒能量与人品。平常的小事，如能做到持之以恒，那便是不平凡的善举。

(二) 用诚信守护餐桌安全

诚信的缺失，道德的沦丧，让不少企业经营者被利益蒙住双眼，导致食品安全事故频频发生。百姓餐桌安全是百姓幸福指数重要的衡量标准，严格控制产品标准，诚信经营，才能真正确保食品安全。张莉华，北京利民恒华农业科技有限公司董事长兼总经理，严把农产品安全生产、加强食品供应链规范化管理、严控产品标准，她用"诚信"带动了一个企业的壮大，守护着百姓餐桌安全。

诚信是和煦的春风，带给大地无尽的暖意；诚信是夏日的雨水，带给人们无限的清凉。张莉华诚实守信办企业，匠心情怀做食品，让百姓吃得放心，吃得踏实，让企业发展越来越好。

四、 乐观开朗， 积极向上

夏虹，七岁时因一场意外车祸失去双臂。凭借对人生梦想的追求和无比坚强的毅力，怀着乐观向上的人生态度，她用双脚学习、运动、创作，和正常人并无太大差别。而且从2010年开始成为一名志愿者，积极参加各种公益活动，是北京17所温馨家园、特教学校、聋儿康复中心等机构的特教老师。

2014年8月，北京市残联通知夏红向APEC贵宾展示剪纸技能。为此，她专门设计了一幅由和平鸽、康乃馨及心形图案构成的剪纸创作——"同在蓝天下"。"我用脚将剪纸的一角递给彭丽媛，我们一起向大家展示了作品，到场的夫人们都鼓掌称赞！"夏红回忆说，彭丽媛将她事先剪好的"福"字，送给在场的夫人们，边送边用英语向她们介绍中国传统文化中"福"字的寓意。简短的互动后，夫人们走到下一个展台观摩，而彭丽媛又返回来拥抱了夏红并说："听说你现在在做很多公益的事情，非常棒！"

没有了翅膀的夏红用双脚和命运赛跑，用乐观与积极感染他人，夏红

说:"我的身体虽然有残缺,但是我不想成为一个依靠父母和社会的双重残疾人。"

比起他们,服刑人员拥有着健全的身体,更应学会知足、懂得感恩。人人都对生活有着美好的向往,在追求美好的途中需要自身的努力,也离不开乐观积极的人生态度,两者兼具才能让生活充满阳光与希望。

在社会主义建设各个时期,北京涌现出时传祥、张秉贵、李素丽等一大批全国人民耳熟能详的先进典型,他们的事迹和精神影响教育了几代中国人。今天的北京榜样,作为培育和践行社会主义核心价值观的重要载体,从自发到自觉,从个体到群体,以新时代爱国爱党、崇德向善、拼搏进取的时代群像,集中展现了首都人民的精神风貌。

人人都有梦想与追求,向往与奋斗,人人都渴望成为榜样,受人尊敬。服刑人员经历着特殊阶段,站在人生新的路口,但这并不妨碍你成为优秀的人。决裂过去,面对当下;思过悔过,唤醒良知;调整心态,提振信心。在榜样的引领下重塑自我,完善自我;在榜样的激励下认清自我,奋发作为,建功立业,争取有朝一日也成为榜样。

思考题

1. 如何正确理解"北京精神"?
2. 在服刑生活中如何做到包容?

文化改造分册

第六章

在监狱文化的熏陶中走向新生

监狱是服刑的主要场所，罪犯要加强学习，了解监狱文化对于监狱实现刑罚执行和教育改造功能的作用，理解监狱文化对于公正执法、罪犯改造的积极意义，以及监狱文化对社会的辐射作用，从而自觉参与监狱文化建设，提高自身素养，为顺利回归社会做准备。

第一节　监狱文化的历史发展

监狱文化是文化的一个分支，属于法学文化的范畴。它从监狱的诞生之日起就客观存在，是在长期的刑罚执行实践中，通过监狱与社会、监狱人民警察与罪犯、罪犯与罪犯之间的互动产生的。它为国家意识形态所规定，与主流文化紧密相连，同时也受社会大环境的影响和制约。随着社会政治、经济、文化的不断发展，监狱建设和监狱管理也在不断地发展和进步，监狱文化在这一过程中通过外在和内在的表现形式来体现监狱的核心价值理念和行刑观念。[1]

刑罚执行是整个司法过程的终结点，若判了刑罚不执行，法律便是空中楼阁。监狱所承担的，不仅仅是罪犯刑罚的执行，也是对罪犯和一般社会人的教育与威慑，是对被害人及其家属的安慰，是对守法公民的肯定与鼓励，对预防犯罪有着重要的作用。

不同的历史文化背景下，刑罚的执行方式不尽相同，但都应当植根于中国独特的国情和民风，与时代的发展同步。

一、监狱与法治文化和法治文明的关系

（一）从自由刑讲起

现代监狱是执行自由刑的场所。

在服刑过程中，也许你总能听到这样的问话：现在服刑的监狱、所处的监区、身在的监舍条件如何，现在受到的管理有多严格，劳动的岗位多忙、多累，对自己所处的境况感到多痛苦，吃得好不好，冷不冷，等等。

---

〔1〕 选自《学术论文联合比对库》。

然而，正在服刑中的你可能意识不到，你正在一所文明的现代监狱中服刑。

这要从监狱和刑罚的关系说起。

监狱与刑罚具有自然无法分离的关系。而刑罚似乎是天经地义的事情，社会、法律、刑罚三者无法割舍，也不可能分割。有社会，必然有法律，有法律，必然有刑罚，执行刑罚就要在监狱中进行。然而刑罚的历史并不等于监禁的历史。

无论东方还是西方，在人类历史相当长的一段时间里，刑罚实际上就是酷刑。羞辱、刑打、伤害、致残，从伤人皮肉到灭绝肉体，都曾是刑罚的主要构成内容。适用于死刑的罪名就超过了200种。而处决的方式至少包括了生祭、活埋、沸煮、溺毙、钉死、绞吊、斩首、由动物咬噬或用石头砸死等。这些花样迭出的酷刑的发明者名单里不乏国王、贵族、神职人员以及备受敬重的专业人士。直至近代，被宣布有罪的人通常只有两条道路——死亡或奴役。而监狱作为执行刑罚的地方，总是血腥、残暴的代名词。[1]

文明伴随血腥而成长，历史终于翻过沉重的一页。历史发展到了今天，理性和人道主义已经成为人类主流的刑罚观。在世界大多地区，我们到底看到骇人听闻的酷刑渐渐让位于较为人性的惩罚，自由刑成为当今社会刑罚的主要刑种。自由刑，是刑罚从野蛮到文明的发展结果，今天的监狱也已经逐渐褪去了阴森黑暗的外衣，以文明的面孔出现在世人面前。

监狱文明与否，取决于法治的文明与否，而刑罚是法治文明与否的重要表征。监狱作为执行刑罚的国家机关，作为社会文明的窗口，其建筑布局、管理制度，都散发出民主法治的气息，投射出强烈的人文内容，彰显出法治思想的文明与进步。

---

[1] 选自《刑罚的历史读后感——血残》。

延伸阅读

中国刑罚发展的历史过程[1]

在原始社会时期,没有国家,没有法律,惩罚方式简单、残暴、野蛮,主要以死刑和肉刑为主。肉刑有四种:劓、耳、诼、黥。死刑除去斩刑外,还有醢、焚、剖心。夏、商时期的刑法也极其严酷,周朝奴隶制"五刑"进一步系统化和制度化,是墨、劓、剕、宫、大辟。

封建制度下,统治者逐渐进行废除肉刑的改革。文景帝刑制的改革使刑罚手段从破坏人的肢体完整到只是使罪犯忍受皮肉之苦。之后,刑罚的总的变化特点是逐渐宽缓。残害人的肌肤肢体的刑罚手段逐渐减少,向新的封建制"五刑"过渡,并最终确定了封建"五刑",即笞、杖、徒、流、死。

1840年第一次鸦片战争之后,清政府改订《大清律例》为《大清现行刑律》,删除与当时世界其他国家法律截然相悖的野蛮与落后的部分,同时又参考了资本主义国家的相关法律,制定了《大清新刑律》。酷刑被废除,将原有的刑罚改为死刑、无期徒刑、有期徒刑、拘留、罚金五种。自此以后我国的刑罚与世界各国的刑罚体系大同小异。

(二) 监狱是个文化空间

说监狱是一个文化空间,就是把监狱当成一个文化的产生、传承、整合、扩散之地来考虑的。监狱由于其固有的历史传统和政治斗争的需要,一般都显得异常神秘。监狱的文化形态由于其地位的特殊性,其某种文化形态就具有相当的特异性,也就是在监狱才能出现,在其他空间是看不到的,所以从这方面来说,监狱文化的特点较之其他文化形态有很大的不同。

---

[1] 王立民:《中国法制史》,上海人民出版社2007年版。

同时，监狱又不能离开社会的调控和影响，监狱也是社会控制有机体的一部分。在探究监狱文化形态的同时，我们更加意识到要用优秀的传统文化来影响、建设现代的监狱，从文化建设的角度来管理监狱警察这支队伍，从优秀文化中提炼出适合监狱使用的文化内容来教育管理罪犯。其实就是在用一种文化的观念建设监狱，这使监狱看起来好像活了，使水泥森林般的监狱多了活力。

（三）中国监狱文化与政治文明的关系

监狱作为一个非常重要的国家治理工具，在中国有着非常悠久的历史。监狱作为国家的重要统治工具之一，与国家、阶级同时出现，与社会发展紧密相连，是政治文明的客观反映和外在表现。"监狱与国家同时起源，有国家就有监狱，无监狱的国家，不过书生在书斋中空想的世界而已。"[1]

依附于刑罚的中国监狱发展过程，与中国传统文化、近代思想的发展紧密相连，特别是统治者所遵从的治国理念，在监狱的建设管理过程中有所体现。中国监狱的文明化、文化化发展就是社会政治文明的发展过程。

对监狱文明和文化发展的影响比较重要的，有以下几个方面。

1. 氏族复仇思想对监狱发展的影响

法律产生于原始社会末期，氏族战争导致"刑始于兵"，此外，"刑以威四夷"，即以重刑对待异族，也是刑罚制度起源的重要原因之一。对待异族的侵略和入侵，复仇思想占主导地位。奴隶制"五刑"是夏、商两代的主要刑罚。当时刑罚的处罚范围广，处罚严苛。

2. 法家思想对监狱文化发展的影响

时间推进到春秋战国时期，各种学术思想如雨后春笋般出现。秦国统一六国后，以"缘法而治"、法令由一统、严刑峻法的法家理念为其立法和治国的指导思想，在其刑罚制度上的体现，就特别残酷和严苛。

3. 儒家思想对监狱文化发展的影响

汉武帝时期，武帝采纳董仲舒的建议，"罢黜百家，独尊儒术"，直接推动了中国古代法律儒家化的开始，对古代中国的刑罚和监狱文化形成产

---

[1] 选自《从〈提牢备考〉看清代的治监理念》。

生了深远影响,这种影响一直延续到清朝末期,甚至今天还能够感受到儒家文化的影响。

儒家化在律法上的体现首先是以礼入法。诸如汉律中首创的亲亲得相首匿原则、春秋决狱原则和秋冬行刑原则等都是儒家道德规范的直接体现。在刑罚方面,法律儒家化使刑罚更加人性化,推动着肉刑等暴刑的改革,推动司法官员守法慎刑,推动中国古代刑罚制度由野蛮走向文明。

4. 西方国家的民主思想对中国监狱发展的影响

鸦片战争带来的不仅是帝国主义的侵略,还有资本主义思想的碰撞和影响。在被动学习资产阶级的民主思想和社会治理方法的同时,清朝政府也在反思和寻找维护封建阶级统治的方法,在一定程度上吸取了西方国家科学和民主思想的基础上,从国家制度的各个方面进行了由上而下的革新、改良。其中,在西方启蒙主义自由、平等、博爱思想的影响下,中国一些进步的资产阶级思想家、刑法学家开始对封建社会落后的旧狱制进行了猛烈抨击,主张建立一种更理性、更人道的监狱行刑制度。

◉ 延伸阅读

从《提牢备考》看清代的治监理念[1]

全书结构清晰,共分为四个部分,依次为《囚粮考》《条例考》《章程考》以及《杂事考》。

第一部分《囚粮考》,详细记录了囚粮发放的程序、米煤费用数额及有关的奏折。对于发放囚粮过程中存在的每项制度,作者都说明其由来,并指陈其利弊得失,或提出改进的方法。

第二部分《条例考》,涉及内监、外监和女监,狱卒的职业道德、纪律以及违法乱纪的处罚,女、老、病囚的管理,各类囚犯的待遇等情况。

第三部分《章程考》,作者详细记录了监狱中每项开支的费用、提牢

---

[1] 参见"从《提牢备考》看清代的治监理念",载豆丁网,最后访问时间:2019年5月20日。

与狱卒职责的具体章程，记有"领米事宜"六条，"提牢厅各项事宜"二十三条，"稽查南北两监事宜"十条及"申明规定两监外围牟兵条规"十条等等，事无巨细，详实周到。

第四部分《杂事考》，收录了许多与提牢有关的诗篇，以及一些口碑较好的提牢官的事迹，比如李玉泉关于提牢的纪事组诗，杨椒山、阿公（世图）的事迹等。

《提牢备考》反映了清朝统治者的治监理念。

（1）必须处理好道德与法律的关系。从《提牢备考》收录的相关条律中可以看出监狱管理者都明白监狱并不仅仅要处罚囚犯，同时要对他们进行教化教育，使他们能够正常回归社会。

（2）出于传统儒家思想的影响，善待罪犯，保证其基本的生活所需。在《提牢备考》中有大量相关的规定及记载，比如对于囚犯所戴刑具的具体规定、夏冬天的衣服每年如何发放，以及囚犯的口粮怎样领取发放、病犯和女犯的特别关照及特殊制度，都是出于当朝统治者悯囚恤狱的考虑。

（3）具有浓厚的民族统治色彩。清代作为一个由少数民族统治的朝代，其在监狱方面的民族性特征非常浓厚。满汉区别对待，其本质就是维护满族特权地位，加强统治。在《提牢备考》中就表现为分别关押，严禁混杂；旗人免发遣苦役，以鞭责或枷号代刑；旗人犯罪不得采用锁禁夹责。

5. 社会主义思想对监狱文化发展的影响

我国的社会主义监狱建设可以追溯到苏维埃根据地时期。根据地的工农民主政权建立了法庭、监狱等组织机构，以镇压地主阶级及国民党反动派的颠覆破坏活动，惩罚犯罪，维护根据地的社会秩序。制定了明确的工作管理制度，坚决废止肉刑，实行革命人道主义，确定对罪犯进行感化教育与劳动改造是根据地监所的基本工作，明确指出，苏维埃的监狱要坚决改变旧监狱那种黑暗、腐朽的状况，突出教育转化的方针。

在众多的影视作品中，我们能够看到诸如渣滓洞、白公馆等同时期国民党政府监狱的恶劣条件和严刑拷打，被形容是"纯粹的封建野蛮的虐杀、法西斯的酷刑，劳动群众与革命者的人间地狱"，被关押的各类罪犯

没有任何尊严和保障。而"苏维埃的监狱对于死刑以外的罪犯是采取感化主义,即是用共产主义的精神和劳动纪律去教育犯人,改变犯人的本质",不仅制定了衣食供给制度和医疗保障制度,还因地制宜进行政治教育、文化教育、劳动教育。

总之,苏维埃政权时期的监狱工作方针,体现出社会主义新思想,当时所提出的把监狱建成对犯罪分子实行强制劳动的特殊学校的思想,感化、教育、挽救的指导原则,教育为主、教育与生产劳动相结合的方针,以及监所工作的三大教育任务等,为指导新民主主义时期人民民主专政监狱制度奠定了基础,推进了社会主义新时代监狱文明发展。

国家和社会在进步,人的思想观念也在不断更新,我国社会主义国家监狱与时代同步发展。新中国成立后,开始从立法上明确了监狱的职能、工作方针和关押范围。在继承和发展苏维埃政权时期监狱工作方针的基础上,一方面积极从优秀的传统文化中借鉴行刑思想,同时对外国监狱一些行刑理念和制度进行批判地学习借鉴,进行着新的社会实践和发展。

"惩罚与改造相结合,以改造人为宗旨"是监狱工作的宗旨,体现了社会主义国家"人民当家做主"的本质特征。无论何时,中国监狱维护国家民主统一、维护法治公平正义、维护社会安定团结的本质属性和根本任务不会改变。

二、 中国监狱文化的文明化发展

监狱文化有着监狱鲜明的个性特点,同时也体现出对各种文化形态的包容和借鉴。

(一) 监狱的传统文化探寻

1. 汉字对监狱的解读

监狱从它一开始建立就有独特的文化。探寻监狱的名称就是探寻监狱文化的一种方式。

关于监狱的称谓有很多。其中,有些是我们常用的、一听就明白的,比如说"牢房""监牢""囹圄";有一些是需要稍稍解释的,例如说"谁谁被关到号里了""谁谁谁又几进宫了","号里"和"几进宫"就需要反应一下了;还有一些词语,如果没有专门查字典或网络查询,大多数人是不知道什么意思的,比如说"丛棘""圜土""台""里"。

这些词语都是监狱的别称或者说是监狱发展的一个过程。按照监狱发展的顺序进行排序的话,应当是丛棘、圜土、牢房、监牢、监狱,至于"号里"和"几进宫"则是对监狱诙谐的指代和称呼。这些称谓或者从硬件设施,或者从管理方式,或者从精神思想等方面解释着监狱文化。

(1) 从"丛棘"到"监狱"看监狱的设施变化。

原始社会氏族征战频繁,当时没有条件也不可能建立所谓监狱之类的东西,于是,最简便、最适用的关押之地——丛棘,就应运而生了。丛棘就相当于现在的高墙电网,它是一种落叶灌木,叶呈椭圆形,枝上多尖刺,古人用以编成或者种植类似篱笆的围墙,将罪犯置于其中,不使逃脱,其实就是一种简易的关押场所。丛棘是我国最早的监狱形态之一。"牢狱"始称于汉,从"牢"字的结构可以想象当时监狱条件的简陋和管理的严苛。

明代开始称"牢狱"为"监",取其监察的意思,表达重典治狱的理念;清代把"监"和"狱"合二而一,"监狱"名称沿用至今。

从"丛棘"到"监狱",监狱的外部设施不断完善,同时管理也更加严密。

(2) 从"号里"看监狱的管理方式。

号,是编号、数字、序号,是以数字序号进行次序或等级区分的简称。曾是监狱的一种管理形式,就是把罪犯编号,以号码代替姓名,表达了去社会化、平等无差别化的含义,使用"号"这个字也是在形容我国监狱目前的规范化管理形式。

(3) 从"进宫"看罪犯的精神生活。

俗话讲"一入侯门深似海",红楼梦里元春曾说"当日送我到那不得见人的地方去",可见,"进宫"二字就是"囚"字含义的诙谐化,形象反映出与家庭、社会隔绝的现实,表达了罪犯服刑期间孤独的精神生活。

唐代诗人张祜的《何满子》中写道:"故国三千里,深宫二十年。一声何满子,双泪落君前。"描写一个妙龄少女不幸被选入宫,与家人分离,与外界隔绝,失去自由,在深宫一待就是二十年。从这首诗里可以清晰地看到"进宫"与"进监狱"有很多相似的地方,都是失去自由、远离亲人、承受着孤独与寂寞。

2. 监狱门前的守护神

作为一种文化的表现形式,守护神是最为形象的。

衙门口有雄伟的狮子守护,庙门口有大象守护,那么,监狱门口由谁来守护呢?

不知有没有人注意过,作为现代旅游景点的官衙内部,都设有牢房,有的牢房门上雕刻着一个似狮非狮的动物头像,这就是狴犴,就是监狱门前的守护神。

狴犴,是一种传说中的神兽,是龙的第四个儿子,怒目圆睁,威风凛凛。此兽性刚猛,最憎恶犯罪的人,专门掌管刑狱之事,古代将之立在衙门口两侧或装饰在监狱的大门上。

狴犴

还有一种动物,也常被立在监狱内,这种动物常被与皋陶一同提起,就是獬豸。獬豸这种动物,也叫独角兽,传说它见到有罪的人就用独角去冲撞,见到说谎的人就发怒,皋陶利用它审理疑难案件。在古代传说中,獬豸是公正公平的使者,历代帝王都以其象征至高无上、公正无私、明辨是非。

狴犴和獬豸的形象,表现出古代刑罚追求公正的理念。但同时,也反映出古代刑罚的一种神明裁判思想。受这种文化的影响,中国古代监狱始终没能建立起完善的法律体系,监狱立法尤为薄弱,只在"诸法合体、以刑为主"的形式法律中找到一些管理的条文。直到清朝末年在沈家本的主持下,才起草了中国历史上第一部监

獬豸

狱法典——《大清监狱律草案》。

● 延伸阅读

1. 李悝[1]

李悝（约公元前455年-公元前395年）是战国时期的魏国人，也是法家的代表性人物。他在担任魏国相国的时候，在国内实行了变法，提倡依法治国，颁布了《法经》《盗法》《贼法》《囚法》《捕法》《杂法》《具法》。其中《囚法》是关于监狱管理的规定。

2. 睡虎地秦墓竹简[2]

睡虎地秦墓竹简共1155枚，残片80枚，分类整理为十部分内容，包括：《秦律十八种》《效律》《秦律杂抄》《法律答问》《封诊式》《编年记》《语书》《为吏之道》、甲种与乙种《日书》。其中《封诊式》共98简，位于墓主头部右侧，简长25.4厘米，宽0.5厘米。标题写在最后一支简的背面。简文分为25节，每节第一简简首写有小标题，包括：《治狱》《讯狱》《封守》等监狱管理规定。

（二）中国监狱的西化改良

晚清律制改革开启了近代监狱改良的进程，在《提牢备考》等制度的指导下，清政府轰轰烈烈的自救运动中，对近代监狱的改良从兴建模范监狱开始。

所谓"模范"就是基于对西方监狱的模仿，并在本国范围内树立若干可推而广之的范本。1911年以前，奉天、湖北、北京陆续建成模范监狱；1912~1926年间，全国新式监狱共建63所，其中奉天省就建立了10余所新监，山东、河北、北京各有6所新监，山西兴建了5所新监，江苏和安徽有3~5所模范监狱。由于新监狱需要地方政府的财力投入，受制于经济条件，大多数内地省份仅可负担一两所新监。随着监狱改良的推进，到

---

[1] 参见360百科。
[2] 参见360百科。

1937年，各省至少建立起一所新式监狱。其中最具代表性的是北京建成的"京师模范监狱"，使用时间最长的则要属有着"远东第一监狱"之称的上海提篮桥监狱。

模范监狱的推行如此迅速，主要来自自上而下的行政力量，以及收回治外法权的内驱力。同时，起带头作用的模范新监成为其他地区"凝视"的对象，"凝视"所带来的差距感和主体性也激发其他地区基于自身条件建立有地方特色的新式监狱。

在中国历史上的监狱改良过程中，清末应是新旧狱制的分水岭。在此过程中，中国一方面转变了监狱的观念，接受其为执行自由刑之地，另一方面也以主动的姿态应对西法移植和法制现代化所面临的问题。

相对于我国传统狱制来说，清末监狱改良是一场颠覆性的变

晚清新式监狱

革：在行刑思想上不但形成了恤囚、怜囚的仁政治狱思想，而且初步型塑了以感化、教育为行刑宗旨的教育刑论；在设施和体制建构上不但建造了面貌全新的罪犯习艺所、模范监狱和新式看守所，而且建立了相关的监狱管理体制，颁行了一系列监狱管理法规等。总之，清末监狱改良是一场在思想、体制和设施方面进行重塑的运动，是一场将犯罪人从单纯的惩罚客体逐渐转变为司法活动主体的运动。因此，清末监狱改良的历史意义是巨大而深远的，其所迈开的文明步伐并不亚于其时国家体制与民族关系的变革。

1. 晚清时期的"模范监狱"

过去北京市西城区白纸坊这一带人烟稀少，是一片菜地（附近有南菜园街道），水渠纵横交错，放块门板，用不了一大步就能一迈而过，所以人们就叫它为半步桥。在这一片区域里，曾有一座庞大的建筑，那就是北京最老的监狱——京师模范监狱。

所谓"模范监狱"，即是监狱的样板，与封建衙门相比，不但在建筑

上效仿西方，同时在管理人员选择、管理方法上也具备现代的色彩。模范监狱建成时，对管理人员的录用选择标准极为严格，必须符合"相貌端正，有文化、有家私，不靠做监狱管理人员养家糊口"三个条件。[1]

光绪三十一年（1905 年），戴鸿慈等五大臣到欧洲考察宪政回国后，立即着手变革，改刑部为法部，设典狱司，并改刑部监狱为管守所。

光绪三十四年（1908 年），京师法律学堂开设了监狱专修科，特聘日本国监狱博士小河滋次郎为教习。宣统元年，法部尚书戴鸿慈奏设京师模范监狱，并令各省一律成立。

1910 年 4 月，开始建筑由日本小河滋次郎博士设计的京师模范监狱。

其内部格局很有特点，由于中心岗楼与周围各监舍筒道相连，因此看押人员只需在岗楼里绕一圈，就可以看到各排监舍的情况。在当时监控手段落后的情况下，这种设计可谓相当科学了。

就是这样一幢建筑，历史上曾几度更名。1949 年 2 月 7 日，"京师模范监狱"被华北人民政府接收，同年 4 月 14 日更名为"华北第一监狱"。新中国成立后，更名为北京市人民法院监狱。1950 年 7 月，监狱的大门口又正式挂上"北京市监狱"的牌子。

2. "远东第一监狱"的前世今生

2013 年 7 月初，媒体发布了一条关于"死亡之城"提篮桥监狱即将关闭的消息，这座有着"远东第一监狱"之称的百年监狱引发了人们的关注，不少游客赶到提篮桥监狱外"合影留念"。

翻阅提篮桥监狱的前世今生，让人们感慨良多。

提篮桥监狱，位于上海市虹口区，坐落于华德路 117 号（今长阳路 147 号），占地 3 万多平方米，原是外国殖民主义侵略中国、侵犯中国司法主权的产物。百年的提篮桥监狱，见证了中国监狱历经的时局动荡的年代。这座监狱最早由上海公共租界工部局始建于 1901 年，由英国驻新加坡工程处设计中标，当年年底动工兴建，启用于 1903 年 5 月，因其建筑精良，规模宏大，犯人收押数量多，因而号称"远东第一监狱"。[2]

虽然提篮桥监狱在兴建伊始就是一座符合西方监狱管理标准、拥有现

---

〔1〕 选自《清朝的"模范监狱"》。

〔2〕 选自《远东第一监狱》。

代化设施的新式监狱，但它一开始却并不是文明和先进的。作为租借殖民者镇压中国人民的暴力工具、作为日伪政权的暴力机器、作为关押爱国人士的黑暗洞窟，提篮桥监狱成为邪恶的代名词。监狱曾囚禁过不少中国近现代著名人物，其中有资产阶级民主革命家章太炎、邹容，有中国共产党人任弼时、张爱萍等。抗战胜利后，日伪维新政府一众官员、上海"黄道会"头目常玉清等多名汉奸以及侵华日军战犯也于提篮桥监狱绞刑房被执行绞刑。

上海解放以来，监狱机关惩罚改造罪犯、维护社会稳定。监狱对罪犯实行惩罚和改造相结合、教育和劳动相结合的原则，废除旧监狱对犯人的体罚制度，实行文明管理，建立各项纪律制度，严格各项管理，充分利用法律手段、行政手段、教育手段改造罪犯，还在犯人中开展诗歌创作、书画工艺美术活动，组织"新岸艺术团""提篮桥翻译室"，从1982年起编印铅印的《劳改报》供犯人阅读，建立新岸广播台和有线电视台，用健康、丰富的文化活动陶冶其情操。20世纪90年代以来，先后编印了《分类改造文选》《炼狱心声集》《两地书》《忏悔录》《服刑人员心理健康之友》等著作，还设立了心理咨询门诊部。通过改造教育，大多数罪犯能够认罪伏法，改正恶习，许多人刑满释放后成为守法的自食其力的公民。新中国成立后的提篮桥监狱一直发挥着惩罚改造罪犯、维护社会正义的功能作用，直至2013年改建成为一所监狱博物馆。[1]

提篮桥监狱不仅是一座监狱，也是特殊的中国近现代历史的见证地，还是位于上海的一处重要的世界反法西斯战争纪念地。今天的提篮桥监狱，经历过百年的风波，向人民诉说着西方殖民者侵略和被打倒的经过，展示着国家政权更替、民族独立艰难的时代背景和监狱文明不断进步的发展进程。

3.《大清监狱律草案》的介绍

《大清监狱律草案》是清末受清廷聘请的日本监狱学家小河滋次郎草成"上奏"但没有颁布实行的中国第一部独立的监狱法典草案。共14章，241条，分总则、分则两部分。第1章总则，规定了监狱的种类、监督权

---

[1] 选自《远东第一监狱》。

和在监犯的待遇原则等;第2章至第14章为分则,分别对收监、拘禁、戒护、作业、教诲及教育、给养、卫生及医疗、出生及死亡、接见及书信、赏罚、领置、特赦减刑及暂释和释放等问题作了详细规定。[1]尽管它的内容和编纂体例基本照搬了日本监狱法,刻有半殖民地的烙印,但仍具有明显的改良特征:(1)采用定役自由刑制度;(2)实行分类监禁制度;(3)实行惩罚与习艺相结合的作业制度;(4)建立以感化主义为宗旨的教诲教育制度;(5)建立人道主义的卫生医疗制度;(6)改变宗室犯人的特权地位;(7)监狱官吏的培养、训练和任用制度等。这个草案的大部分条款被后来的北洋军阀政府和国民党政府所沿用。[2]

(三) 从监狱文化到文化监狱

新中国成立后,监狱的科学化管理水平逐步提高。改革开放以来,我国学者对监狱工作进行了多学科、深层次的研究,将监狱文化作为课题进行分析研究。对监狱文化的研究推动着监狱的科学发展,从"监狱文化"到"文化监狱",体现了我国社会主义监狱的跨越发展。建设文化监狱是对新时代社会主义监狱工作的更高要求。

1. 监狱文化是一项工作内容

监狱文化,是现代社会对监狱深层次研究所提出的概念。简言之,是指在监狱这一特定环境中积淀而成的全部物质形态和意识形态的总和。具体来说,监狱文化,是指在长期刑罚执行实践中,监狱工作参与者在法理框架下和文化的影响下,形成的具有较强时代性的行刑理念、价值取向、道德观念、行为模式、行为规范的物质文化与精神文化的总和。它涵盖法治文化、行刑文化、行为文化、狱制文化及物态文化等。

2. 文化监狱是一种建设理念

把文化建设作为监狱工作的最佳切入点,从文化的层面上来思考监狱发展的方向和价值,以高雅的文化改造人、熏陶人,这就建成了文化监狱。监狱文化与文化监狱的区别在于,监狱文化指的是有形的载体,比如唱红歌活动、演讲比赛活动或者是监狱图书室的布置和教室的文化设计。

---

[1] 选自《清代监狱研究》。
[2] 选自《刑罚执行政策初探》。

文化监狱则指的是用一种什么样的价值理念建设监狱、发展监狱，它抽象于监狱工作，又指导和影响着监狱工作。

文化监狱理念的提出和实施，将精神文化进一步渗透于监狱工作的各个方面，直接推动了监狱的社会主义现代化建设。

文化监狱是一种有文化品位的监狱，不同于传统意义上的监狱。在完成惩罚功能的基础上，文化监狱倡导的是积极、主动、发展的价值观念，更看重的是教育、矫正、回归。在文明管理的基础上，在先进思想和传统文化的滋养下，主动建设、发展监狱，使监狱成为一种文化领域的阵地、一个传播先进价值观念的场所。在文化内涵的影响下建设起来的监狱才是充满活力的。

三、监狱文化的分类

从文化的形态上分，监狱文化可以分为物态文化、行为文化、制度文化、精神文化。

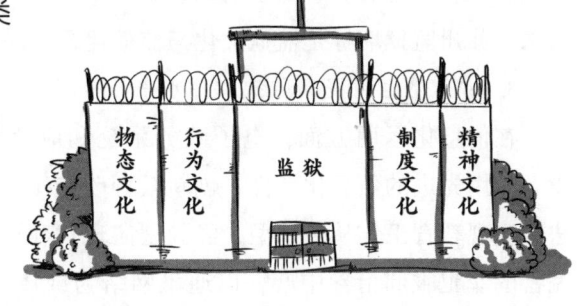

（一）物态文化

包括监狱的围墙、电网、监舍楼、车间等建筑物以及生活设施、活动设施等具体的物化形态。

1. 科学布局有利于履行职能

在监狱布局方面，科学、合理的监狱布局有利于监狱更好地履行监狱职能，维护社会稳定。监狱的数量、在国家地理上分布、与周围环境的关系、关押规模、种类等比例结构，以及监狱内部监区的分布与构成情况等都是监狱布局的内容，也都是科学文明的监狱文化的反映。

2. 建筑是监狱的形象化符号

在建筑设计方面，监狱建筑是监狱的形象化符号。最能体现监狱文化的，是监狱的外部建筑风格。监狱是社会文明的窗口，透过监狱建筑这个表层的、直观的物质形态反映出社会文明。较高的社会文明程度，体现在监狱先进的建筑设施上，即体现在监狱建筑设计理念上，体现在监狱整体布局上，体现在监狱建筑内外空间上，体现在当今先进的建筑成果合理应

用上，体现在监狱建筑单体功能上，体现在建筑用材上，体现在建筑细节构造上。监狱所开展的文化活动，在很大程度上离不开监狱建筑，必须借助于一定的监狱建筑才能实施和完成，以致对罪犯的生理、心理和行为产生直接或间接的影响。

如果把监狱文化与监狱建筑联系起来，使它们产生了"反应"，就是监狱建筑中要有文化，监狱文化部分要通过监狱建筑这一载体体现出来。在这一点上江苏省苏州监狱给人们留下深刻的印象。除了代表我国目前监狱建筑最高水准的科学合理整体布局，粉墙黛瓦、飞檐峭壁的园林式建筑外，还有巧妙植入的地方文化，借鉴了具有鲜明吴文化的牌匾、楹联、抱柱联、墙壁画、宫灯、砖雕、木雕、石雕等艺术形式，将吴地传统典故、吴地名人、吴地名胜、国学语录、名家题赠等文化内容，形象生动地展现出来，苏州监狱堪称是监狱文化与监狱建筑交融的典范。[1]

3. 信息化运用提高监狱工作水平

在信息化运用方面，电子政务系统和应急指挥系统能够强化安全保障。利用先进的信息化条件，创新教育改造工作的手段、内容、方式、方法，实现教育工作从传统型、经验型向现代化、科学化转变。例如，建立完善的罪犯服刑指导中心，以通讯网络为载体，广泛开展网络谈话教育、心理咨询、亲情与社会帮教、就业指导、广播影视教育、远程教育，以及建立罪犯钱款管理系统、视频会见系统，都可以深化素质教育的效果、提高信息管理的针对性、拉近罪犯与信息社会的距离、增强回归社会后的适应能力和生存能力。

（二）行为文化

指在监狱工作中依据相关规章制度形成的民警和罪犯的活动方式，是监狱在各种行为活动中产生的文化现象的组合。从中能够体现出监狱的精神面貌、思想理念、工作活力和价值情操。

1. 监狱行为体现法治文化

监狱依法对罪犯进行的惩罚与改造工作，不仅是监狱工作方针的规定，也是国家刑法、刑事诉讼法、监狱法等法律法规的规定。《监狱法》

---

[1] 选自《监狱文化与监狱建筑》。

第1条规定了国家制定法律的目的是"为了正确执行刑罚,惩罚和改造罪犯,预防和减少犯罪";第3条规定了"监狱对罪犯实行惩罚和改造相结合、教育和劳动相结合的原则"。同时在第58条规定,"罪犯有下列破坏监管秩序情形之一的,监狱可以给予警告、记过或者禁闭"。这里的法定性表明,监狱对罪犯惩罚的依据是"法",惩罚的边界同样是"法",而且对所有服刑罪犯具有一律平等的普遍约束力。

监狱在对罪犯的违规违纪和违法行为实施惩罚的过程中,依法采取的具体惩罚措施对罪犯是具有国家强制力的,是不以监狱民警、当事罪犯及其亲属,以及其他社会公民的主观意志为转移的。这种强制力是一种国家强制力,是不能受任何非法干涉的,监狱依法组织罪犯开展生产劳动和文化学习,这些工作都是在法律的规定权限下进行的。依法治监,既保证罪犯合法权益,也依法对罪犯进行教育和改造,法律规定是监狱行为具有强制力的基础。[1]

2. 监狱行为体现公平正义理念

无论是一日作息安排还是坐立行走,无论是采买标准还是饮食衣着,监狱都有统一制定的标准,在统一和规范中体现了平等改造的价值理念。

我国是人民民主专政的社会主义国家,国家法律体现的是人民意志,监狱执行刑罚,实施对服刑罪犯的依法惩罚必然体现人民意志。我国监狱对罪犯的惩罚更是对人民合法权益的保护、对法治正义的守护、对和谐社会的维护,其正义性无可辩驳。

3. 监狱行为体现社会发展需要

监狱的惩罚和教育改造工作具有政策性。当前,随着依法治国全面推进、国家治理体系现代化建设和司法体制机制改革步伐加快,党的刑事司法政策必然会作出与时俱进的相应调整和完善。这对监狱工作,包括监狱依法履行惩罚职能同样会带来一些政策性的变化,比如已经开始的对职务犯更加严格的管理,高度戒备监狱、监区的建设等,监狱在履行惩罚和改造职能的过程中,也要主动对接和适应这些改革政策带来的变化,加强对罪犯的政策解读教育。

---

〔1〕 选自《监狱依法履行惩罚职能的思考》。

(三) 制度文化

制度文化是指在监狱工作中为了使工作正常进行而制定的具有约束力的管理制度、行为规范、准则以及执行刑罚、改造罪犯等执法行为中内在的、规范的软件系统等，是必须遵守的一种硬性规定，是监狱文化的"底线"，是保障公平正义、保障监狱正常运行的基础性措施和手段。

1. 制度文化基于社会公正理念

对于一个现代社会的安全运行来说，规范、合理、公正的制度是必要前提。诺斯认为，"制度是一个社会中的一些游戏规则；或者，更正式地说，制度是人类设计出来调节人类相互关系的一些约束条件"。制度的设计和安排需要根据一种基本的理念来进行。只有基于社会公正基本理念所设计的制度，方具有稳定和可持续的积极意义。现代意义上的社会公正基本理念集中体现了以人为本、平等的价值取向，监狱的法规制度正是基于社会公正基本理念而制定，以维护每个罪犯的基本权利、维护监狱整体良性运转为出发点。在处理罪犯利益关系时，应当按照同一尺度、一视同仁作出安排；二是采取必要的措施，建立必要的规则体系约束民警执法工作。[1]

2. 制度以执行力为保障

"制度"之所以可以对个人行为起到约束的作用，是以有效的执行力为前提的，即有强制力保证其执行和实施，否则制度的约束力将无从实现，对人们的行为也将起不到任何的规范作用。只有通过执行的过程，制度才成为现实的制度，就像是一把标尺，如果没有被用来画线、测量，它将无异于普通的木条或钢板，只能是可能性的标尺，而不是现实的标尺。制度亦并非单纯的规则条文，规则条文是死板的，静态的，而制度是对人们的行为发生作用的、动态的，而且是操作灵活，时常变化的。"制度"，是在通过其执行力对人们的行为起到规范作用的时候才成为制度的，使其从纸面、文字或是人们的语言中升腾出来，成为社会生活中人们身边不停发生作用的无形锁链，约束、指引着我们的行为和尺度。

---

[1] 选自《社会公正是"良性"制度的基石》。

（四）精神文化

精神文化是指监狱运行中所形成的共同的思想意识、道德观念和价值取向。精神文化在思想上应当表现为爱国、爱党、尊法、守法等，具体表现为五个认同和五个树立。五个树立即树立正确的历史观、民族观、国家观、文化观、宗教观。五个认同即认同党的领导、认同伟大祖国、认同中华民族、认同中华文化、认同中国特色社会主义道路。在行动上表现为认罪悔罪、踏实改造、励志新生。

1. 树立正确的观念认识

五个树立和五个认同，归于根本是一个人的公民意识、国家观念。监狱文化中的精神文化最重要的就是引导和教育罪犯树立正确的观念认识。

公民与国家密不可分。公民是指取得某国国籍，并根据该国法律规定享有权利和承担义务的人。公民是一个法律上的概念，树立正确的公民意识是树立正确法治意识的前提。国家是公民的归属，国家观念就是爱国，培养对国家和民族的认同感、归属感。爱国，是公民的社会美德。国和家一样，都是人的归属地；爱国与爱家一样，都是每个人必须履行的道德义务和不可推卸的道德责任。对每一个中国人来说，爱国是本分，也是职责，是扎根于每个人心中的永恒旗帜，是心之所系、情之所归。爱国主义是我们民族精神的核心，是中华民族团结奋斗、自强不息的精神纽带，是飘扬在历史天空、新时代征程上的鲜艳旗帜。

2. 培育良好的行为习惯

思想是行动的指南。一位哲人说过："人的思想是万物之因。播种一种观念就收获一种行为，播种一种行为就收获一种习惯，播种一种习惯会收获一种性格，播种一种性格就收获一种命运。"以文化人，精神的力量"润物细无声"。

法国学者培根曾经说过："习惯是人生的主宰，人们应该追求好习惯。"著名的教育家叶圣陶说过:"什么是教育?简单一句话,就是养成良好的习惯。"犯罪多是因为习惯性的错误思维方式或错误行为习惯导致,对罪犯进行教育活动,通过文化的浸润,培育良好的行为习惯是适应社会生活的重要方面。

习惯可以称作是"自动化"的行为方式,这种方式可以通过在一定时间内重复性体验中循序渐进地养成,它与人后天条件反射系统的建立有密切关系。就像是不文明的游客看见枝头的鲜花顺手就摘下来一样,监狱的工作则是切断"看见鲜花"与"摘下来"之间的反射联系,引导罪犯形成新的思维和行为的联系,即在看见鲜花后先想到法律规定,然后再思考正确的文明行为。

思考题

1. 社会主义思想对监狱文化发展有什么影响?
2. 如何理解监狱行为体现法治文化?

第二节 监狱文化建设的作用

一、监狱文化与服刑改造

(一)监狱文化有利于建设公平秩序

1. 监狱文化倡导科学行刑理念

近代以来,行刑理念不断发展进步,在社会学、人类学、心理学等学科研究的影响下,逐步从重惩罚性发展到重教育性,认为行刑的目的是对罪犯继续教育和感化、矫正罪犯的价值观念和行为方式,使罪犯的思想和行为符合社会主流价值观念,从而预防再次犯罪。这也就是我们常说的将"刑期变学习""做合格社会公民"。

科学行刑价值理念中,行刑人道化是一块文明的基石。

将罪犯作为人对待、享有权利、得到尊重是行刑人道化的重要内容。"刑罚的目的既不是要摧残折磨一个感知者,也不是要消除已犯下的罪行"。在刑罚执行中,自由刑虽然剥夺了受刑人的人身自由,但是受刑人的生命、财产、身体以及名誉等基本人权,同普通人一样得到尊重。在这一理念指导下,形成了累进处遇制,促进了矫正措施的多样化。

科学行刑价值理念中,行刑科学化和专业化是现代化行刑的基础和支撑。

随着科学的快速发展,自然科学、社会科学研究成果向人类生活的各个领域不断渗透。用于采集证据和维护安全的高科技应用、帮助矫正不良思维方式和重建人际交往能力的心理技术、有效提高生产管理和产量的企业管理新理论等研究成果和成熟技术、理念被不断引入监狱领域,形成新时代的监狱文化。监狱的行刑更加科学化,客观上也使监狱的矫正工作更加精细化和专业化,更多医学、心理学、社会学等专门人才参与到监狱行业中,更多的社会学科更加关注监狱管理和监狱文化,真正发挥新型矫正手段的价值和作用。

科学行刑价值理念中,行刑社会化是行刑价值的最终指向。

监狱执行刑罚的最终目的是使罪犯顺利回归社会,成为对社会有用、对人民有益的合格公民。合格公民是一个生活在社会上的人,是遵从公共秩序要求的

犯罪　　改造　　回归社会

人,是能够与大多数人和谐相处的人。一个人违法进入监狱,就是在某一方面难以达到社会的要求,服刑的时间是有限的,刑满释放回归社会后,如果不能适应社会要求还会游离于社会之外,还会为社会带来危险隐患。因此,通过改造,使罪犯摒弃与社会不相适应的思想和行为,使其适应社会的各项要求,会让罪犯刑满后顺利回归社会,这就是现代社会监狱刑罚执行的最终意义所在。在监狱执行自由刑期间,用社会上的教育资源来弥补监狱教育资源的缺乏,以整个社会的力量完成对罪犯的矫治过程,并且

让罪犯再次融入社会的过程中给其帮扶和后续教育，最终使罪犯顺利融入社会。

2. 监狱文化体现法治进步要求

"全面推进科学立法、严格执法、公正司法、全民守法、坚持依法治国、依法执政、依法行政共同推进"，是我国不断开创依法治国新局面，实现依法治国基本方略的要求。作为惩罚和改造罪犯的国家机关，监狱是国家维持国家秩序的管理机器，也是维护法律执行到位的最终执法场地，监狱执法工作也是依法治国的重要部分，体现出法律的尊严。

维护法律的尊严体现法治进步要求，反映在监狱文化的方方面面。其中最主要的是监狱的制度规范化建设，体现着法治进步要求。法律是治国之重器，法治是国家治理体系和治理能力的重要依托。监狱法规的制定始终坚持维护国家的稳定和长治久安为准则，以国家法律为准则，对每名罪犯的服刑居住面积、活动空间、每日饮食保障、被服配发等制定明确标准；同时，坚持实事求是的原则，一切从实际出发，合理安排劳动、学习时间和内容，既维护法律的尊严，又体现社会主义教化育人的目的。新时期监狱法治全面要求实施惩戒和教育两条腿走路，形成有社会主义特色的监狱法治建设，并不断完善。

监狱文化还有社会开放性的方面，监狱工作的社会化进程是体现社会进步、依法治国的重要体现。随着监狱工作理论研究和实践探索的不断发展，近年来，将罪犯作为社会人进行社会回归适应性的帮扶联系系统正在不断形成和完善。有效保证罪犯受教育权，积极推进罪犯思想、文化、职业技术教育，深入推进恢复性行刑，从司法局、司法所及相关部门入监进行社会知识授课和法律援助进监狱，到阳光中途之家对释放人员的临时性安置帮扶，到临释前社保政策讲解和低保申请工作的超前衔接，以及社区街道村委会的推荐就业等，利于罪犯刑满释放后回归社会，确保再犯罪率的降低，都是在整体国家安全观视野下对社会整体法治进步的加强。

3. 监狱文化强化公平秩序行为

法律的尊严只是靠说是不行的，得有一定的约束和公平公正的执行力才能让法律得到保障。法治的生活方式，要求法律必须切实可行并且得到普遍遵守。在监狱普法过程中纠正了罪犯错误的法治思想观念，在监狱法制文化建设中体现了维护社会治安的功能,监狱执法过程也发挥着有效改造服刑人员的作用。

监狱文化在践行方面体现出强化公平秩序行为的特点。统一时间、统一地点、统一内容的作息安排,标准内务、标准定置、标准坐立行走的日常规范,让罪犯打下遵规守纪的良好行为习惯,而这正是与社会法治生活要求相一致的自我约束力的培养内容。有问题找警官、做事情看规范则是在强化运用法治思维顺利生活和解决矛盾争端,以及进行价值评判和提升思想交流的能力。

监狱文化强化公平秩序,还体现在监督层面。一方面防止民警的违规操作和强化民警的公正执法,另一方面也要防止对服刑人员卖人情,收受贿赂,妨碍监狱管理的公平、公正。要从法律的层面保障服刑人员的自我申诉、辩护、检举揭发、通信、娱乐、锻炼、休息、自我立功的机会。也要加强监狱的纪律约束,防止服刑人员在小范围内形成帮派,殴打弱小,欺负刚来的服刑人员,加强监狱法制建设。[1]

(二) 监狱文化倡导积极健康精神

近年来,监狱基础文化设施状况得到了较大改善,民警、罪犯文化生活进一步丰富,监狱理论调研、群众性文体活动、文化宣传工作等取得了良好的成果,促进了监狱职能的发挥。构建和谐社会,维护监狱的安全和社会的稳定,这是监狱文化建设的最高目标和价值追求。

在监狱总体文化建设理念的指引下,监区文化与警察文化共建共促,在具体实践中构建了以生态文化、制作文化、农疗文化、传统道德文化、文体艺术等多种文化样式系列的康复

―――――――

[1] 选自《新时期如何做好监狱法制建设》。

型监区文化体系,以及集核心价值文化、廉政文化、制度和管理文化、团队文化、警察工余文化、社团文化于一体的监狱人民警察文化体系,二者共同打造形成监狱特色文化品牌,取得了较好的实践效果。

● 延伸阅读

北京市延庆监狱共同愿景[1]

北京市延庆监狱多年来紧密结合自身关押老病残犯的工作特点,把监狱文化建设与监狱整体建设目标融于一体,遵循"整体规划,分项实施,逐步完善"的原则,力争多方开源,坚持引领传承,推动文化创新,不断在文化建设方面进行积极有益的尝试。

延庆监狱所在的北京市延庆县地区,自古以来就积淀了较为丰厚的文化底蕴,不仅有众多的乡土诗人、画家,更有八达岭长城、古崖居等名胜古迹散发出浓厚的文化气息。在这样一种良好氛围的熏陶孕育下,延庆监狱也形成了一种崇尚文化的传统。早已在北京监狱系统罪犯中广为传唱的改造歌曲《喊起一二一》,其词作者就是延庆监狱的监狱人民警察,曲作者是延庆监狱罪犯。这样的文化积淀是一笔宝贵的资源。监狱结合地处北京市生态涵养区的区位与资源优势,提出建设生态特色监狱的目标,在基础建设中注入了绿色、节能、环保等元素,同时,推行"走出监舍、感受阳光、健康改造"的改造工作理念,并在硬件建设、环境建设、氛围营造及理念创新等方面不断完善提高。

正是在这样的传承与发展的背景下,监狱党委总结特色监狱文化精髓,提炼出一套能够反映延庆监狱管理特点、民警精神风貌及监狱发展方向的文化成果。形成了"忠诚奉献、科学矫正、厚德勤勉、创新笃行"的"延监精神","康体、立德、正心"的监狱狱训,"愿每一个延监人都成为社会的和谐因素"的共景,以及成为延庆监狱整体形象代言的狱徽。

"监狱共同愿景"是整个文化体系的核心,是监狱全体监狱人民警察

---

[1] 参见法治网。

及全体罪犯所共同向往的前景，是能够被全体监狱人民警察和罪犯所接受和认同的，并为之努力奋斗的共有目标。在"监狱共同愿景"的提纲挈领下，"延监精神"代表了延庆监狱人民警察的精神特征和核心价值。"狱训"指引罪犯的教育改造，激励罪犯将改造行为由被动转化为主动。狱徽由一个红白相间的圆和一条蓝色的丝带组成，整体造型是变形的字母"Y"和"Q"，是"延庆"的首写字母。圆形象征朝阳，引申为监狱机关"阳光下执法"；圆形内部的"Y"似一个单脚站立、拥抱太阳的人，象征老病残罪犯对光明的向往、对新生的渴望；蓝色丝带象征监狱引入社会力量，共同帮扶教育，给予罪犯关怀和新生的希望；整体体现了延庆监狱的行业特点、押犯特色、地域特征，以及向上升腾的动感和积极进取的价值取向。

1. 生态文化——让罪犯情绪乐起来

这里所说的生态文化不仅指自然生态环境，还包括文化生态环境。

在监狱环境中，罪犯的心理情绪压力凸显，并且会随着服刑时间的增加和改造政策的改变，以及个人、家庭的变故而发生变化，对于特殊的罪犯群体还要有特殊的情绪调整方法和心理缓释空间。

监狱所位于的区域一般都会远离喧闹的市区，周围环境较为清幽，清风送爽、鸟语花香的环境有利于放松身心。依托得天独厚的地理优势和生态优势，监狱可以规划建立适应不同罪犯身体状况和心理需求的监区，特别是老年犯、重病残犯、精神病犯和轻病犯特殊监区。用宁静舒适、自然温馨的原生态空间为老病残犯走出监舍、亲近自然、平和心态、恢复健康，提供良好的环境条件。

亲切的语句和鼓励的话语是前行的动力。在监舍楼四周、通道内张贴名言警句、自然诗句的卡片，包含着文化色彩的标识，营造出浓厚的文化生态氛围。罪犯可以在这里，把健康改造、耕种喂养、文化学习融为一体，形成独特的生态文化园地，在轻松的意境中开展心理疏导事半功倍，对于改善罪犯的心理、激发他们积极主动的生活乐趣、促进健康人格的养成发挥了重要作用。

2. 制作文化——让罪犯头脑动起来

用双手装饰自己的家，用双手改善生活的环境，是一件幸福而美好的事情。让罪犯的头脑动起来，根据监区的特点思考营造什么样的监区环境；让罪犯的眼睛动起来，寻找美的灵感；让罪犯的手动起来，利用手中的笔书写，用手中的颜料绘制，用手中的乐器演奏，用手中的材料制作……"一狱一品""一区一品""一舍一品"是监狱文化建设的目标，组织罪犯自创区歌、区徽，结合押犯特点营造各具特色的监区环境氛围，可以最大限度地调动罪犯的积极性和创造性。

收获带来美的体验和幸福的感情。在实践中，职务犯分监区，活动室内开辟"党旗下的忏悔"专栏，让这类罪犯在悔过自新的同时，感恩祖国、感恩党；老年罪犯分监区大厅及通道内挂满了写着"老骥伏枥、老有所为、老有所养、老有所学"的字画；病残犯分监区的多宝阁上展示着形态各异、制作精美的葫芦手工艺品；精神病犯分监区针对不同病症的病犯，用色彩和绘画把监舍、通道及卫生间等生活空间描绘一新，并充分挖掘折纸艺术对精神疾患罪犯的积极作用，营造积极向上、良性互动的改造氛围。

在制作的过程中，还能够提高罪犯的劳动技能。例如，将"非遗"文化和教育改造工作有机结合起来，开展"非遗项目进监狱"活动，组织编结、核雕、脸谱、面人、葫芦工艺等非物质文化遗产项目的学习培训。罪犯自己创意、制作的工艺品已经多次走出监狱走向社会，先后参加"玩博会""文博会"和世界葡萄大会，既传承了文明，又有助罪犯习得一技之长，为他们顺利回归和融入社会提供了重要保障。

3. 农疗文化——让罪犯身体强起来

罪犯除了日常出工，平时多数时间都待在监舍内，活动量非常有限，既不利于身体健康，也容易产生郁闷、烦躁等心理问题。建设"农疗基地"不仅可以按照季节的变换进行力所能及的区域种植，还能在农田里开展以调节身心健康、学习劳动技能为目的的各种习艺性活动。

在万物复苏的春季，组织罪犯到习艺劳动园区进行花树认养活动，在空地上除草、松土、培梗，并播下花生、红薯的种子，栽上草莓的幼苗，借用大自然蓬勃盎然的力量，促进他们的身心康复；通过定期浇水、剪枝、除虫等日常养护，用劳动的汗水洗涤心灵，掌握新技能。在感怀多思的秋季，组织罪犯到农疗基地亲自采摘自己的劳动成果，亲身体验劳动之后的收获乐趣。简单的农垦劳动和田地整理，促进了罪犯身体机能的锻炼，他们在劳动中强健体魄，改变心境，实现身心健康。

4. 传统文化——让罪犯心灵净起来

优秀的传统文化是中华民族几千年来的精神引领和行动指南，是社会主义先进文化的源头。今天，我们积极尝试将现代教育手段与传统文化内容相结合，通过对中华传统文化的学习、宣传和教育，帮助罪犯提升素质、净化心灵。

首先，注重内容的选择，将那些中华传统文化的精华作为对服刑人员教育的材料，同时又要符合服刑人员的改造和求知的需求。其次，监狱积极探索适合老病残犯的教育形式，如相声、小品、快板及情景剧等艺术形式，让服刑人员在娱乐中学习传统文化知识。同时，通过各种手段营造传统文化氛围，如选取《弟子规》的内容做成灯杆标展示，利用传统节日、纪念日学习传统风俗知识，举办各类专题实践活动，达到"知行合一"的教育目的。

传统文化与心理技术的结合也是促进罪犯自省、感悟新生的新的方式。罪犯由于过多的感性思维，在社会化过程中出现了不同程度的问题，把自己的想法附加在他人意识之上，与父母、手足、周围人，甚至自己产生了隔阂。传统文化与心理技术相结合，在审视自己内心的过程中，对人生经历的重要关系进行系统的回忆和反思，唤起深藏心中的"省"与"悟"，唤醒他们理性的思索，重拾正确价值观，重塑人际关系互动模式，从而得到心灵的净化。

5. 文体活动——让罪犯从低落中走出来

健康的文体活动能够充实罪犯改造生活，激发兴趣爱好之长能够振奋精神。从公民到罪犯的身份转变会产生巨大的心理落差，极易造成精神不振和堕落颓废。在监狱组织文体活动，成立阅读、体育、音乐及美术活动小组，积极发挥文艺活动对罪犯的教育作用，运用书法、绘画、唱歌、棋牌等各种兴趣小组，有组织、有计划地激发他们的兴趣爱好，建立新的生活信心，焕发新生精神风貌。

文体活动以喜闻乐见的形式宣传政策、用身边事启发思考、引导积极健康风尚。其中，以反映服刑人员教育改造为主要内容的狱内报纸和文化刊物，是服刑人员学习、交流的重要途径；监狱创办广播站和电视台，每天在固定时间播放红色经典诵读、爱国主义歌曲，强化对服刑人员的政治改造，对伟大祖国的认同；定期组织各监区书画、手工作品比赛、红五月歌咏比赛等多种形式的文体比赛活动，用鲜活立体的方式让服刑人员主动参与、接受教育、愉悦身心。

(三) 监狱文化丰富服刑改造生活

1. 监狱文化形式丰富多样

监狱文化内容丰富多彩，有物质的，也有精神的，科学文化和文学艺术等则能极大地丰富监狱罪犯的精神生活。通过图书阅读、讲座交流、文艺活动、歌唱比赛、体育比赛等多种方式，形成积极向上的气氛；通过布置监舍、布置活动大厅、布置整个监狱环境，改善生活的条件；通过研究生产技术、学习新的生产管理理念措施，提高劳动产量和质量水平。

2. 监狱文化丰富服刑生活

自由刑以付出自由为代价，在监狱中接受强制学习、劳动。监狱文化活动的成果，起到了丰富服刑生活的功能作用。在监狱可以阅读传统经典也可以学习法律制度，可以学习书法国画也可以练习琴艺棋艺，可以诵读经典也可以唱响红歌，可以在辩论赛场侃侃而谈也可以在演讲现场引经据典……在学习和劳动之余，生活不再枯燥无趣，刑期真正成为学期，在文化的浸润下服刑也变得多彩。

二、 监狱文化促进监狱自身发展

(一) 监狱文化为监狱的可持续发展提供了精神动力和文化支持

监狱文化是沉淀在监狱民警和罪犯内心的思想观念、价值取向，融入美丑等心理意识，对其思想观念、价值追求、行为方式有重要的导向作用。先进的监狱文化,为每名监狱民警及罪犯提供了正确的价值取向和行为规范,具有潜移默化的约束作用。自觉内省的力量,比成文的制度更有效。文化的吸引力、感召力和凝聚力是巨大的,为了顺利回归社会幸福生活的共同愿景增强归属感和认同感,为监狱工作的开展提供强大的精神动力和文化支持。

例如监狱开放日活动,让市民亲身感受监狱的执法、管理以及服刑人员的生活状况,为进一步推进监狱工作法制化、科学化、社会化建设,深化狱务公开,加强监狱与社会的沟通,让监狱走向社会,让社会了解监狱提供了窗口和平台,进一步促进监狱文明管理、公正执法,将监狱文化建设成果进行展示,推进监狱工作的可持续发展。

1. 监狱文化具有教育导向功能

"人的社会化及意识的建构主要是在文化环境中发生的,或者说主要是主体的人与文化世界交互作用的结果。"文化就像一片土壤,每一个生活在其环境中的人都能从中汲取营养,不断成长。监狱文化越完善,对监狱人民警察和服刑人员的教育导向功能就越强大。监狱人民警察工作生活在监狱特定的环境和氛围中,这一特殊的环境有特殊的流程、规则和规范,通过监狱的各项培训、学习和耳濡目染,引导监狱人民警察逐渐把这些制度和规则融入到自己工作、生活的方方面面,并在这个集体中不断成长,成为清正廉洁及作风过硬的人民警察。

监狱文化的教育导向功能,还体现在监狱用先进的政治理论、优秀传统文化、道德教育、法律知识普及和心理健康教育,纠正罪犯错误的价值观念和道德观念,帮助他们认识到自身的罪错,促使他们幡然醒悟、痛改前非;通过丰富多彩的文化活动,在轻松愉快的氛围中,让罪犯在不知不觉之间敞开心扉、受到感染。优美的音乐、感人的文字、引人入胜的图片,都能把人们引导到高尚的思想境界,使人们弃恶扬善、振奋精神、陶冶情操;鼓励罪犯发掘改造生活的美好和亮点,愉悦身心,增强集体意识和团队精神,传播正能量。

2. 监狱文化具有凝心聚力功能

监狱文化通过多种多样的活动形式和方式，促进监狱工作与罪犯改造形成共同的价值观念和共同的目标追求，具有高度的同化和净化作用，能够产生强大的凝聚力。在教育改造罪犯的工作中，监狱人民警察是法律知识的传播者、智慧的启迪者、守法的示范者和心灵的陶冶者，以自己的人格魅力去影响罪犯，用自己的精神气质去感染罪犯，帮助他们走上改过自新的道路。

在这个过程中，罪犯从监狱民警的言传身教中，纠正自身错误的价值评判标准，感受到党和人民对他们的教育和挽救，感受到社会对他们的关爱和期待，进而从内心拥护党和国家的改造政策，珍惜机会，认罪悔罪，改过向善。文化活动激发服刑人员的集体荣誉感和团队精神，使服刑人员更好地融入到改造集体生活中，在集体中感受到温暖和认同，从而纠正错误的认知和是非观念，获得良好的教育改造效果。

3. 监狱文化具有疏导沟通功能

文化的力量可以渗透到各个角落和层面，文化可以提高人们的修养，增进交流沟通，消除误解，淡化分歧。

罪犯在监狱被监禁几年，甚至十几年，难免会产生压抑、极端和仇视等畸形心理，甚至形成所谓的"监狱人格"。这些负面情绪和倾向如果得不到有效疏导，会阻碍他们顺利改造，甚至在刑满释放以后，难以适应社会生活，容易再次犯罪，对社会的危害性难以消除。监狱文化对服刑人员能够起到"调节器"或"减压阀"的作用，在严肃沉闷的改造生活中增加活力，消除负面情绪，缓解压力，放松心情，帮助服刑人员培养和建立健康良好的人际关系，摆脱忧愁和烦恼。

4. 监狱文化具有社会辐射影响功能

监狱文化不仅对在监狱生活、工作的民警、服刑人员的思想和行为具有影响作用，同时对全社会也具有辐射影响功能。监狱在社会上具有特殊的作用，即监狱作为象征"禁止"的图腾功能。监狱文化引导监狱刑罚执行的公平正义、惩恶扬善，彰显监狱预防犯罪、崇法示范的功能。

（二）推进监狱文化建设与时俱进

随着时代发展，罪犯改造需求不断变化，传统的监狱文化已经不能完全适应现代化文明监狱的需要。作为特定的一种文化，监狱文化建设是一个由表及里、由浅入深的过程，展现中国监狱制度的风貌和时代特色，塑造罪犯健康心理和培养良好改造风尚。今天，优秀的中华民族文化传统和社会主义先进文化渗透于改造工作及活动之中，引领着监狱文化建设的新方向。与时俱进，加强依法治监的规范性，拓展罪犯的生理、心理空间，大力推进监狱文化建设，是司法行刑发展的趋势，也是监狱工作不断发展的必然要求。

一个优秀的监狱文化，是任务明确的。当今时代，监狱文化的中心任务就是要以推进依法治国为中心，以服务于监狱发展为己任，以维护监狱稳定发展为出发点，不断提升监狱文化影响力，构建出符合监狱长远发展的新型治监理念，持续地推进。

一个优秀的监狱文化，是多元、包容的。监狱文化建设发展元素多维化，表现形式多样化，实施手段多重化，是丰富多彩的基础，也是创新发展的前提。同时兼容并蓄了大众文化、民族风俗文化、人文地域文化、传统文化以及外国文化等对监狱工作产生正向积极影响作用的文化，促进自身发展，然后融合到社会文化中，凸显自身特色和影响力。

一个优秀的监狱文化，具有强大的生命力。

文化塑造着形象，是一种具有品牌效应的无形资产，具有强大的生命力和扩张力。良好的文化虽然不能直接创造经济效益，但能通过人的管理，塑造良好的形象，影响法治进程和执法水准，是一种作用巨大潜力无穷的文化生产力。好的文化氛围建立起来，它所带来的群体的智慧合力，通过协作，产生新鲜的活力，为新的形象建树创造先决条件，为创新和发展提供源源不断的精神动力。

三、监狱文化建设必须与社会发展相适应

（一）把握监狱文化建设的时代要求

1. 加强监狱文化建设是社会主义先进文化建设的内容之一

监狱文化引导罪犯自省罪错，悔悟给社会、家庭、被害人带来的危害，在传统文化、革命文化、社会主义先进文化的教育过程中树立信仰，在文化学习、技能培训中树立信心，在文化品牌活动的参与中不断提高人的精神境界。监狱文化建设发挥文化的辐射作用，用社会主义先进文化置换罪犯头脑中的拜金主义、享乐主义，同时也作为社会主义先进文化建设的实践，丰富了社会主义先进文化的内容。

其中最具代表性的是，在20世纪80年代中后期，监狱文化的社会实践取得很大效果，监狱文化在改造工作中的巨大感染力、凝聚力和影响力，引起广泛共鸣，激发强大的正能量，不仅带动了监狱罪犯的改造热情，也在社会上发挥了积极效果。其中最直观的是许多监狱组织了罪犯文艺表演队，在全国各个监狱巡演，罪犯在演出中表达真诚的认罪悔罪，通过自己作词作曲的歌舞形式展现在希望中改造的积极精神面貌。许多在服刑过程中写作的、表现忏悔和自新题材的歌曲曾被广泛传唱，一些以监狱为题材的影视剧在社会上产生巨大影响。监狱文化的迅猛发展，在中国整个文化发展史上留下浓墨重彩的一笔。

2. 把握监狱文化继承和创新的关系

创新是民族发展的灵魂，在监狱文化建设的过程中必须要不断进行创新，必须树立创新思维，增强时代意识，不断吸收先进文化的精华，融会贯通，敢想敢做，提出有创意的新措施。

从过去到现在，监狱文化保持有延续性。监狱文化建设顺延着时代发展和法治进程，在不同历史时期、历史发展的不同阶段、不同的历史任务，监狱文化建设伴随着国家刑罚思想和制度的演变而演变。每一次飞跃都反映了监狱工作实践的不断提升，监狱文化建设贯穿其中；每一次飞跃都反映了治监思想重新定位和思考，体现在监狱文化上，就是监狱文明的发展进步。在现阶段，监狱文化建设要坚持社会主义法治理念，把"五个认同、五个树立"落实到监狱文化建设的各个方面、各个环节，建设新时代具有中国特色的现代监狱文化理念。

大力弘扬精品文化，持续开展抓特色、创品牌活动。精品是文化的内涵和气质，没有精品文化就形成不了文化精品体系。文化的厚度有赖于精品佳作的叠加与积累，一部有影响力的监狱题材电视剧，一场展现监狱工作风貌的舞台演出，一个具有时代特征的案例警示……在监狱文化建设中，精品文化带来的是惊喜，是兴奋，更是希望！无时无刻不在凸显文化软实力。文化品牌上，不断地累积和丰富，就是自然形成品牌文化；再通过深入实践，赋予品牌深刻而丰富的职业文化内涵，赋予人文因素，建立鲜明的品牌定位、品牌导向，并充分利用各种强有效的内外载体，持续宣介和传播；最终形成对监狱文化建设品牌的认可，即精神上的高度认同感，行为上的高度效仿，理念上的高度信仰，形成强烈的品牌忠诚和维护。

3. 重视监狱文化建设的战略设计

事预则立，不预则废。监狱文化建设首先必须以全局视野和前瞻眼光确定正确的目标和方向。一方面要使监狱文化与国家政治方向、积极的道德取向和健康的文化导向相一致；另一方面，为充分发挥监狱文化的影响力和作用力，必须注重监狱文化建设的系统性，用先进的文化做引领，对各种优秀文化元素兼收并蓄，将零散的工作、活动规划为一个多层次、多形式的整体，尤其要注意狱政、教育和劳动等各个管理部门工作的协调统一，并不断在工作中改革创新。

（二）借助社会资源更新监狱文化建设内容

监狱惩罚与改造罪犯的最终目的和价值追求是罪犯顺利回归和适应社会，减少犯罪和再犯罪，这与罪犯的改造目标和追求是一致的。监狱发展不能与社会发展脱节，罪犯的改造要与时代同步。为此，监狱要畅通与社会沟通的渠道，借助社会资源和力量不断更新监狱文化建设的内容和形式，利用各种载体大力弘扬健康向上、生动活泼的新时代社会主义先进文化，创造性开展与社会发展相适应的、符合现阶段罪犯文化需求和心理发展需求的文化活动，提高罪犯参与的积极性，营造良好氛围。

借助社会资源更新监狱文化建设内容，从发展角度，为监狱管理实践者提供一种新视角，突破固封、拓展思维；从工作角度，为监狱职能更好地发挥提供新途径；从健全角度，加大内外交流，拓展视野；吸收和借鉴各地各领域的优秀文化，打造全新的平台。

● 延伸阅读

北京市未成年犯管教所举办开放日活动[1]

2019年3月1日，北京市监狱管理局在北京市未成年犯管教所举办"提升改造成果 展示监狱风貌"的监狱开放日活动。

全国"两会"即将在北京召开，为进一步增进人大代表、政协委员和社会各界对新时代监狱工作的了解，北京市监狱管理局1日在北京市未成年犯管教所举办"提升改造成果 展示监狱风貌"的监狱开放日活动，接受人大代表、政协委员及社会公众的参观和监督。人大代表、政协委员、监狱特邀执法监督员、社会各界来宾、监狱民警、罪犯家属代表百余人走进监狱。

活动中，来宾一同观看首都监狱教育改造工作介绍片以及服刑人员自编自演的文艺节目。工作介绍片全面展示和宣传首都监狱系统践行改造宗旨、推进"一四五四"北京行动纲领的实践成果，展示了首都监狱人民警察确保社会大局稳定、促进社会公平正义、保障人民安居乐业的信心与担当。

相关负责人表示，此次开放日活动，是司法部党组提高政治站位，牢牢把握时代定位和职责使命、坚守安全底线、践行改造宗旨，统筹推进以政治改造为统

---

[1] "北京未成年犯管教所开放日：零距离感受高墙生活"，载《法制日报》2019年3月1日。

领的"五大改造"工作要求,推动新时代监狱工作新发展的一项重要举措。全国"两会"即将召开,北京市监狱管理局深刻认识到当前的重要形势,牢牢把握关键节点重要工作,切实担负起维护首都安全稳定的政治责任,以首善标准确保监管场所的持续安全稳定,为全国"两会"在北京胜利召开营造良好的社会环境。

人大代表、政协委员、监狱特邀执法监督员和社会各界对首都监狱机关取得的罪犯改造成果、首都监狱人民警察良好的精神风貌以及狱内健康向上的文化氛围给予高度评价,对强化罪犯"五大改造"、临释人员帮教衔接等工作提出宝贵建议,并表示今后一定会继续关心支持监狱工作,进一步宣传发动社会各方面参与到教育改造罪犯的社会工程之中,为预防和减少犯罪做出应有的努力。此外,通过座谈、帮教等形式,还广泛征求特邀执法监督员、社会各界、罪犯家属对监狱工作的意见和建议。

思考题

1. 监狱怎样倡导积极健康精神?
2. 如何把握监狱文化建设的时代要求?

第三节 特色监狱文化构建

推进监狱文化建设,必须以建设社会主义核心价值体系为根本,用中国特色社会主义共同理想凝聚力量,用以爱国主义为核心的民族精神和以改革创新为核心的时代精神鼓舞斗志,用社会主义荣辱观引领风尚。监狱文化建设,必须在宽广的时代背景下来思考、定位和谋划。我们既要注意从传统文化中吸取丰富的营养,更要清晰地把握时代脉搏,紧跟时代先进文化主流进入新世纪、新阶段,使之与当代社会相适应,与现代文明相协调。

一、监狱文化建设新标准和要求

2018年全国监狱安全工作会议提出了监狱改造工作面临的主要矛盾是

什么的问题,着眼于解决当前监狱工作中存在的突出问题,提出了"坚守安全底线,践行改造宗旨"的工作思路,并明确要以政治改造为统领,统筹推进政治改造、监管改造、教育改造、文化改造、劳动改造"五大改造"。

"五大改造"工作是一个系统工程,涉及政治、监管、教育、文化、劳动等方方面面,各大改造既独立存在、各有侧重,又相互依存、彼此支撑,形成一个全方位、多层次、立体化的有机整体。监狱文化的构建也将以此为基础展开。

(一)强化政治引领

坚持以政治改造为统领,就是着力将罪犯改造成为拥护党、爱祖国、爱社会的守法公民。

坚持政治改造的统领地位,始终把政治改造贯穿于监管改造、教育改造、文化改造、劳动改造工作各领域,贯穿于罪犯服刑改造全过程,并作为检验改造效果的首要指标。以提高政治觉悟、强化政治立场、坚定政治信仰为原则,通过理论学习、专题辅导、科普展示、分享成果等形式,着力将罪犯改造成为拥护党、爱祖国、爱社会的守法公民。

(二)夯实安全基础

强化监管改造的基础作用,着力将罪犯改造成为知敬畏、遵法纪、守规矩的守法公民。

坚持监管改造的基础性地位,坚守安全底线。通过依法严格管理,加大规训力度,约束罪犯言行,促进行为养成,矫正罪犯恶习,充分体现监狱的惩罚功能,着力将罪犯改造成为知敬畏、遵法纪、守规矩的守法公民。

(三)加强思想革新

发挥教育改造攻心治本,着力将罪犯改造成为知悔悟、有知识、重修养的守法公民。

坚持教育改造科学化、专业化、社会化方向,充分发挥教育改造攻心治本作用,稳步推进教育改造工作"八大工程"(法德正行、改造项目、心灵重塑、文化育人、社会协同、拥抱回归、智慧教育、强基固本),促使罪犯洗心革面、脱胎换骨,着力将罪犯改造成为知悔悟、有知识、重修养的守法公民。

(四) 深化以文化人

拓展文化改造净魂功能，着力将罪犯改造成为知廉耻、明是非、能自律的守法公民。

坚持以文化人、以文塑人、以文育人，以大力弘扬新时代中国特色社会主义先进文化为核心，宣传积极改造的文化主基调，充分发挥文化改造规范、自律、熏陶、导向的积极作用，积聚改造正能量，努力将罪犯改造成为知廉耻、明是非、能自律的守法公民。

(五) 提升劳动素养

促进劳动改造功能回归，着力将罪犯改造成为爱劳动、肯吃苦、有技能的守法公民。

坚持"社会效益与经济效益相统一，以社会效益为先"的原则，矫正罪犯好逸恶劳的恶习、

提升罪犯劳动素养。积极探索劳动改造罪犯的有效方法和形式，培养正确劳动观念、良好劳动习惯、过硬劳动技能，促进罪犯刑满释放后顺利回归社会就业，着力将罪犯改造成为爱劳动、肯吃苦、有技能的守法公民。

二、 外部环境营造氛围

监狱是罪犯再生之地、新生"摇篮"。在监狱文化建设的总体框架下，以培育罪犯健康人格、向社会输出合格产品为根本目标，加强顶层设计，充分发挥"文化育人、润物无声"在熏陶人塑造人方面独特而深远的作用，将系统性、规范性的监区文化建设纳入发展规划，融入制度管理，努力让"每一面墙壁会说话、每一个角落能育人"并通过争创监区文化建设示范单位进一步深化监区文化建设，使罪犯时刻感受美育与道德的熏陶、遵规与守纪的警醒。

（一）建立监狱教育广场

近年来，广场在其便于人们活动的空间概念上，更增添了文化宣教的功能和作用。广场的文化性质体现在两方面，一方面是指广场建筑本身所蕴含的文化，如具有浓郁的地域特点和文化品位的广场建筑、雕塑以及相关配套设施；另一方面则是指在广场上开展的文艺活动中所体现出的文化。充分发挥广场文化的各项功能，对于提高监狱文化建设质量、提高罪犯文化建设参与度具有重要意义。

1. 广场是集中教育的场所

虽然各监狱修建的广场规模不等、风格各异，但大多都体现出了开阔、包容的特点。同时，在广场周围都会设置雕塑、宣传栏等教育设施，使文化广场成为传播先进文化的大课堂。

雕塑表达文化理念。监狱设置的雕塑具有鲜明的主题性，是对监狱特定地点、环境以及改造罪犯理念的说明。雕塑与这些环境有机地结合起来，使观众明显地感到这一环境的特性，点明监狱教育改造罪犯新生的主题，揭示了通过监狱改造，罪犯回归社会重获幸福生活的共同愿景。

宣传栏进行政策宣讲。监狱以塑造守法公民为内核，围绕"一狱一品""一区一品""一舍一品"开展监区文化长廊建设，以法治文化引领罪犯健康改造，定期刊登国家的大政方针、时事政策，以及结合罪犯特点和教育要点进行的专题教育内容，呈现监狱改造工作理念、内容和效果。

广场不仅仅是一个大型聚会活动之地，更是一个良好的大规模的宣传教育课堂。每当传统节日或重要的纪念日，如"国庆""元旦"等，组织、举办各类的专场主题展览和专题活动，融爱国主义、集体主义、社会主义、民主法治教育为一体，引导罪犯接受教育、陶冶情操、净化灵魂。

2. 广场是集中活动和展示的场所

监狱文化广场是调节罪犯文化生活的重要场所，也是监狱生态环境建设的重要组成部分。监狱文化广场一般都建在监狱大门入口处，由于广场的空间敞亮、自然环境优美，构成了罪犯改造生活方式的一部分，春夏秋冬，很多重大节庆活动、社会公益活动等都被安排在广场进行。

根据不同的特点和需求，监狱开展形式多样的各类活动，既有健身休闲，又有艺术表演，既有高雅文化，又有大众娱乐，是监狱开展升旗仪式、进行全体罪犯教育大会、组织进行队列比赛、趣味运动会等改造活动的场所，罪犯在活动中得以陶冶情操、净化身心。精彩纷呈的文化娱乐活动，体现了对真善美的追求，对文明、高尚、和谐的追求，陶冶美好情操，使罪犯情绪更加饱满，心情更加开朗，思想更加向上。

监狱广场文化不是简单的"广场+文化"，而是依托广场的特征和广场的功能，通过文化活动，在广场中体现文化、反映文化、创新文化，同时让文化在广场中得到充分的表现，塑造和优化罪犯的群体文化人格。

(二) 建设监狱教育园地

在罪犯入监至出监的改造过程中，有着不同的教育改造需求。还需要在不同的阶段进行针对性教育，明确今后的改造目标和努力方向，实现自我提升。

1. 建立监狱思想文化园地

通过建立监狱思想文化园地，充分展示中华民族从古至今的杰出人物和优秀精神，教育罪犯懂得中华民族传统美德和真正的责任感，激励罪犯在改造生活中不断正视自我，明确自我在家庭、社会中的角色、身份和责任，树立正确的三观，为认罪悔罪、积极改造注入正能量。

2. 建立监狱回归教育园地

建立监狱回归教育园地，可以通过在园内廊柱上镌刻期望和寄语，时刻警醒罪犯要戒除内心的不良恶习，回归后做一名知法明德的守法公民；定期组织罪犯开展主题活动，在罪犯放松身心、临释罪犯带着对美好生活的向往和监狱的祝福，奔向新生的同时，为教育改造提供新场所、注入新活力。

3. 建立监狱道德践行园地

"见贤思齐焉，见不贤而内自省也。"监狱通过榜样的力量，规引罪犯的改造方向，告诉罪犯什么是对的，什么是错的；应该做什么，不应该做什么，推动社会主义核心价值观深入罪犯的内心。同时，以榜样带动罪犯践行榜样精神，延续榜样力量。

4. 建立监狱强体健心广场

监狱强体健心广场是罪犯进行各项体育活动的场所。罪犯可以在广场出操、进行队列训练，开展太极拳、太极扇等体育活动，使罪犯不仅要拥

有健康的心灵，也要拥有强健的体魄，达到全面改造罪犯的目的。

5. 建立监狱园艺修心基地

作为监狱对罪犯种植培训的习艺园，通过让罪犯培育绿植、学习园艺等，使罪犯通过自己的双手和汗水换来收获，从中体会劳动的快乐和丰收的喜悦，同时也旨在引导罪犯树立正确的劳动观，杜绝好逸恶劳的恶习，重塑心灵。

(三) 设立特色教育中心

对于罪犯教育改造的重点，监狱要积极营造教育氛围，用多种形式强化教育的效果。

1. 设立"罪犯教育文化中心"

提供场地和配备现代化教学设施利于将传统文化教育贯穿于罪犯的教育改造活动。强化信息化技术在教育中的应用，将文化知识教材、法治教育内容、政治学习资料等以资料库形式进行储存，在文化教育中心集中授课，让监狱教育更加多样化、现代化、智能化。

2. 设立"回归适应体验中心"

主要用于临释罪犯出监前感受现代生活，熟悉生活环境，了解生活内容所用。罪犯可在此处感受微商注册、微信支付等时尚生活，体验并学习一些生活技能。在临释放阶段，参与监狱出监社会生活流程体验，包括到公安局办理户口，到司法局报到社区矫正，到民政局申请低保，到人力资源部门进行就业信息登记等体验。通过流程体验，强化罪犯回归社会后迅速办理重要事务的意识，帮助他们找到方法，熟悉程序。现代化监狱越来越多地运用3D技术，罪犯可以用VR体验的形式立体地感受现代交通等生活场景，拉近与社会生活的距离，迅速找到拥抱生活的感觉，增强回归的自信心。

3. 设立"心理健康指导中心"

一般分为心理督导、心理测评、个体咨询、团体辅导、情绪疏导、音乐治疗、箱庭治疗、心灵港湾等功能室，用于开展心理咨询及心理健康教育等常规工作，同时结合罪犯心理矫治特点，尝试特色心理辅导项目，以帮助其调节情绪，进行自我探索，提升环境适应、人际沟通能力，促进人格健康发展。

心理健康指导中心可以有效拓展罪犯心理健康教育活动的空间与维度，帮助罪犯调节情绪，进行自我探索，提升环境适应、人际沟通能力，促进人格健康发展，使罪犯以积极的心态面对改造，为罪犯顺利回归社会打下良好的心理基础。

4. 设立"职业技术培训中心"

职业技术培训中心应同频社会发展步伐，结合罪犯实际，拓宽思路，提升技术教育与就业创业指导的协同效能。在技术教育方面，聘请专业老师，开设茶艺、烘焙、家政、多媒体制作等实用性强、社会需求量大的技能培训。同时，就业创业指导从技术教育培训内容出发，整合罪犯回归社会的切实需求，在创业评估调研、项目选择洽谈、企业营销管理等八个方面着力，为罪犯适应社会和再就业赋能，为罪犯系好新生回归的第一颗扣子。

(四) 营造立体文化氛围

监狱搭建融各类信息技术和媒介为一体的智慧教育平台，加强对罪犯的引导和教育，不断丰富政策解读、监区新闻、特色活动等内容，增强文化宣传引领，促成服刑者如蓬生麻中产生不扶自直的育人效果。

1. 加强狱内电视台建设

监狱电视台是监狱新闻舆论的重要载体之一，与监狱其他平面报刊等宣传教育媒介一样，对罪犯思想意识和精神生活有着重要的引导作用。监狱电视台宣传党和国家方针政策，用身边人身边事教育引导罪犯积极改造，活跃监区文化，促进罪犯身心健康，在维护监管安全稳定和提高罪犯改造质量方面发挥着重要作用。

2. 加强狱内广播台建设

相较于狱内电视台，广播台的形式更加灵活。通过声音的方式，在改造活动间隙，通过红色经典、改造生活、改造典型、祝福寄语、心灵驿站等多个内容板块，以大家喜闻乐见的方式进行播报，在开展监狱专题教育内容的同时，融入服刑人员普遍关注的热点内容，进一步拓宽狱内宣传和思想教育新渠道，丰富服刑人员的文化生活，在潜移默化中助力服刑人员安心健康地改造，提升教育成效。

3. 完善狱内报纸栏目

监狱报纸作为辅助罪犯改造的一种手段，为罪犯提供了深入了解和理解国家政策、监狱政策的平台，具有其他方式所不可替代的作用。同时，监狱报纸丰富了监狱文化，提供了良好的精神环境，拓宽了精神视野，为罪犯思想沟通提供了交流的渠道，对促进学习、鼓舞信心、加速改造起到不可估量的作用。

4. 鼓励特色区刊的建设

特色区刊是监区文化重要的工作内容之一，也是创新的文化载体。特色区刊要根据监狱实际和押犯特点，展示监区罪犯改造成果，推动监区罪犯改造步伐。充分挖掘自身的文化建设资源，打造贴合监区改造特色的教育理念和文化内涵，在"融入"和"渗透"上用心思、下功夫，形成监区文化品牌。

三、多种形式提高参与度

（一）提炼集体精神符号

1. 监狱的形象树立

监狱的狱标、狱歌是监狱文化的一部分，是集体精神的符号和象征。监狱的狱标、狱歌是监狱管理思想、治监理念、内在精神和外部形象的综合体现，也是监狱工作创造力、竞争力和影响力的重要标志。

2. 监区的准确定位

区标、区训旨在传达良好的监区文化，依托区标、区训，监区引导罪犯找回丧失的文化、填补缺憾的文化、矫正扭曲的文化，实现文化立人、

文化增智、文化导行，这也是"文化育人"工程的用意和初衷。

3. 改造目标的设立

在改造活动中组织罪犯宣读改造誓词、口号，是加强罪犯政治改造的重要内容，是进行爱国主义教育的有效载体，有助于引导罪犯拥护中国共产党的领导，激发罪犯爱国热情，强化罪犯身份意识和遵规守纪意识，促其认罪悔罪、端正改造态度、明确改造方向。

创新文化改造方法，宣扬积极改造文化主基调，组织罪犯提炼创作狱歌、区歌，使狱歌、区歌成为罪犯服刑改造的主旋律；设计区标、区训，以区标、区训为文化标识，展现不同改造功能区的文化特色，打造"理念先进、主题鲜明、标志突出、内涵丰富"的监狱文化标识，在创作的过程中凝聚和传承监狱文化精神。

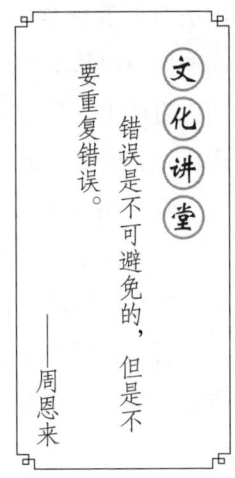

文化讲堂

错误是不可避免的，但是不要重复错误。

——周恩来

（二）创新传统文化形式

1. 丰富传统文化内涵

将传统文化"诗书礼乐"的形式融入罪犯改造生活中，引入书法、绘画、纸艺等艺术改造实践，赋予其新的内涵，传承优秀传统文化精髓。适时开展青春文化节、金秋艺术节、改造歌曲创作大赛等，让监区文化动起来、活起来、亮起来。培养罪犯自信自尊、理性平和的心态。

2. 拓展兴趣小组活动

拓展兴趣小组活动的内容和形式，建立文艺队、民乐队等特色文化团体，以兴趣培养、技能学习为主体，加强传统文化教育，提升罪犯文化素养；创新、排练排演优秀歌舞、舞台剧和改造小品，在节日、重要活动、监区巡演过程中宣传政治改造内容、弘扬改造正能量；通过自身押犯

特点打造监区活动特色,并与政治改造相结合,提升改造效果。

3. 形成大型文化活动运行机制

以艺术节、春节庙会等为载体,谋划设计母亲节、劳动节、中秋节、国庆节等重要节日、纪念日活动,形成大型文化活动运行机制,把文化活动作为一种基本形式,让每个服刑人员都尽可能参与其中,教育罪犯懂义利、明是非、敬法度、讲诚信;弘扬时代先进文化内涵,引导罪犯学习各种现代先进精神文化,用健康向上的先进文化引领罪犯走上积极改造之路。

4. 开展创意文化活动

举办微电影大赛、趣味运动会、读书沙龙、诗词诵读等创意文化活动,改变民警以"灌输"为主的教育模式,以具有感染力、凝聚力的文化活动引领罪犯改造,使罪犯教育更实、更活、更新;组织各监区结合罪犯改造实事编写剧本、歌曲,录制广播节目,强化学习效果。

(三) 深化改造项目应用

持续关注罪犯的心理状况和心理需求,深化改造项目应用。

1. 推开内视观想改造项目

内视观想源于中国传统文化。内观即为"了解自己,凝视内心的自我",促使内观者从"自我为中心"转变到学会换位思考,以感恩的心面对生活。自2012年,北京市监狱成立了第一家狱内"内观中心"。2015年,"内视观想"项目被司法部命名为"中国罪犯矫治关键性技术",并被列为"十三五"重点课题。内视观想改造项目在矫正认知、促进自省、引导向善等方面发挥了积极作用,并不断推动监狱教育改造工作转型升级,提升罪犯改造质量。

2. 推进亲情修复类、社会适应类改造项目

推动建立以社会团体和亲情帮教为主的罪犯社会帮扶制度,充分利用首都资源优势,扩大社会力量参与,以社会和亲情力量感召罪犯重拾改造积极心态,搭建罪犯与社会、家庭的心灵桥梁、沟通桥梁,构建内外互动的教育改造工作新格局。

3. 开展帮教文化活动改造项目

广泛开展各类帮教文化活动。邀请狱外专家、讲师传授传统文化课程,讲述模范故事;以罪犯兴趣小组为依托,开设以监区为单位的特色工

作坊；引导罪犯唱响改造歌曲，诵读中国传统文化读本，深入组织读书活动，讲好改造故事；鼓励罪犯创作各类艺术作品，让罪犯在文化活动中陶冶道德情操。

四、把握内容注重实效

（一）突出政治改造引领

监狱文化建设要把党的历史、党的理论，特别是习近平新时代中国特色社会主义思想作为核心内容，大力开展爱国主义、集体主义、民族团结教育和时事教育，强化以宪法为重点的法治教育，提高罪犯的政治意识、政治觉悟和政治立场。

1. 强化政治思想改造

加强党的历史、党的理论、党的建设、党的发展、党的宗旨，特别是习近平新时代中国特色社会主义思想为核心内容的政治教育，促进罪犯从思想上、理论上、情感上认同党的领导、认同中国特色社会主义道路。大力开展爱国主义、集体主义和人生理想、传统文化教育，围绕思想上、情感上认同党的领导、认同伟大祖国、认同中华民族、认同中华文化、认同中国特色社会主义道路，来强化政治改造，促进罪犯树立正确的历史观、民族观、国家观、文化观、宗教观，促进罪犯认识、理解、拥护党的路线方针政策。

2. 深化法治意识教育

普及宪法基本常识，常态化组织开展法律学习宣传教育活动，在入监第一课、罪犯教育日、出监仪式等教育活动中有机融入法治教育内容。结合12月4日宪法日开展主题教育及纪念活动，引导罪犯牢固树立敬畏宪法、遵守宪法、维护宪法的自觉意识。深入推进"法引新生"，稳步开展法律知识宣传教育活动，强化罪犯法治意识，增强守法观念。探索并推开"律师进大墙"，借助首都丰富法治资源，加强罪犯法治教育专家库建设，并通过以案析法、以案说法、法律咨询等方式，解决罪犯在改造过程中关切的实际问题，提高认罪服法、遵规守纪的自觉性。

3. 培塑社会主义核心价值观

深入开展中国特色社会主义理想信念教育，深化教育实践活动，培育和践行社会主义核心价值观。积极开展道德模范学习、志愿服务等活动，不断创新社会主义核心价值观教育形式。全方位宣传社会主义核心价值观内容，广泛开展演讲比赛、道德模范学习等活动，深入开展中国特色社会主义理论信念教育，丰富新时代道德教育内容，促进罪犯认知认同社会主义核心价值观，增强是非辨别能力。

4. 加强时事政策教育

抓住关键节点，充分利用每年的"两会""七一""十一"以及抗战胜利纪念日、国家公祭日等重要契机，大力开展主题鲜明、主旨突出的专题教育，结合教育主题、时事政策、改造实际，宣传革命精神、党的政策、新时期社会主义思想理论、社会主义核心价值观。强化对罪犯的思想引导，教育罪犯增强爱党爱国情感、点赞祖国发展、加速思想改造。

（二）打牢监管改造基础

坚持依法严格科学文明管理罪犯是监狱的职责所在；罪犯在依法享有合法权益的同时，也要依法履行应尽的义务；公开、公正、公平的制度建设和有效执行，建立起良好的改造秩序。

1. 严格监狱管理制度

强化民警依法管理、直接管理、文明管理，防止脱管失控问题发生。加强罪犯对监管制度的学习和落实，结合监狱实际和罪犯需求规范监区环境与罪犯内务、物品定置管理要求，健全安全风险自查管控机制，建立和维护良好改造秩序。

2. 强化日常行为养成

严格执行《监狱民警执勤工作规定》《服刑人员行为规范》等日常工作规范。强化行为养成训练，严格约束罪犯言行，严格规范文明管理，强化服刑意识、身份意识教育和权利与义务教育。坚持惩罚少数、教育多数的原则，加大狱内犯罪、违规违纪行为惩处力度，对一贯坚持反改造立场、屡教不改的，特别是公然对抗民警正当管理的违法违纪行为，露头就打，从重惩处，强化监管改造的震慑作用。

3. 加大狱务公开力度

完善狱务公开系统建设，加强监狱会见场所功能建设，努力打造展示监狱公正文明执法形象的窗口。依法及时准确公开监狱执行刑罚的法律依据、程序、结果，执法全程留痕，做到公开有据、公开有度、公开有效，把公平正义体现在罪犯改造全过程。

4. 探索正向激励机制

深化多元化处遇机制，根据罪犯改造表现，划分不同等次，并对活动范围、通信会见、文体活动、饮食采买等方面拉开处遇差别。扩大视频会见系统应用，解决外省籍待遣罪犯"会见难"的实际问题；节日期间，组织在局内不同监所关押且具有亲属关系的罪犯开展视频会见；适时安排积极改造的罪犯离监探亲，促进罪犯改造。

(三) 强化教育改造治本

以推进教育改造科学化、专业化、社会化为方向，稳步实施教育改造的项目化建设。

1. 突出认罪悔罪教育

把认罪悔罪作为改造罪犯的基础性工作做细做实。通过讲案例、析法理、促反思，以及开展"反思罪恶性""查算三笔账"等活动，使罪犯真正认识到犯罪给他人、给国家、给社会造成的严重危害。通过加强法律常识以及针对性帮扶措施，促使罪犯真正认罪服判，实现真诚悔罪、自觉接受改造，树立正确的身份意识、服刑意识、悔罪意识、守法意识，彻底消除潜在危险。

2. 开展服刑改造指导

认真开展入监教育，引导罪犯适应监狱环境和改造生活，牢记监规纪律，强化行为养成，迈好服刑改造第一步。开展入监调查和信息采集，分析把握罪犯改造需求，为科学认识罪犯和科学改造奠定基础。严格落实"五不分流"（入监教育考核不合格的、"三假"罪犯未经甄别的、不认罪情节未查清的、严重违纪不认错的、住院罪犯未补足教育时间的），确保入监教育实效。

3. 开展分类教育实践

针对刑事政策大幅调整、押犯构成深刻变化、改造难度显著增大等新情况，加强对职务犯、诈骗犯、暴力犯、短刑犯等群体的分类教育研究和实践探索，逐步总结形成行之有效的分类教育指导手册。

4. 加强心理咨询与矫治

规范心理评估，统一数据录入平台、出入监评估工具、中期评估时间及转监评估期限等，对有心理疾病的罪犯，及时实施有效干预和心理治疗。开展罪犯心理健康状况普查，围绕普查结果，举办心理名家系列讲堂活动，大力普及心理健康教育，重塑罪犯健康人格。

5. 加强社会安置帮教

加强与安置帮教部门协调配合，广泛引入社会力量，开展视频帮教、法律援助进监区等特色活动，构建多方参与、资源共享、双向互动的良好格局，充分发挥狱内帮教对监狱安全稳定、罪犯改造的积极作用，着力提升狱内帮教工作实效。

(四) 拓展文化改造育人

开展初中以下学历文化教育和组织高自考工作；发挥文化改造规范、自律、熏陶、导向作用，深入推动监区环境文化、制度文化、精神文化、行为文化建设。不断提高罪犯的文化知识水平和理解能力、分析能力，在监狱和监狱文化建设氛围中潜移默化地强化爱国爱党、守法守纪的意识和行为。

1. 推进罪犯文化教育

深入落实《关于进一步规范和加强罪犯文化教育工作的意见》，推动各监所与当地政府教育部门实现工作对接。做好文化教育相对集中的日常运行管理。开展扫盲班、小学班、初中班，鼓励罪犯参加高等教育自学考试，提高罪犯文化水平。按照统一命题、统一考试、统一监考、统一阅卷、统一制证的标准要求，规范文化教育考务。

2. 丰富文化改造内容

弘扬新时代中国特色社会主义先进文化，推进社会主义核心价值观教育入脑入心。广泛开展中华优秀传统文化教育，增进罪犯对优秀传统文化的领会和认同。大力弘扬公平正义法治文化，让罪犯在公正文明的执法环境中感受公平正义。

3. 加强文化改造平台建设

充分发挥"新生在线"改造平台作用,以打造"教育阵地"、构建"轻松驿站"、搭建"互通平台"为目标,及时更新教育栏目,丰富完善教育内容,保障教育时间,不断增强教育平台应用实效。建设广播系统和有线电视网络,强化广播、电视的教育辐射功能,拓展电化教育的功能作用。

4. 深化监区文化标准化建设

开展监区文化评比活动,从环境文化、制度文化、行为文化和精神文化等方面布局,进一步规范和加强监区文化建设。创设绿色、整洁、美观、励志、育人的文化环境,充分发挥环境教育人、熏陶人、感染人的作用。促进监区文化建设的规范化、常态化、科学化。用文化力量引导罪犯自律和转化,打造具有本单位特色的改造文化。积极开展具有思想先进性、形式创新性、时间持久性的文化活动,让罪犯在寓教于乐中做到知行合一。

(五)推进劳动改造功能回归

坚持"社会效益和经济效益相统一、以社会效益为先",明确劳动改造的非营利性。推动建立生产项目与职业技术教育结合、劳动过程与教育过程融合、生产管理与规则教育统一的劳动改造模式,将罪犯培养成为具有正确劳动观念、良好劳动习惯、过硬劳动技能的劳动者。

1. 加强职业技术教育

加强培训需求调研,结合社会就业形势,组织开展实用性强、见效快、社会需求量大的培训项目,有劳动能力的罪犯在释放前,获得职业技术证书,掌握一技之长,促进罪犯顺利回归社会。

2. 合理调整生产布局

结合监狱押犯实际,积极为罪犯提供安全适宜的劳动改造岗位。扎实推进安全生产标准化建设,夯实安全生产基础。将罪犯岗位分配、劳动出勤率、态度、纪律、安全、效益、培训、竞赛、技能考级、完成定额、产品质量、现场规范、节能降耗等内容纳入整体分析和评估体系,对罪犯劳动改造布局进行针对性调整。

3. 提升罪犯劳动素养

持续开展 QC 小组活动，以 QC 小组活动的管理理念和管理方法逐步引导罪犯提升发现问题、分析问题、解决问题的能力，培养处事行为的科学意识。持续推进 5S 管理活动，强化劳动现场管理，逐步培养罪犯的守则意识。坚持在监狱内广泛开展劳动竞赛，使罪犯在分工合作的基础上，保质保量地完成劳动改造任务，学习劳动技能、培养竞争意识。

4. 开展刑释前就业指导

邀请地方政府人力社保部门来监授课，加强劳动法规和就业创业政策宣讲，引导罪犯树立正确的就业观念。通过组织狱内招聘会等活动，加强临释罪犯就业推介。

五、加强考核完善机制

对监狱文化建设考核机制的设立应至少从硬件设施的完备程度、各项制度的制定和执行情况、活动开展和罪犯受教育情况三个方面进行重点设计和规范，以达到促进监狱文化建设和加强文化教育成效的目的。其中最重要的还是监区文化活动的开展和罪犯受教育的效果两个方面的内容。

（一）监狱文化建设的内容考核

1. 坚持政治改造为统领

以爱党、爱国为中心开展文化建设，提升罪犯政治素养。启发罪犯的政治觉悟，激发罪犯改造积极性，强化"五个认同""五个树立"，将罪犯改造成为拥护党、爱祖国、爱社会的守法公民，充分彰显监狱惩罚和改造功能，凸显监狱的执法权威和规训作用。

2. 打造特色文化品牌

在"五大改造"工作要求的框架布局指引下，加强政治改造统筹推进和探索实践，结合罪犯实际，着力加强"一狱一品""一区一品"，充分发挥监区主动性和罪犯的积极性，结合监狱押犯特点和功能定位，打造特色

文化品牌，融入书法、绘画、歌曲、戏剧、微电影等元素，以听、读、唱、演等多种形式开展文化活动，打造特色监狱文化建设品牌。

(二) 监狱文化建设的组织考核

1. 自我学习与集体学习相结合

在罪犯自我学习的基础上，定期组织民警班级授课、监区小课堂、监狱大讲堂授课，同时以罪犯班组会、监区分享会、监狱演讲会等形式谈学习体会，交流所思所想，让罪犯讲感恩、讲体会、讲努力方向，引导罪犯提高思想认识，提升罪犯的改造动力。结合政治改造节点和重要节庆活动，适时组织罪犯讲读书故事，组织罪犯演讲比赛、红歌比赛、诗词诵读比赛等，教育罪犯铭记历史、缅怀先烈，引导罪犯歌颂祖国发展成就，增强爱党爱国情怀。

2. 知识学习与专题学习相结合

监狱可以编写学习读本并配发学习记录本，固定学习安排，罪犯按照监狱学习安排，做好应知应会内容的抄写学习。同时，结合重点内容进行专题学习教育。根据教育时间节点和重大专题教育活动，组织开展升旗仪式、政治改造宣誓活动，以仪式化的形式和专题化的学习内容，增强教育针对性。管班民警对学习记录本至少要每周做一次批阅，监区主管领导要至少每月进行一次检查，并组织优秀学习笔记展示活动，激励罪犯加强学习。

3. 学习内容与行为落实考核相结合

规范罪犯日常改造言行，加大对反动言行的打击力度，与计分考核相结合加强监督考核，增强罪犯政治改造自觉性。对罪犯强化日常管理，敦促罪犯认真遵守改造行为规范，严格执行罪犯一日生活制度。加强现代矫治技术运用，促进罪犯将政治教育内容与自身行为改造深度融合，落实在改造行为养成上，提升"五大改造"对罪犯行为的指导效果。

(三) 监狱文化建设的保障性考核

1. 监狱文化基地建设

深入挖掘监狱文化环境的建设，充分利用好教学楼、教育场所设施，在特色文化园地和教育基地中，加强VR（虚拟现实）设备、多媒体讲台

等电教设备的配备使用，积极拓展电化教育、体验式教学、行为训练授课等形式，提高罪犯教育教学的信息化水平。

2. 监狱文化平台建设

整合狱内报刊、电视台、广播站和罪犯狱内网站的传媒教育功能，优化栏目设置，打造全方位、立体化的政治教育平台；充分利用橱窗、板报等宣传阵地，强化政治改造宣传。

3. 监狱师资队伍建设

建设完备的民警师资队伍。加强民警人才队伍建设，特别是提升民警政治改造工作能力和文化活动组织能力，形成完备的五大改造师资队伍。

思考题

1. 监狱文化建设的新标准和新要求是什么？
2. 怎样拓展文化改造育人？

结束语

　　文化是每个国家每个民族的血脉。中华文化积淀了中华民族最深层的精神追求，造就了中华民族的文明体系，不但涵养了社会主义核心价值观、为建设社会主义文化强国提供了丰富的精神滋养，更为挽留沉沦的脚步、唤醒沉睡的心灵、塑造健康的身心提供了坚实的文化保障和支撑。

　　北京市监狱管理局提高政治站位，在积极推进"五大改造"工作要求的基础上，组织力量编写了《文化改造分册》，大力弘扬优秀传统文化和社会主义核心价值观，充分发挥文化的规范、自律、熏陶、导向作用，切实将积极健康向上的改造文化渗透到罪犯服刑的全时空，通过文化改造潜移默化地、持久地影响罪犯，实现以文化人、以文塑人、以文育人，为罪犯文化改造提供有效载体，让文化成为改造罪犯的强劲内驱动力，全面提升罪犯改造质量。

　　在此，首先对参加本书编撰的老师以及给予本书大力支持和帮助的专家学者表示衷心的感谢！其次，由于时间仓促，加之编者水平所限，不足之处在所难免，恳请读者谅解并指正。

参考文献

[1] 赵璐:《丝绸之路》,2012-08-16.

[2] 包晓光:《中国轻工教育》,2014-12-20.

[3] 史晓宇:《孔学研究》,2002-12-31.

[4] 周勤勤:《王学研究》,2018-12-31.

[5] 李宗桂:《文化软实力》,2019-06-28.

[6] 张静:《东方企业文化》,2012-01-23.

[7] 彭青春:《初中生辅导》,2019-07-20.

[8] 赵智敏:《郑州大学学报(哲学社会科学版)》,2019-05-25.

[9] 李建威:《武术研究》,2019-07-25.

[10] 张晓、李永安:《科教导刊(中旬刊)》,2019-01-15.

[11] 江伟:《人民法治》,2017-03-05.

[12] 同超胜:《党史博采(理论)》,2013-07-25.

[13] 郑好:《启蒙》,2018-12-15.

[14] 林毅榕:《中国监察》,2011-10-01.

[15] 牛安生:《学习论坛》,2012-02-15.

[16] 刘玉堂:《时代文学(上半月)》,2011-09-08.

[17] 刘鑫鑫、王媛:《改革与开放》,2013-05-25.

[18] 吴学凡:《国外理论动态》,2019-08-04.

[19] 张新:《领导科学论坛》,2019-08-15.

[20] 任广峻:《现代经济信息》,2019-08-25.

[21] 王长青:《群众》,2019-03-20.

[22] 张汝洋:《世界最新医学信息文摘》,2019-03-08.

[23] 张赞:《亚太教育》,2019-03-20.

[24] 黄海涛:《人民司法》,2019-03-05.

[25] 陈勇：《上海教育》，2018-12-20.

[26] 姚兵：《江苏建材》，2019-02-28.

[27] 胡凯旋：《文学教育（下）》，2019-03-14.

[28] 苗福盛、胡晓娜：《商品与质量》，2011-09-15.

[29] 赵宏、李佳孝：《文史博览（理论）》，2019-05-20.

[30] 吴兴人：《源流》，2003-08-15.

[31] 刘明：《山东教育科研》，1990-06-30.

[32] 毕泗建：《作文成功之路（上）》，2012-11-01.

[33] 骆锦添：《好家长》，2018-12-25.

[34] 咸冠南、李玄文：《法制与经济（下旬）》，2012-10-25.

[35] 朱海燕：《考试周刊》，2013-10-22.

[36] 李资源：《中南民族学院学报（哲学社会科学版）》，1990-03-02.

[37] 邹镇中：《企业家天地》，2006-02-15.

[38] 武东生：《道德与文明》，2002-04-10.

[39] 沈宁洪：《改革与开放》，2013-09-15.

[40] 王荣忠：《理论与当代》，2016-01-10.

[41] 王颖：《中国职工教育》，2004-02-15.

[42] 刘波：《企业家天地》，2004-04-15.

[43] 罗凌：《学校党建与思想教育（下半月）》，2008-01-15.

[44] 王敏、李婷、王静、许珍珍：《智库时代》，2019-06-04.

[45] 苟立伟：《党课参考》，2019-06-16.

[46] 沈江平：《湖南社会科学》，2019-05-13.

[47] 沈飞：《收藏》，2019-03-01.

[48] 李若岚：《中学历史教学》，2019-03-15.

[49] 赵东明：《唐山文学》，2019-04-11.

[50] 高芳：《学理论》，2019-01-05.

[51] 王银中：《科教导刊（中旬刊）》，2019-01-15.

[52] 张婷婷：《东北亚外语研究》，2018-12-15.

[53] 潘思敏：《初中生辅导》，2018-10-10.

[54] 国兆香：《初中生学习指导》，2019-03-25.

[55] 杨涛：《中学政史地（高中文综）》，2019-06-11.

[56] 安旺达：《法制与社会》，2019-06-05.

[57] 石仲泉：《前线》，2019-05-05.

[58] 许耀桐：《科学社会主义》，2013-10-20.

[59] 陈元桥：《中国标准化》，2011-02-05.

[60] 安秀荣：《党史博采（理论）》，2011-06-25.

[61] 乔雅俊：《科技情报开发与经济》，2012-03-10.

[62] 王奎军：《文学界（理论版）》，2011-04-25.

[63] 潘卫东：《思想政治教育研究》，2018-12-20.

[64] 唐秀玲：《传承》，2019-03-25.

[65] 曾立平、东方晓：《东方收藏》，2011-08-15.

[66] 徐云根：《大江南北》，2019-05-05.

[67] 《广西烟草》，2011-06-30.

[68] 田子渝：《中共创建史研究》，2018-11-30.

[69] 吴敏超：《近代史学刊》，2013-03-31.

[70] 刘瑞香：《党史文苑》，2014-06-20.

[71] 《中国地名》，2011-04-30.

[72] 周金堂、周利生、许金华：《党课参考》，2019-07-16.

[73] 常馨予、石妍、李东方、陈坚：《共产党员》，2019-05-03.

[74] 杨之慧、史超：《党史博采（下）》，2019-08-25.

[75] 黄伟：《观察与思考》，2019-01-15.

[76] 出克勤、张泽强：《思想理论教育》，2019-04-09.

[77] 刘从德、郭巧云：《社会主义研究》，2019-08-10.

[78] 冯旺舟、罗玉洁：《经济与社会发展》，2018-12-25.

[79] 汪丽红：《世纪桥》，2019-03-20.

[80] 石仲泉：《苏区研究》，2019-03-25.

[81] 《建筑》，2019-08-05.

[82] 斯国新：《人民周刊》，2019-02-01.

[83] 龙鸿祥：《江西社会科学》，2019-04-15.

[84] 洪源：《青年与社会》，2019-08-08.

[85] 姜源远：《蒲松龄研究》，2018-12-30.

[86] 宋哲：《党史博采（理论）》，2011-03-25.

[87] 张敏：《艺术品鉴》，2019-05-10.

[88] 袁自友：《党史纵览》，2011-06-15.

[89] 杨巍：《大众文艺》，2019-01-10.

[90] 骆郁廷：《文化软实力研究》，2018-12-02.

[91] 徐金超：《理论月刊》，2011-01-10.

[92] 《农村工作通讯》，2011-06-20.

[93] 黄伟迪、鲍仕莲：《新闻世界》，2011-05-10.

[94] 杨俊、王泉：《中共云南省委党校学报》，2010-11-25.

[95] 黄恩华：《中国高等教育》，2019-02-18.

[96] 刘家桂、王惠平：《党课参考》，2019-01-16.

[97] 马玉玲：《声屏世界》，2019-07-20.

[98] 习近平：《侨园》，2019-01-15.

[99] 习近平：《台声》，2019-01-08.

[100] 习近平：《时事报告》，2019-02-08.

[101] 杨伊静：《中国科技产业》，2019-09-15.

[102] 陈键兴、查文晔：《台声》，2019-01-08.

[103] 王雪峰：《机电兵船档案》，2019-02-05.

[104] 谢志钦：《中学政史地（初中适用）》，2019-03-01.

[105] 曲青山：《新湘评论》，2019-07-01.

[106] 曲青山：《党课参考》，2019-07-01.

[107] 曲青山：《中共党史研究》，2019-03-25.

[108] 张乐、张单阳、沈正中：《两岸关系》，2019-03-20.

[109] 郭玉奇：《支部建设》，2019-08-21.

[110] 陈键兴、查文晔：《中国人大》，2019-01-05.

[111] 张利、周红一：《政策》，2019-02-05.

[112] 潘卫东：《思想政治教育研究》，2018-12-20.

[113] 王金宝：《中华辞赋》，2019-03-15.

[114] 郭洪涛、梅丽：《试题与研究》，2019-02-15.

[115] 于童：《成才之路》，2019-01-05.

[116] 余鹤龄：《老友》，2019-08-05.

[117] 周洁、刘绮黎：《新民周刊》，2018-12-30.

[118] 高国忠：《甘肃教育》，2019-05-01.

[119] 陈傲伦：《创新作文（初中版）》，2019-02-01.

[120] 温汉雄：《广西社会科学》，2004-05-30.

[121] 赵启光：《理论参考》，2002-03-01.

[122] 裴旭丽、李东雷、郝雅菲：《河北企业》，2013-04-20.

[123] 秦元昶：《中学政治教学参考》，2019-09-20.

[124] 席晓英、石拴筠：《职业》，2012-06-15.

[125] 田苗：《河南科技》，2013-03-01.

[126] 汪霏霏：《中国文化论衡》，2018-11-30.

[127] 郭丽萍：《青年与社会》，2013-05-05.

[128] 申文明：《山西青年》，2019-02-08.

[129] 徐越如：《中国轻工教育》，2012-06-20.

[130] 崔健、黄蓉生：《思想教育研究》，2011-12-25.

[131] 任晓凡：《黄河之声》，2019-03-06.

[132] 杨晓笛：《大众文艺》，2010-11-15.

[133] 王瑞国：《海外华文教育》，2003-06-15.

[134] 樊锐：《北京党史》，2018-11-05.

[135] 习近平：《前进》，2019-01-08.

[136] 习近平：《中国政协》，2018-12-30.

[137] 习近平：《奋斗》，2018-12-25.

[138] 习近平：《实践（党的教育版）》，2019-01-15.

[139] 习近平：《实践（思想理论版）》，2019-01-01.

[140] 习近平：《党的生活（黑龙江）》，2018-12-05.

[141] 习近平：《时事报告》，2019-01-08.

[142] 习近平：《当代广西》，2019-01-01.

[143] 习近平：《共产党员》，2019-01-03.

[144] 《中国环境监察》，2019-01-25.

[145] 习近平：《中国外资》，2019-01-05.

[146] 习近平：《社会主义论坛》，2019-01-05.

[147] 习近平：《内蒙古宣传思想文化工作》，2018-12-20.

[148] 刘颖慧：《新西部》，2019-01-10.

[149] 郝书翠：《马克思主义文化研究》，2018-06-30.

[150] 欧阳雪梅：《党的文献》，2019-02-15.

[151] 王历荣、陈湘舸：《观察与思考》，2019-02-15.

[152] 伍广强：《广东教育（高中版）》，2019-03-10.

[153] 史真：《党史文汇》，2019-06-12.

[154] 张晓颖、王泓丹、田野：《课程教育研究》，2018-12-14.

[155] 邢誉丹：《延河》，2018-12-15.

[156] 王彦林：《社会科学论坛》，2019-09-10.

[157] 李仁武：《特区实践与理论》，2019-02-08.

[158] 丁雪飞：《七彩语文（教师论坛）》，2018-11-14.

[159] 赵林中、成露：《当代劳模》，2012-03-15.

[160] 何映宇：《新民周刊》，2018-12-30.

[161] 王年红：《视听》，2019-01-09.

[162] 双传学：《共产党人》，2018-12-30.

[163] 覃正爱：《湖湘论坛》，2019-01-04.

[164] 王雪峰：《机电兵船档案》，2019-02-05.

[165] 刘强：《江汉学术》，2019-01-24.

[166] 《当代兵团》，2019-02-10.

[167] 黄谋琛：《新疆社会科学》，2018-11-25.

[168] 张效文：《考试周刊》，2019-01-15.

[169] 于童：《成才之路》，2019-01-05.

[170] 何星亮：《人民论坛》，2018-12-25.

[171] 李菡：《河南科技》，2018-08-15.

[172] 李永青：《青年与社会》，2019-01-15.

[173] 邵子华：《马克思主义理论学科研究》，2019-02-15.

[174] 曾鸿钧：《当代电力文化》，2017-12-15.

[175] 赵昱敬：《智库时代》，2019-01-21.

[176] 保继龙：《报刊荟萃》，2017-03-10.

[177] 布特、肖文升：《体育学研究》，2019-02-28.

[178] 罗玮、罗利芳：《时代报告》，2018-12-25.

[179] 喻晨：《时事（高中）》，2018-11-01.

[180] 惠新义：《成才》，2019-06-15.

[181] 宋秋云、何琼：《当代教育实践与教学研究》，2018-12-10.

[182] 黄梅、李云辉：《教书育人（高教论坛）》，2018-11-25.

[183] 吉爱明：《学海》，2010-11-20.

[184] 《冶金企业文化》，2019-02-20.

[185] 冯瑾：《湖北教育（领导科学论坛）》，2010-12-05.

[186] 于江、钟玉海：《求实》，2010-12-10.

[187] 马兴国：《中国机关后勤》，2019-02-15.

[188] 李翠芳：《科技资讯》，2011-02-03.

[189] 张能全：《兰州学刊》，2011-11-15.

[190] 孙天竺：《理论界》，2005-04-30.

[191] 石佑启、谈萧：《中外法学》，2018-10-15.

[192] 葛倩、王勇：《文化学刊》，2019-05-20.

[193] 秦前红：《民主与科学》，2012-12-20.

[194] 王兆国：《中国人大》，2009-12-25.

[195] 孔祥群、张虎、黄春玲：《中学政史地（高三）》，2007-06-08.

[196] 曲青山、林兆木、杨凤城、李忠杰、王一鸣、颜晓峰、李慎明：《党建》，2018-12-01.

[197] 席文启：《新视野》，2010-11-10.

[198] 侯欣一：《天津法学》，2011-12-05.

[199] 吕俊华、赵薇：《中国商界（上半月）》，2010-12-08.

[200] 王智慧：《现代商贸工业》，2019-09-17.

[201] 苏芃芃：《成功（教育）》，2007-11-15.

[202] 周永坤：《法学》，2011-03-20.

[203] 石维行、刘洪：《人民政坛》，2011-07-05.

[204] 王世清：《律师事业与和谐社会——第五届中国律师论坛优秀论文集》，2005-11-01.

[205] 汪晓红：《岭南学刊》，2002-01-30.

[206] 毛公宁、董武：《广西民族研究》，2019-02-20.

[207] 李林：《中国法学》，2019-06-09.

[208] 高霄：《理论导刊》，1998-04-10.

[209] 吴雁平、刘东斌：《档案管理》，2019-03-15.

[210] 李德顺、余涌：《广东社会科学》，2003-04-30.

[211] 张学伟：《法制与社会》，2013-08-25.

[212] 孙琦、沈磊：《党史文苑》，2014-04-20.

[213] 黄伟：《实践（思想理论版）》，2018-12-10.

[214] 王历荣、陈湘舸：《观察与思考》，2019-02-15.

[215] 赵鑫：《法制博览（中旬刊）》，2014-07-15.

[216] 谢佑平、陈奋：《河北法学》，2010-11-05.

[217] 任铁缨：《岭南学刊》，2010-11-15.

[218] 汪铁民：《中国人大》，2018-12-20.

[219] 郑凤岗：《图书馆工作与研究》，2019-04-22.

[220] 李墨洋：《世界社会主义研究》，2019-02-01.

[221] 毛公宁、董武：《广西民族研究》，2019-02-20.

［222］刘俊海：《中国流通经济》，2019-08-09.

［223］李林：《中国法学》，2019-06-09.

［224］高一飞、蒋稳：《政法学刊》，2019-04-15.

［225］程之胜、高宏贵：《社会主义研究》，2018-12-10.

［226］郭文祥：《理论研究》，2018-10-25.

［227］茆晓君、李东：《警学研究》，2019-02-15.

［228］李林：《法学杂志》，2019-01-15.

［229］覃遵君：《中学政治教学参考》，2019-01-10.

［230］雷依妮、杨杭、常彦梅：《黑河学刊》，2019-05-20.

［231］汪健：《攀登》，2019-04-05.

［232］李墨洋：《世界社会主义研究》，2019-02-01.

［233］李洁春：《时代报告》，2019-01-25.

［234］李桂芳：《法制博览》，2019-03-15.

［235］田超男：《青年与社会》，2019-03-25.

［236］莫于川：《南都学坛》，2019-03-10.

［237］张启元：《共产党员》，2019-01-03.

［238］钱文挥：《农业发展与金融》，2018-12-16.

［239］公丕祥：《求是学刊》，2019-01-15.

［240］冯彦明：《区域经济评论》，2019-01-18.

［241］熊芳玉：《试题与研究》，2018-04-25.

［242］《管理观察》，2019-04-10.

［243］陈晓燕：《科技风》，2019-04-10.

［244］王世洲：《法律与生活》，2019-01-01.

［245］李林：《人大工作通讯》，1999-06-01.

［246］汪建成、孙远：《法学评论》，2001-07-15.

［247］卢珺：《南海法学》，2019-06-15.

［248］路晓霞：《南方职业教育学刊》，2019-01-20.

［249］王由海、曾刚：《行政与法》，2019-06-20.

［250］郭艳平：《质量探索》，2018-10-25.

［251］曹丽虹：《唯实》，2019-02-15.

［252］安海：《辽河》，2017-04-08.

［253］张泽明：《中国招标》，2019-07-09.

［254］李文增：《产权导刊》，2014-10-01.

[255] 沙剑青：《祖国》，2015-01-23.

[256] 王双美、王安霞：《包装世界》，2011-07-25.

[257] 孟剑：《中国新时代》，2012-04-15.

[258] 《中国储运》，2018-02-01.

[259] 《投资北京》，2014-02-05.

[260] 高伯海：《中国品牌》，2012-06-08.

[261] 王波：《董事会》，2019-03-15.

[262] 《钢结构》，2013-10-22.

[263] 金磊：《建筑》，2019-03-20.

[264] 马建农：《2012·学术前沿论丛——科学发展：深化改革与改善民生（上）》，2012-12-01.

[265] 李静：《文教资料》，2012-06-25.

[266] 阎崇年：《北京观察》，2012-01-15.

[267] 欧阳漫、应中正、于春华、姬刚：《北京教育（德育）》，2012-02-25.

[268] 刘红果：《中关村》，2008-11-15.

[269] 赵书：《时代经贸》，2012-03-05.

[270] 梦竹：《旅游纵览》，2019-01-25.

[271] 李晔：《北京党史》，2018-11-05.

[272] 《中国司法》，2018-12-05.

[273] 杨生文：《职业》，2017-03-25.

[274] 向往：《百科知识》，2018-11-15.

[275] 喻江：《黑龙江史志》，2014-05-08.

[276] 鲁嘉微、粤建：《人权》，2009-10-10.

[277] 余智明：《犯罪研究》，2017-02-20.

[278] 吴忠民：《社会学研究》，2012-07-20.

[279] 张海如：《法制博览》，2018-12-05.

[280] 习近平：《前进》，2019-05-08.

[281] 习近平：《中国共青团》，2019-05-15.

[282] 习近平：《党史文汇》，2019-05-12.

[283] 何慧华：《中小学心理健康教育》，2018-12-11.

[284] 朱阳宇：《犯罪与改造研究》，2017-04-08.

[285] 鲁嘉微：《中国司法》，2010-03-01.

[286] 葛晓莉：《中小企业管理与科技（上旬刊）》，2013-11-05.

[287] 谢婷、戴慧：《中小学德育》，2018-12-15.

[288] 郭永园、张云飞：《环境保护》，2019-01-10.

[289] 刘国强：《神州》，2013-10-25.

[290] 王诚：《中国司法》，2009-06-01.

[291] 李豫黔：《犯罪与改造研究》，2019-03-08.

[292] 白卫华：《商业文化（学术版）》，2010-11-25.

[293] 王向阳：《中学政治教学参考》，2019-06-20.

[294] 袁银传、彭晓妍：《东岳论丛》，2019-04-01.

[295] 陈光明：《中国监狱学刊》，2010.

[296] 陈婷婷：《文教资料》，2019-02-25.

[297] 刘明军：《神州民俗（学术版）》，2011-06-15.

[298] 贾晓文：《犯罪与改造研究》，2019-04-08.

[299] 王保真、陈刚伟：《新产经》，2019-03-01.

[300] 王红、范若冰：《高教探索》，2019-07-05.

[301] 徐田华：《北京教育（普教版）》，2015-10-01.

[302] 于丽颖：《奋斗》，2013-04-05.

[303] 海南省监狱管理局课题组、陈晓昆：《犯罪与改造研究》，2019-01-08.

声　明　　1. 版权所有，侵权必究。
　　　　　2. 如有缺页、倒装问题，由出版社负责退换。

图书在版编目（CIP）数据

"五大改造"教育读本丛书. 文化改造分册/北京市监狱管理局编著
北京：中国政法大学出版社，2019.11
　ISBN 978-7-5620-9279-7

　Ⅰ.①五… Ⅱ.①北… Ⅲ.①犯罪分子－监督改造－中国－学习参考资料
Ⅳ. ①D926.7

中国版本图书馆CIP数据核字(2019)第251134号

书　名	"五大改造"教育读本丛书
	文化改造分册
	WUDAGAIZAO JIAOYU DUBEN CONGSHU WENHUAGAIZAO FENCE
出版者	中国政法大学出版社
地　址	北京市海淀区西土城路25号
邮　箱	fadapress@163.com
网　址	http://www.cuplpress.com (网络实名：中国政法大学出版社)
电　话	010-58908466(第七编辑部) 58908334(邮购部)
承　印	北京中科印刷有限公司
开　本	720mm×960mm　1/16
印　张	22.5
字　数	350千字
版　次	2019年11月第1版
印　次	2019年11月第1次印刷
定　价	90.00元